创业实务教程（第二版）

Entrepreneurial Practice

李宇红　主编

图书在版编目(CIP)数据

创业实务教程/李宇红主编. —2 版. —北京:北京大学出版社,2015.1
ISBN 978-7-301-24200-1

Ⅰ.①创… Ⅱ.①李… Ⅲ.①大学生—职业选择—高等职业教育—教材 Ⅳ.①G647.38

中国版本图书馆 CIP 数据核字(2014)第 086388 号

书　　　　名	创业实务教程(第二版)
著作责任者	李宇红　主编
策 划 编 辑	叶　楠
责 任 编 辑	李笑男
标 准 书 号	ISBN 978-7-301-24200-1
出 版 发 行	北京大学出版社
地　　　　址	北京市海淀区成府路 205 号　100871
网　　　　址	http://www.pup.cn
电 子 信 箱	em@pup.cn　　　QQ:552063295
新 浪 微 博	@北京大学出版社　@北京大学出版社经管图书
电　　　　话	邮购部 62752015　发行部 62750672　编辑部 62752926
印 刷 者	北京溢漾印刷有限公司
经 销 者	新华书店
	787 毫米×1092 毫米　16 开本　19.25 印张　411 千字
	2012 年 1 月第 1 版
	2015 年 1 月第 2 版　2019 年 4 月第 3 次印刷
定　　　　价	38.00 元

未经许可,不得以任何方式复制或抄袭本书之部分或全部内容。
版权所有,侵权必究
举报电话:010-62752024　电子信箱:fd@pup.pku.edu.cn
图书如有印装质量问题,请与出版部联系,电话:010-62756370

前　言

　　发达国家的高等院校对创业教育非常重视。仅以美国为例，创业教育和教学成为其商学院和工程学院中发展最快的专业学术领域之一。有近千所学院的本科和研究生都开设了与创业相关的课程。近十年来，中国的创业教育教学也随着经济的快速发展和社会就业需求和结构的变化而迅速发展。一半以上的院校都开设了与创业相关的课程。本书正是在这样的背景下，学习了当代创业先进的理念成果，借鉴了国际劳工组织等创业教育理念，参考了人力资源和社会保障部国际创业师资培训体系，结合社会经济发展对创业人才的素质能力需要，对创业学习体系进行了创新性的整合。本书打破传统章节，跳出理论知识框框，以创业典型任务和职业能力分析为依据，按照创业工作过程展开教材内容，以实践活动为核心，带动相关知识学习，边做边学。通过实际创业情景贯穿理论知识点，强化技能训练，通过本书在理论与实践的一体化设计服务于教学整体目标。

　　本书由北京联合大学负责编著。主编李宇红老师，负责设计本书结构框架、统稿，及第四章理论和实践内容的编写以及全书的内容修订工作；殷智红老师和吕广革老师负责第一章理论和实践内容的编写；陈道志老师负责第二章理论和实践内容的编写；赵玮老师和张苏雁老师负责第三章理论和实践内容的编写；杨洁老师和李亚梅老师负责第五章理论和实践内容的编写；王文媛老师及韩维熙老师负责第六章理论和实践内容的编写；覃永贞老师和敖静海老师负责第七章理论和实践内容的编写；彭爱美老师和殷智红老师负责第八章和第九章理论和实践内容的编写；张苏雁老师负责全书的统校、审核工作。

　　本教材的设计借鉴了国际劳工组织创业教育理念，并参考了人力资源和社会保障部国际创业师资培训体系，在此鸣谢。同时也感谢许多同行和亲朋好友在本书编写过程中的鼎力相助。感谢本书撰写过程中参阅的著作和文献资料的作者们给予的灵感和构想。

编者于北京昌平

2014 年 12 月

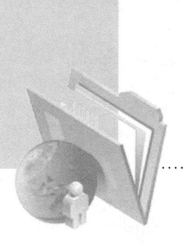

目 录

第一章　创业者评估 …………………………………………………………… 1
　　创业情境1 ……………………………………………………………………… 3
　　第一节　创业的概念 …………………………………………………………… 4
　　第二节　创业精神与创业意识 ………………………………………………… 6
　　第三节　国内外大学生的创业发展进程 ……………………………………… 9
　　第四节　创业素质评估 ………………………………………………………… 15
　　第五节　创业条件评估 ………………………………………………………… 24
　　任务训练 ………………………………………………………………………… 30

第二章　了解创业 ………………………………………………………………… 47
　　创业情境2 ……………………………………………………………………… 49
　　第一节　企业及其类型 ………………………………………………………… 49
　　第二节　企业法律常识 ………………………………………………………… 51
　　第三节　创业政策 ……………………………………………………………… 68
　　第四节　创办企业准备 ………………………………………………………… 70
　　任务训练 ………………………………………………………………………… 71

第三章　分析创业环境 …………………………………………………………… 75
　　创业情境3 ……………………………………………………………………… 77
　　第一节　创业的外部环境 ……………………………………………………… 77
　　第二节　创业环境的分析方法 ………………………………………………… 82
　　第三节　创业信息的收集方法 ………………………………………………… 83
　　任务训练 ………………………………………………………………………… 87

第四章 分析顾客和市场 …………………………………………………… 89

 创业情境4 ……………………………………………………………… 91
 第一节 了解顾客 ………………………………………………………… 91
 第二节 哪些是你的顾客 ………………………………………………… 92
 第三节 评估目标市场 …………………………………………………… 97
 第四节 收集竞争对手信息 …………………………………………… 101
 第五节 确定盈利模式 ………………………………………………… 102
 任务训练 ………………………………………………………………… 105

第五章 确定经营策略 ……………………………………………………… 111

 创业情境5 ……………………………………………………………… 113
 第一节 产品或服务策略 ……………………………………………… 113
 第二节 价格策略 ……………………………………………………… 120
 第三节 渠道策略 ……………………………………………………… 124
 第四节 促销策略 ……………………………………………………… 134
 任务训练 ………………………………………………………………… 139

第六章 创业财务分析 ……………………………………………………… 145

 创业情境6 ……………………………………………………………… 147
 第一节 创业资金需求 ………………………………………………… 147
 第二节 流动资金预算 ………………………………………………… 150
 第三节 销售预测分析 ………………………………………………… 152
 第四节 利润计划 ……………………………………………………… 157
 任务训练 ………………………………………………………………… 160

第七章 制订创业计划 ……………………………………………………… 165

 创业情境7 ……………………………………………………………… 167
 第一节 创业计划书的构思与构成 …………………………………… 167
 第二节 创业计划书的编写案例 ……………………………………… 168
 第三节 创业计划书的编写说明 ……………………………………… 176
 第四节 创业计划书的评估 …………………………………………… 177
 任务训练 ………………………………………………………………… 177

第八章 开办企业 …………………………………………………………… 185

 创业情境8 ……………………………………………………………… 187
 第一节 办理工商登记 ………………………………………………… 187
 第二节 办理税务登记 ………………………………………………… 191

第三节　购买商业保险 …………………………………… 193
任务训练 …………………………………………………… 194

第九章　创业企业管理 ……………………………………… 263
创业情境9 ………………………………………………… 265
第一节　组织构建和管理 ………………………………… 265
第二节　建立制度和工作流程 …………………………… 277
任务训练 …………………………………………………… 288

参考文献 ……………………………………………………… 295

第一章

创业者评估

创业情境 1

张伟和王军的创业历程(1)

张伟和王军是一对要好的朋友,在大学期间,他们参加了大学生创业实践,其"×××创意U盘网建设"项目获得全国大学生科技创业大赛一等奖。大一刚入校时,张伟就决定以后要自己挣钱交学费并养活自己。张伟先是在校园里当代理,赚到了人生的第一桶金。张伟说:"很多人都想创业,只是不知道从何入手。"他的创业是从校园中的"小买卖"做起的。张伟发现,现在大学生喜欢网上购物,但不愿或缺时间取货,他就通过努力当上了"校园最后一公里"的代理,得到700份左右订单,挣了六七千元,淘到了自己的第一桶金。后来,一个偶然机会,张伟看到教务处贴的征订下学年教材的通知,学生可自愿购买教材。他从中发现了商机,跑到书城、旧书市场联系资源。由于价格便宜,他出售的教材很受学生欢迎,"做得最好时,一年能挣六七万元"。王军因为一次旅游产生了创业的想法。上大学期间时,王军组织班上同学出去旅游时认识了旅行社的经理,从此王军做起了旅行社的校园代理业务。事后,他组织了60人游欢乐谷,其中每人可得到5元提成,这300元是他人生赚得的第一桶金。

通过自身创业与共同参加竞赛,两人认识并结成好朋友。临近毕业时,他们处于就业打工和自己创业当老板的选择中。作为学生,他们有较强的技术研发能力和项目管理能力,有闯劲,不怕吃苦,但在财务、企业策划、税费等方面缺乏相关知识和经验,对创业的认识和对自身的认识还存在不足。要完成创业,他们必须客观地认识、评价自己的创业精神和创业意识,了解创业是一项伟大的事业,同时有决心、信心去弥补不足。张伟和王军他们能顺利完成创业项目吗?

当今的中国是创业者大展宏图、实现自己创业梦想的时代,如果你选择了做创业者,具备充分的创业条件,那么不论你的年龄大小、学历高低,有什么样的出身,都有机会获得成功。问题是:你想不想去创业?敢不敢于创业?敢不敢承担风险?在你决定创业之前,应该分析评价一下自己,看看自己是否具有创业精神和创业意识。通过第一章的学习,你要确定以下几个方面:

- 你是否了解创业?
- 你的创业精神是什么?它有哪些优势与不足?
- 你的创业意识是什么?它有哪些优势与不足?
- 你的就业观念是什么?
- 你如何选择创业项目?

当打开电视或翻开报纸或杂志时,时常会有关于创业的信息跃入眼帘,从中央电视台的《赢在中国》、东方卫视的《我为创业狂》以及上海电视台第一财经频道的《谁来一起午餐》等创业节目受到大众的追捧中可以看出,创业俨然已成为当今社会的一个热门话题,特别是有关大学生创业的信息和故事,更是时常见诸各类媒体之上。

　　当今的世界,创业已经成为一国经济稳定发展、持续繁荣的强大动力。而在中国,从来没有那个时代能像今天这样为创业者提供如此广阔的活动舞台和发展空间。这是一个创业者的黄金时代。

　　在充满生机的大学校园里,更是有 96.4% 的年轻人有创业的冲动,对创业的向往成为这一代大学生最大的梦想。然而,现实和理想终归是有距离的,这些满怀激情的大学生们,究竟有多少人愿意踏出这一步,步上创业的征程,把自己的理想转化为现实?麦可思研究院对全国大学毕业生的一项跟踪调查显示,2008—2011 届大学毕业生自主创业比例仅为 1% 左右,究竟是什么把 95% 以上的拥有创业梦想的大学生挡在了创业的"门外"?

　　对成功的渴求和对失败的恐惧在心头博弈,这使得很多大学生在创业和就业之间徘徊,然而当他们发现之前的大学生们创业的成功率仅为 1% 左右时,大部分人选择了就业。尽管国家不断地给出优惠政策,高校给予积极的鼓励和扶持,依旧无法提高大学生自主创业的意愿。大学生创业真的这么难吗?其实,创业既没有想象得那么难,也没有想象得那么容易,关键在于是否具备创业意识和创业精神。

第一节　创业的概念

一、什么是创业

　　创业既是一种精神,也是一种意识,更是一种行动。然而关于什么是创业,可谓仁者见仁、智者见智,至今没有统一、标准的定义。

(一)创业的概念

　　"创业"两字,自古有之。如《出师表》中"先帝创业未半而中道崩殂"、《资治通鉴·唐纪》中的"创业与守成孰难?"等处均出现过"创业"这两个字。但古文中的"创业"更接近辞海中"创立基业"的解释。而今天所讲的创业,其内涵要丰富许多。

　　"创业"的本义是"创建基业"、"创建功业"。《辞海》(1989 年版)的解释为"创立基业"。在英文中"创业"有两种表示方式,一个是"venture",另一个是"entrepreneur"。"venture"一词的最初意义是冒险,在企业创业领域,被赋予了"冒险创立企业",即"创业"这一新的特定内涵。"entrepreneur"则可翻译为"企业家",也可翻译为"创业者"。"entrepreneur"源于德语"unternehmen"和法语"entreprendre",字面的意思都是"开始工作"。后来,经济学家扩展了这一概念,把 entrepreneur 定义为"为了创新而承担风险和不确定性的人"。本书将这个单词翻译为"创业者"。

（二）创业的内涵

创业者即创业主体，是整个创业活动的核心。没有创业主体，创业就无从谈起。个人、团体乃至组织都可以成为创业者。国外对于创业者的研究主要是研究创业者的基本职能、行为特征、个性特征等问题，以及从心理学、行为学、社会学等角度分析创业者的心理特征，进而分析其认知行为。如 Kirner(1979)认为"创业者具有一般人不具有的能够敏锐地发现市场机会的洞察力"；Woodward(1988)认为"成功的创业者往往花费大量的时间去建立个人的社会网络以帮助新创企业的成长"；Sternberg(1999)提出"成功的创业者需要创新技能、实践技能和分析技能，其中，创新技能会引导创业者产生新想法，实践技能可以帮助创业者找出实施这些想法的方法，最后，创业者用分析技能来评价这些想法，并决定它们是否值得去做"。

因此，创业必须具备如下几个方面的能力：

- 诚信——创业立足之本；
- 自信——创业的动力；
- 勇气——视挫败为成功之基石；
- 领袖精神——创业的无形资本；
- 社交能力——借力打力觅捷径；
- 合作能力——趋利避害形成合力；
- 创新精神——创业成功的维生素；
- 魄力——该出手时就出手；
- 眼光——识时务者为俊杰。

二、从创新到创业

"创业"和"创新"并不是两个可以等同的概念，尽管创业活动必然要涉及某些创新活动，但创新活动并不一定就是创业，两者既有区别，又有密切的联系。

创新(innovation)是一个经济学概念。狭义的创新概念：创新是从新思想的产生到产品设计、试制、生产、营销和市场化的一系列行动。广义的创新概念：创新表现为不同参与者和机构(包括企业、政府、学校、科研机构等)之间交互作用的网络。在这个网络中，任何一个节点都可能成为创新行为实现的特定空间。创新行为因而可以表现在技术、体制或知识等不同侧面。在此所讨论的"创新"，是指他们作为一个独立的个体，能够善于发现和认识有意义的新知识、新思想、新事物、新方法，掌握其中蕴含的基本规律，并具备相应的能力，为将来成为创新型人才奠定全面的素质基础。因此：

- 创新是创业的基础；
- 创新的成效，只有通过未来的创业实践来检验；
- 创业是创新的载体和表现形式，创业的成败在根本上依赖于创新教育的根基扎实程度；
- 创新是对人的发展的总体把握，创业着重于对人的价值的具体体现。

二者相互促进又相互制约,是密不可分的辩证统一体。创新与创业内容的相似,并不说明二者可以相互替代,因为,仅仅具备创新精神是不够的,它只是为创业成功提供了可能性和必要的准备,如果脱离创业实践,或者缺乏一定的创业能力,创新精神也就成了无源之水、无本之木。创新精神所具有的意义,只有通过创业实践活动才能有所体现。创业与创新二者的目标同向、内容同质、功能同效、殊途同归。要围绕创业实践,通过多种途径,使创业与创新实现有机融合。

三、创业与学业

现在,很多大学生由于创业而荒废了自己的学业,而当年从哈佛辍学创立微软的比尔·盖茨却建议大学生要努力完成自己的学业,而不是模仿他本人中途辍学创业,因为学业对创业也很重要。学业是积累知识、增强能力、提高素质、培养创新精神和实践能力的过程,是创业的基础。不同类型的创业需要创业者具有不同的学习经历。具有不同学习经历的人,在现实生活中会选择不同的创业项目。因此,我们不赞同辍学创业。学习经历是创业者选择创业项目的基本前提,创业是人生追求的目标。

四、创业与就业

刚毕业的大学生,时常会徘徊于就业和创业之间,其实创业即就业。就业是指在现成的岗位中找到适合自己的工作岗位,是人们所从事的为获取报酬或经营收入所进行的活动。就业是一个成年人生活的一个重要组成部分。只有通过就业,人们才能在社会中找到自己的位置,在对社会做出贡献的同时,获得自己生活的来源。而创业是积极的就业,它不同于就业之处在于解决个人就业的同时会为其他人提供就业岗位,在为社会贡献更多力量的同时也使自己获得更多的回报,在更高一层的平台上充分发挥自己的才能,实现自己的人生理想。

第二节 创业精神与创业意识

创业是一项伟大的事业,需要付出艰辛的努力。审视那些知名成功创业者(如马云、史玉柱、牛根生、俞敏洪等人)的创业故事,尽管他们的创业背景、创业动机存在不同,但他们都具有一种共同的品质,即创业精神。

一、创业精神

创业精神既是创业的动力源泉,也是创业的精神支柱,更是成功创业的前提条件。没有创业精神一般不会有创业行动,也就无从谈起创业。即使已经开始创业,也会因为创业道路上的困难和荆棘半途而废,因此,创业精神对成功创业是至关重要的。

创业精神(entrepreneurship)是一个过程,即某个人或者某个群体通过有组织的努力,以创新和独特的方式追求机会、创造价值和谋求增长,不管这些人手中是否拥有资源。

创业精神包括发现机会和调度资源去开发这些机会。哈佛大学商学院将"创业精神"定义为"追求超越现有资源控制下的机会的行为",认为创业精神代表一种突破资源限制、通过创新来创造机会的行为。创业精神隐含的是一种创新行为,而不是一个特别的经济现象或个人的特质表现。创新精神是指在创业者的主观世界中,那些具有开创性的思想、观念、个性、意志、作风和品质等。

创业精神有三个层面的内涵:哲学层次的创业思想和创业观念是人们对于创业的理性认识;心理学层次的创业个性和创业意志是人们创业的心理基础;行为学层次的创业作风和创业品质是人们创业的行为模式。

关于创业精神的定义包括三个重要的主题:

- **对机会的追求** 创业精神追求环境的趋势和变化,而且往往是尚未被人们注意的趋势和变化。
- **创新内涵** 创业精神包含了变革、革新、转换和引入新方法,即新产品、新服务或者是做生意的新方式。
- **发展内涵** 创业者追求发展,他们不满足于停留在小规模或现有的规模上,创业者希望他的企业能够尽可能地发展,员工能够拼命工作。因而他们在不断寻找新趋势和机会,不断地创新,不断地推出新产品和新的经营方式。

创业精神这个概念最早出现于18世纪,其含义一直在不断演化,很多人仅把它等同于创办个人工商企业。但大多数经济学家认为,创业精神的含义要广泛得多。

20世纪的经济学家约瑟夫·熊彼特(Joseph Schumpeter)专门研究了创业者创新和追求进步的积极性所导致的动荡和变化。熊彼特将创业精神看做是一股"创造性的破坏"力量。创业者采用的"新组合"使旧产业遭到淘汰。原有的经营方式被新的、更好的方式所摧毁。

管理学专家彼得·德鲁克(Peter Drucker)将这一理念更推进了一步,称创业者是主动寻求变化、对变化作出反应并将变化视为机会的人。只要看一看传播手段所经历的变化——从打字机到个人电脑到互联网,这一点便一目了然了。

今天的大多数经济学家都认为,创业精神是在各类社会中刺激经济增长和创造就业机会的一个必要因素。在发展中国家,成功的小企业是创造就业机会、增加收入和减少贫困的主要动力。因此,政府对创业的支持是促进经济发展的一项极为重要的策略。

二、创业意识

创业意识是指在创业实践活动中对人起驱动作用的个性心理倾向,包括需要、动力、兴趣、思想、信念和世界观等心理成分。创业意识集中表现了创业素质中的社会性质,支配着创业者对创业活动的态度和行为,是创业素质的重要组成部分。

当今的创业时代是信息经济时代,每一个创业者都必须培养和具备现代创业意识和品格。因此,创业者应该具有以下几方面的创业意识。

1. 创业主体意识

创业是艰难的事业。过去中国的百姓没有创业的条件和可能,更无法想象能成为创业的主体。但是改革开放的深入发展、下岗再就业大潮的推动和党的富民政策,将人力资源的潜能最大限度地发挥了出来,使普通人成为了创业的主体。

这种创业的主体意识、主体地位、主体观念,成为创业者在风口浪尖上拼搏的巨大力量。这种力量会鼓舞他们抓住机遇,迎战风险,努力实现自身的价值,同时也会使他们承受更多的压力和困难。因此,这种创业主体意识的树立,就成了创业者在创业中必须具有的、十分宝贵的内在要素。

2. 迎战风险意识

风险经营意识是中国企业在国际接轨中应着重增强的一种现代经营意识,也是创业企业和创业者急需培养和增强的一种重要的创业意识,创业是充满风险的。

创业者对可能出现和遇到的风险准备和认识不足,是我国当前群体创业活动中的一个普遍现象。这种创业风险意识的缺失,突出表现在以下四个方面:

- 在心理准备上表现为:对创业可能出现和可能遇到的困难准备不足;
- 在决策上表现为:不敢决策,盲目决策,随意决策;
- 在管理上表现为:不抓管理,无序管理,不敢管理;
- 在经营上表现为:盲目进入市场,随意接触客户,轻率签订商务合同。

这种没有风险经营意识的做法,恰恰是创业者无正确风险经营意识的典型表现。正确的做法是要从害怕风险、不敢迈步之中解放出来,敢于去市场经济的大潮中劈风斩浪,又要在经受商海的历练和锻打中,善于规避风险、化解风险。

3. 知识更新意识

创业者创业后面对的第一个,也是最普遍的问题就是发生知识恐慌,因为原有的知识底蕴和劳动技能,已经不足以支持他们应对创业中大量的新情况和新问题。这就使创业者面临着知识更新的繁重任务。因此,创业者应该随时注意进行知识的更新,才能适应和满足繁重的创业需求。

4. 资源整合意识

任何一个创业者也不可能把创业中所涉及的问题都解决好,更不可能把一切创业资源都备足,因此,要学会进行资源整合。资源整合的原则不仅是创业设计中的一个重要原则,也是在创业中借势发展、巧用资源、优势互补、实现双赢的重要方法。

5. 创业战略策划意识

策划是一种智力引进,是一种思维的科学。它是用辩证的、动态的、发散的思维来整合行为主体的各种资源和行动,使其达到效益或效果最佳化的一个智力集聚的过程。大到企业发展战略,小到一句广告语,都要经过策划的过程。因此,从本质上讲,策划就是进行战略设计的过程,同时也是对每一个具体事件和行动进行战略思索的过程。可是,相当多的创业者习惯忙于"两眼一睁,忙到三更",却不善于研究企业发展战略,不善于进行市场策划,因而走弯路的例子屡见不鲜。

6. 开发信息资源意识

信息是资源,也是财富。但是,很多的创业者都不懂得信息的价值和信息资源的重要性,不会寻找和利用信息资源,更不懂得去开发信息资源中的价值。

正如一个创业者所讲的:"刚创业时,我不懂得查寻信息,不懂得找商机。每天只懂得'傻愣愣地站着,傻愣愣地喊'。结果,一天下来,腰酸腿疼,还不挣钱。"后来经过创业培训,这个创业者学会了如何在浩瀚的信息海洋筛选出对自己有用的信息。从对这些信息的筛选中,她获知国际上需求超薄型针织服装,她立刻加紧运作,从香港地区引进了用细羊绒和蚕丝制成的冬暖夏凉而重量又十分轻的超薄型针织面料,还添置了先进设备,培训员工,充实了技术人员,很快就让自己生产的春、夏、秋、冬四季超薄型针织服装上市,深深尝到了开发信息资源的甜头。

7. 寻找和抓住创收点的意识

创业者创业是为了挣钱,但是,相当多的人却不知道怎么去挣钱。这一点突出地表现在经营中抓不住创收点上。

创收点是企业的获利点。现代商业中知识和科技的含量越来越高,已经成为重要的获利点。创业者一定要认识到:商机是商业模式设计的着眼点,创收是经营运作的落脚点。好的创业模式都必须能够最大限度地创造商业价值才行。

8. 确立挑选优化环境意识

创业环境是重要的创业要素,也是创业企业快速崛起的重要支撑要素。一个十分优越的创业环境,对于创业企业的快速发展和崛起具有十分重要的意义和作用。

第三节　国内外大学生的创业发展进程

一、国内外大学生创业研究

国外对创业的研究始于20世纪中后期,主要的研究成果都集中在以美国为首的西方国家。1947年,哈佛商学院的Myles Mace教授通过整合了一些创业方面的研究成果和实践经验,率先开设了一门创业课程:新创企业管理(Management of New Enterprises),这可以被认为是最早对"创业"理论进行系统性研究、整理和传播的活动。但在此后的很长一段时间内,对创业的研究一直停滞不前。直到20世纪60年代,硅半导体技术的飞速发展催生了大量新创企业和小企业,仙童公司以及由其分拆出来的ITEL、AMD等企业的创业活动更是成为全球瞩目的焦点,硅谷地区迅速形成了硅半导体产业集群,并催生了专业的创业投资行业,由此引发了学术界对创业活动的系统研究。1970年,在美国的普度大学召开了第一次创业学术会议,有40多位专家和学者针对创业成功的案例进行了分析和交流,其主要的研讨内容就是"硅谷的启示"。

此后,针对创业的研究如火如荼地开展:1973年在加拿大多伦多召开了第一届创业研究国际会议;1974年,"创业研究兴趣团队"在美国管理学会年会上正式成立;1980年在美国贝勒大学召开了"第一届当前创业研究发展水平研讨会",该会议在此后的每5年召开一次;1981年,在创业研究领域享有盛誉的"百森创业研究年会"在美国百森商学院召开了第一次会议;1987年,美国管理学会把创业研究纳入管理学科的研究领域。至此,"创业学"正式确立了其在学术研究领域的地位。

国外大学生的创业最早开始于美国。美国大学生从来没有什么分配或推荐工作的概念,学生毕业后基本都是自谋职业,政府、社会和学校更大力提倡他们进行自主创业。在美国,大学生自主创业遍及全国,成功的故事很多。苹果、雅虎、网景、戴尔等一大批高科技公司都是在美国高校的创业氛围中诞生的。大学生创业已经成为美国经济发展的重要驱动力。

美国大学生自主创业主要源于美国高校中十分流行的创业计划竞赛。美国的大学生创业计划竞赛是以实际技术为背景、跨学科的优势互补的团队之间的综合较量。竞赛的意义也不局限于大学校园,从某种程度上说,创业计划竞赛是高校和社会、大学生和企业之间的一种重要的沟通与互动。

美国大学校园的创业计划竞赛源于1983年,当时得克萨斯州立大学奥斯汀分校的两位MBA学生希望借鉴法学院"模拟法庭"的形式举办商业计划竞赛。两位创业计划竞赛创办人经历千辛万苦,终于成功举办了世界上首次大学生创业计划竞赛,并引起了媒体和企业界的关注,许多著名高校争相效仿。麻省理工学院、斯坦福大学和哈佛大学等一流高校先后创办了类似的竞赛,其中又以麻省理工学院的创业计划竞赛最为著名。

麻省理工学院的"10万美金创业计划竞赛"已有近20年的历史,影响巨大。那些从麻省理工学院创业竞赛中诞生的公司绝大部分发展迅速,年成长率通常在50%以上。最近一项统计表明,美国高科技行业表现最优秀的100家公司中有46%出自麻省理工学院创业计划大赛。

据麻省理工学院的统计,自1990年以来,该校毕业生和教师平均每年创建超过150家新公司。麻省理工学院已经累计创办了上万家公司,雇用了数百万人,创造出数千亿美元的销售业绩,称得上是"富可敌国",对美国经济的发展做出了卓越贡献。

我国大学生创业活动的开展比较迟,虽然早在20世纪80年代就有学者开始探讨创业的问题,但创业大潮真正开始出现还是源于1998年5月在清华大学举行的中国首届大学生创业计划大赛。在这次大赛上,来自清华大学和北京其他高校的300多名学生组成90多个竞赛小组,递交了100多份创业计划书,开始了我国高校大学生创业探索的步伐。

1999年3月,清华大学科技创业者协会又举办了第二届创业大赛,这次大赛更加火爆,北京大学、中国人民大学等高校的学生也纷纷参与,共组成60个参赛小组,3 000多人次参加大赛的各项活动。这次大赛的一些参赛学生后来都注册了自己的公司,开始了真正的创业。同时,清华大学还专门为学生创业开辟了"清华创业园"。

同年,共青团中央、中国科学技术协会、全国学生联合会决定把创业计划竞赛推向全国,并于1999年3月到2000年1月举办了全国首届"挑战杯"大学生创业大赛。这种创业大赛实际上是学生自主创业意识的启蒙。通过竞赛,创业的意识深深根植在参赛者的心中,迅速而广泛地影响着广大高校学生。

为了鼓励大学生创业,政府部门都不断地推出了相应的优惠政策。由于政府、学校及社会的重视和大力支持,大学生创业热潮在短短几年的时间里扩散到了全国高校,发展势头迅猛。以上海为例,截至 2008 年 3 月,上海市大学生科技创业基金会已经资助大学生创业项目 240 余个,其中约有 180 家创业公司完成工商注册。180 家大学生创业公司为近千人提供了就业岗位;创业公司的核心团队人数共约 800 人,其中大学生约 600 人,应届毕业生约 300 人。

二、大学生创业项目的选择

创业项目选择是大学生创业过程中最先遇到的问题,能否找到好的创业项目在很大程度上决定着创业的成败。

创业项目是指创业者进行创业所从事的某一具体方向或具体行业,具有吸引力的、较为持久的和适时的一种商务活动内容,并最终表现在可以为客户和最终用户创造或增加价值的产品或服务中。

通常,创业实践项目是由 4—8 人组成一个创业团队,以创办一个小企业为目标。其经营领域和业务范围可以依据小组成员兴趣,在不同的产业领域进行选择,如汽车、通信、餐饮、社区、店铺经营、文化创意等。

大学生选择创业项目,是创造一个切入社会的端口,找到一个自身与社会结合的契合点。所以创业项目的选择要舍得下功夫,充分调查和论证,做到"知己知彼"。其中,"知己"就是要清醒地审视自己:优势与强项、兴趣所在、知识经验积累,性格与心理特征、资源拥有等。"知彼"是对社会未来发展趋势的判断,对稳定的、恒久的、潜在的需要的认识。

大学生一般可根据如下几个方面选择自己的创业项目:

1. 兴趣爱好

创业的过程往往是实现人的爱好和梦想的过程。每个人都有自己的兴趣爱好,把兴趣爱好与创业项目联系起来,成为生活的内容与生存状态,能够对自己的事业起到推动作用。我国台湾地区出生的杨致远在 10 岁时来到美国,在斯坦福大学获得硕士学位后留校,结识了费罗。在斯坦福大学里,两人在一辆学校拖车上成立了一间小型办公室。恰在这时他们迷恋上了互联网。每天,他们有数小时泡在网上,分别将自己喜欢的信息连接在一起,其中包括各种内容,如科研项目、相扑信息、网球比赛信息等。开始时他们各自独立地建立自己的网页,只是在偶尔对彼此的内容感兴趣时才相互参考,随着链接的信息越来越广,他们的网页也就放到了一起,并称为"杰里万维网向导",也就是后来的"Yahoo!"。

2. 所学专业

大学生创业者可以依靠自己的学科专业,利用科学发现,寻找创业项目。美国工程师斯宾塞在做雷达起振实验时,发现兜里的巧克力融化,由此发现了新的加热方法并发明了微波炉。美国大学二年级学生比尔·休利特与戴维·帕卡德通过撰写论文《制造和评价一个可变频振荡器》发现了新技术并为其申请了专利,租了公寓和车库成立了休利特-帕卡德公司,即惠普公司。后来太平洋战争爆发,休利特入伍,负责太平洋部队信号设备的调查。惠普抓住了这一机遇迅速壮大。黑龙江大学的王郑涵从自己的学习专业出发,在大学三年级期间在黑龙江大学创业园组建创业团队,并于2009年创立了哈尔滨金泰科技开发有限公司。

3. 寻找需要解决的问题

从需要解决的问题中可挖掘出创业项目。日常生活中,每个人都能碰到或大或小的让人烦恼的问题,我们需要从中发现创业项目。企业家约翰·加德纳曾经说过:"每个问题都是一个绝佳的隐藏着的机会。"例如,无法在互联网上播放音频和视频使罗布·格拉泽开发出 Real Player 软件,创建了 Real Networks 公司。比尔·巴蒂亚与杰克·史密斯由于无法越过公司防火墙登陆美国在线的电子邮件,于是开发出了网页电子邮件,成立了 hotmail 公司。斯坦福大学的勒娜和波萨克想发情书,但他们属于不同的计算机网络,因此发明了路由器,创建了思科公司。

4. 留意市场遗留的缝隙

从市场遗留的缝隙中可寻觅创业项目。很多大企业在实现规模经济的同时留下了许多市场缝隙,一旦创业者从中找到了合适的市场空白点,就意味着抓住了一个能够持久盈利的创业机会。例如,北京中星微电子公司避开 CPU 和存储芯片等主流市场的激烈竞争,瞄准多媒体应用领域的市场空白,展开技术攻关,推出"星光一号",占据了 PC 图像输入芯片领域 60% 的市场份额,成为这一领域的市场领导者。安徽的胡小平发现"小菜没人做,因嫌进货麻烦",于是进入该行业,迅速占领市场,创建了"小菜一碟"品牌。

5. 不同产品的完美复合

将两个不同的产品结合到一起就能产生一个创业项目。例如冶金与绘画结合产生了铁画,医疗与食品结合产生了药膳。改革开放以后,中国内地的保健品层出不穷,史玉柱调查分析了当时的中国保健品市场,他发现,有一部分产品是为了满足人们改善睡眠的需要,有一部分产品是为了满足人们调节消化的需要,但是没有一种保健品可以同时满足这两种需要。改善睡眠的保健药的主要成分是人脑松果腺体素,也叫褪黑素,而山楂、茯苓可以调节消化,所以他把两者结合起来,通过许多实验,最终推出保健品"脑白金",填补了中国当时保健品的空白。

6. 经验优势

经验优势是创业者所具有的强项与特长,优秀与特别之处,这些都可以发展为可行的创业项目。松下幸之助曾经在电器插座生产线上当过学徒。开心网的创始人曾经参与新浪网的策划、运营以及上市。1994 年,大学三年级学生江南春和几个合作伙伴成立了永怡广告公司。到了 2001 年,江南春发现广告代理公司的利润很低,开始重新思考方向。最后,他把新目标放在商业楼宇的电梯上,弥补了市场空白,成立了分众传媒。大学生创业者可以从自己的相关工作经验或者自己的优势入手选择创业项目。

7. 扩散思维、事物联想

根据一个事物发挥想象，可以发现创业项目。1987年，美国弗吉尼亚州的两个邮递员汤姆·科尔曼和比尔·施洛特对一个小孩手里拿的荧光棒展开了联想。最后他们想到将棒棒糖放在荧光棒的顶端，他们申请了专利，并将其卖给了美国开普糖果公司。后来他们又对棒棒糖展开联想，最后想到让棒棒糖自动旋转，他们的这个想象使2.99美元的棒棒糖在6年间卖出6 000万个。后来开普糖果公司的领导人约翰·奥舍离开开普糖果公司，他们又利用这种自动旋转技术去沃尔玛寻找项目。他们联想到电动牙刷，利用这种技术的牙刷售价仅为宝洁公司的电动牙刷售价的十分之一。在2000年中，他们卖出1 000万支电动牙刷。2001年宝洁决定收购这家公司。奥舍和另外两个合伙人最后一共赚取了四百多亿美元。

8. 大众传媒

创业者通过报纸、杂志、广播、电视、网络、展览会等发现创业项目。斯鲁特兄弟参加了1997年芝加哥举行的展销会，在一个几乎没人注意的小展台前，看到一个碗里的小球吸光了所有倒进来的水。斯鲁特兄弟发现这种由硅砂做成的神奇的小球具有很强的吸收功能，是做小猫褥垫最合适的材料。于是，他们同中国的一家硅胶企业签订了生产合同。这样，这种小球走上了生产线。现在，美国的杂货店和大卖场里被称为"水晶珍珠"的完全透明的小球褥垫卖得很好。而且，他们还因此获得了全美宠物协会颁发的杰出技术进步奖和1999年度《小猫迷》杂志所颁发的奖励。

9. 市场调查

通过调查人们没有被满足的市场需求，可以确定创业项目。日本松下电器公司的创始人松下幸之助经常收集消费者的各方面信息。有一次他无意之中听到几位买东西的家庭主妇边走边议论，说家用电器插头是单用的，很不方便，如果有一个多用的插头，能够同时插上几种电器就好了。他以敏锐的嗅觉捕住消费者的这一欲望，回到公司当即召集科研人员，下达研制任务。不久，"三通"电源应运而生，给松下电器公司带来了新的发展机会。海尔公司的张瑞敏经常在市场当中捕捉新的市场机会。一次偶然机会，他听到现在的洗衣机特别费水、费电，他立刻赶回公司召开科研会议解决这一问题。从研发到新产品投放市场，海尔仅用了13天，推出了新型洗衣机"小小神童"。张瑞敏一次出差到四川，发现海尔洗衣机在四川的销售受阻，经过调查发现，当地居民不仅用洗衣机洗衣服还洗地瓜，经常容易将洗衣机堵塞，所以立刻开发出排水口大的洗衣机。在巴基斯坦，由于天气比较热，当地居民经常一次要洗10件大袍子，所以海尔开发出一次可以洗12件大袍子的超容量洗衣机。

10. 连锁加盟领域

统计数据显示，在相同的经营领域，个人创业的成功率低于20%，而加盟创业的成功率则高达80%。对创业资源有限的大学生来说，借助连锁加盟的品牌、技术、营销、设备优势，可以通过较少的投资、较低的门槛实现自主创业。但连锁加盟并非零风险，在市场鱼龙混杂的现状下，大学生涉世不深，在选择加盟项目时更应注意规避风险。一般来说，大学生创业者资金实力较弱,适合选择启动资金不多、人手配备要求不高的加盟项目,从小本经营开始为宜。此外,最好选择运营时间在5年以上、拥有10家以上加盟店的成熟品牌。

三、创业是一项伟大的事业

创业是一项伟大的事业,所有的创业者都会得到应有的尊重。

1. 坚定的创业信念

首先,要有创业成功的自信。人相信有什么结果,就可能有什么作为,一个人如果连自己能创业成功都不相信,他是不可能去争取和追求的。其次,要有创业的责任感。现代大学生应担当创业重任,上为国家做贡献,下为自己谋出路。最后,要有逆境中永不言败的创业精神。虽然身处逆境,却能拼力抗争、不断追求,这样,才能造就壮丽的创业人生。

2. 积极的创业心态

积极的创业心态能发现潜能、激发潜能、拓展潜能和实现潜能,进而帮助创业者获得事业上的成就和巨大的财富。积极的创业心态应包括:一是拥有巨大的创业热情;二是要清除内心障碍;三是要努力克服困难、创造条件,变不可能为可能。

3. 顽强的创业意志

创业意志指个体能百折不挠地把创业行动坚持到底以达到目的的心理品质。创业意志包括:一是创业目的明确;二是决断果敢;三是具有恒心和毅力。

4. 鲜明的创业个性

大凡创业成功者,一般都有鲜明独特的个性品质。一是敢冒风险:创业的价值就在于创造出自己独特的东西,要敢于冒风险,敢于走前人和别人没有走过的路。敢冒风险是理智基础上的大胆决断,是自信前提下的果敢超越,是新目标面前的不断追求。二是痴迷:对目标如痴如醉,全身心融进创业行动之中。三是独立自主:独立自主地解决困难和问题,不受各种外来因素的干扰。

张伟和王军的创业历程(2)

张伟和王军经过反复讨论,多次头脑风暴,并分析创业全过程组织、业务、人员、市场、财务等各项工作,讨论了创业过程中可能遇到的风险及应对措施。张伟和王军首先列出肯定放弃的行业,包括:制造行业、交通运输行业、建筑行业等。可能进入的行业包括:批发和零售行业、服装行业等。

在项目和产品选择方面,张伟和王军初步决定了通过进一步了解市场,并且结合自身所学专业与个人兴趣爱好进行最后的综合分析。

> **做练习**
> 1. 假如你要进入的是熟悉的领域,你打算用什么样的方式展开创业活动?
> 2. 想想中国未来微信市场是一个什么样的市场?它会带来什么商机?

第四节 创业素质评估

企业的成败取决于创业者。在决定创业之前,创业者应该分析评价一下自己,看看自己是否具有创业的素质。通过本部分内容的学习,你要确定以下几个方面:
- 你的创业动机与职业兴趣是什么?
- 你的人格特征是什么?对于创业来说有哪些优势与不足?

一、创业动机和职业兴趣

(一)创业动机

如果创业者是真心想创办企业,成功的可能性就大得多。如果创业者仅仅想有些事情可做,创办企业的成功可能性就不大。因此,创业者要问问自己:"为什么想创办自己的企业?"

创业者可以从以下几个方面来问自己:
- 是否真心想创办企业?
- 是否渴望将事情做得更完美,提高工作效率,获得成功?
- 是否勇于克服困难、解决问题?
- 是否追求努力奋斗的乐趣和成功之后个人的成就感?
- 是否希望得到关于工作业绩的及时准确的反馈信息,从而了解自己是否有进步?
- 是否喜欢设立具有适度挑战性的目标,而不是凭运气获得的成功?
- 是否不喜欢接受那些看起来特别容易的工作任务?
- 是否有进取心、敢冒风险?

思考上述问题,如果回答是肯定的,它可以帮助创业者创办企业,并获得成功。

(二)职业兴趣

职业兴趣是人对某种社会职业的爱好。一个人如果对某种职业感兴趣,他在学习和工作中就能全神贯注,积极热情,甚至富有创造性地完成工作,即使困难重重也决不灰心丧气,而能想尽办法,百折不挠地去战胜困难。有关资料表明:如果个人对他从事的工作有兴趣,就能够发挥全部才能的80%—90%,并且能较长时间地保持高效率而不感到疲劳。而对工作缺乏兴趣的人,只能发挥其全部才能的20%—30%,且容易精疲力竭。

霍兰德在长期职业指导和咨询实践的基础上,首次提出了自己的理论观点,他认为:职业兴趣就是人格的体现;从事同一职业工作的人存在着共同的人格,并能划分为不同的类型。霍兰德最早提出了六种职业环境,并认为环境的性质是其所属成员典型特征的反映,它给相应人格类型的人提供了发挥其兴趣与才能的机会,并能强化相应的人格特征。这六种职业类型是:现实型、研究型、艺术型、社会型、企业型、常规型。

① 现实型(realistic)。具有这种性格倾向的人会被吸引去从事那些包括体力活动并且需要一定的技巧、力量和协调性才能承担的职业。这些职业的例子有森林工人、耕作工人以及农场主等。

② 研究型(investigative)。具有这种性格倾向的人会被吸引去从事那些需要较多认知活动的职业,而不是那些主要以感知活动为主要内容的职业。这类职业的例子有生物学家、化学家以及大学教授等。

③ 艺术型(artistic)。具有这种性格倾向的人会被吸引去从事那些包括大量自我表现、艺术创造、情感表达以及个性化活动的职业。这类职业的例子有艺术家、广告制作者以及音乐家等。

④ 社会型(social)。具有这种性格倾向的人会被吸引去从事那些包括大量人际交往内容的职业,而不是那些包括大量智力活动或体力活动的职业。这类职业的例子有诊所的心理医生、外交工作者以及社会工作者等。

⑤ 企业型(enterprising)。具有这种性格倾向的人会被吸引去从事那些包括大量以他人为目的的语言活动的职业。这类职业的例子有管理人员、律师以及公共关系管理者。

⑥ 常规型(conventional)。具有这种性格倾向的人会被吸引去从事那些包括大量结构性的且规则较为固定的活动的职业,在这些职业中,雇员个人的需要往往要服从于组织的需要。这类职业的例子有会计以及银行职员等。

表1-1表明了与各种人格特征相对应的职业倾向。

表1-1　人格特征与职业类型对应表

类型	人格特征	职业类型
现实型	• 愿意使用工具从事操作性工作 • 动手能力强,做事手脚灵活,动作协调 • 偏好于具体事务,不善言辞,不善交际性格:持久的、感觉迟钝的、不讲究的、谦逊的	主要指各类工程技术工作、农业工作,通常需要一定体力,需要运用工具或操作机器 主要职业:木工、电器技师、工程师、营养专家、运动员、农场主、森林工人、公路巡逻官、园艺工人、城市规划人员、军官、机械操作工、维修工、安装工人、矿工、电工、司机、测绘员、描图员等
研究型	• 思想家而非实干家,抽象思维能力强,求知欲强,肯动脑,肯思考,不愿动手 • 喜欢独立的和富有创造性的工作 • 知识渊博,有学识才干,不善于领导他人 • 性格:好奇的、个性内向、非流行大众化、变化缓慢的	主要指科学研究和科学实验工作 主要职业:生物学家、化学家、地理学家、数学家、医学技术人员、生理学家、心理学家等自然科学和社会科学方面的研究与开发人员、专家;化学、冶金、电子、无线电、电视、飞机等方面的工程师、技术人员

(续表)

类型	人格特征	职业类型
艺术型	• 讨厌结构,喜欢以各种艺术形式的创造来表现自己的才能,实现自身价值 • 具有特殊艺术才能和个性 • 有创造力,乐于创造新颖、与众不同的艺术成果,渴望表现自己的个性 • 性格:冷淡疏远的、有独创性的、非传统的 • 乐于助人,喜欢从事为他人服务和教育工作	主要指各种艺术创造工作 主要职业:广告管理人员、艺术教师、艺术家、作家、广播员、室内装修人员、医疗绘图师、音乐家、摄影师、公共关系专家、演员、编导;文学、艺术方面的评论员;广播节目的主持人、编辑、作者;绘画、书法、艺术、家具、珠宝等行业的设计师
社会型	• 喜欢参与解决人们共同关心的社会问题,渴望发挥自己的社会作用 • 寻求亲近的人际关系,比较看重社会义务和社会道德 • 性格:缺乏灵活性的、亲切仁慈的	主要指各种直接为他人服务的工作,如医疗服务、教育服务、生活服务等 主要职业:公使、教师、学校管理人员、保育员、行政人员、医护人员、工作分析专家、社会工作人员、图书管理员、丧葬承办人、精神健康工作者、衣食住行服务行业的经理、管理人员和服务人员、福利人员、娱乐管理人员等
企业型	• 追求权力、权威和物质财富,具有领导才能 • 喜欢竞争、敢冒风险 • 精力充沛、自信、善交际、口才好,做事巧妙 • 性格:善辩的、精力旺盛的、寻求娱乐、努力奋斗的	主要指那些组织与影响他人共同完成组织目标的工作 主要职业:综合性农业企业管理人员、房地产商、经理、企业家、政府官员、律师、金融家、零售商、人寿保险代理人、采购代理人、行业部门领导者、管理者等
常规型	• 尊重权威,喜欢按计划办事,习惯接受他人指挥和领导,自己不谋求领导职务 • 不喜欢冒险和竞争,富有自我牺牲精神 • 工作踏实,忠实可靠,偏爱那些规章制度明确的工作环境 • 性格:有责任心的、依赖性强、高效率、猜疑心重	主要指与文件档案、图书资料、统计报表之类相关的各类科室工作 主要职业:会计、出纳、银行职员、速记员、鉴定人、统计人员、打字员、办公室人员、秘书和文书、图书管理员、风险管理者、旅游外贸职员、保管员、审计人员、人事职员等

张伟和王军的创业历程(3)

张伟和王军开始分析自己的创业动机和职业兴趣。在是否真心想创办企业的问题上,两人展开了讨论,并达成一致意见。

张伟和王军具有共同的特点:喜欢竞争,喜欢设立具有适度挑战性的目标,有进取心,敢冒风险,勇于克服困难,追求努力奋斗的乐趣和成功之后个人的成就感。

经过讨论,他们确定自己是真心想创办企业,且具有较强的成就动机。他们喜欢竞争,渴望发挥自己的社会作用,具有一定的企业型和社会型人的特征,可以在创办企业的过程中更好地发挥自己的优势,强化相应的行为特征。但他们在自信、人际交往、做事技巧等方面还存在不足,有待在工作中不断改善。

二、人格特征

（一）有关人格的观念

1. 人格的含义

"人格"一词的起源自古希腊语 persona。persona 最初指古希腊戏剧演员在舞台演出时所戴的面具，与我们京剧中的脸谱类似。而后指演员本人，即一个具有特殊性质的人。现代心理学沿用 persona 的含义，定义为人格。其中包含了两个意思：一是指一个人在人生舞台上所表现的种种言行，遵从社会文化习俗的要求而做出的反应，即人格所具有的"外壳"，就像舞台上根据角色的要求而戴的面具，反映出一个人的外在表现。二是指一个人由于某种原因不愿展现的人格成分，即面具后的真实自我，这是人格的内在特征。

关于心理学中人格的定义，比较流行的观点是：所谓人格，是指一个人在社会化过程中形成和发展的思想、情感及行为的特有统合模式，这个模式包括了个体独有的、有别于他人的、稳定而统一的各种特质或特点的总体。

在心理学中，还经常运用"个性"一词表达人格的概念。

2. 人格的本质特征

人格是一个具有丰富内涵的概念，其中反映了人的多种本质特征。

（1）独特性

一个人的人格是在遗传、环境、教育等因素的交互作用下形成的。不同的遗传、生存及教育环境，形成了人们独特的心理特点。人与人之间没有完全一样的人格特点。所谓"人心不同，各有其面"，就是指人格的独特性。但是，人格的独特性并不意味着人与人之间的个性毫无相同之处。在人格的形成与发展中，既有生物因素的制约作用，也有社会因素的制约作用。人格作为一个人的整体特质，既包括每个人与其他人不同的心理特点，也包括人与人之间在心理、面貌上相同的方面，如每个民族、阶级和集团的人都有其共同的心理特点。人格是共同性与差别性的统一，是生物性与社会性的统一。

（2）稳定性

人格具有稳定性。个体在行为中偶然表现出来的心理倾向和心理特征并不能表征他的人格。俗话说："江山易改，本性难移。"这里的"本性"就是指人格。当然，强调人格的稳定性并不意味着它在人的一生中是一成不变的。随着生理的成熟和环境的变化，人格也有可能产生或多或少的变化，这是人格可塑性的一面。正因为人格具有可塑性，才能培养和发展人格。人格是稳定性与可塑性的统一。

（3）统合性

人格是由多种成分构成的有机整体，具有内在一致性，受自我意识的调控。人格统合性是心理健康的重要指标。当一个人的人格结构在各方面彼此和谐统一时，他的人格就是健康的。否则，可能会出现适应困难，甚至出现人格分裂。

（4）功能性

人格决定一个人的生活方式,甚至决定一个人的命运,因而是人生成败的根源之一。当面对挫折与失败时,坚强者能发愤搏击,懦弱者会一蹶不振,这就是人格功能的表现。

据此,根据上述特征,我们可以在心理学上将人格定义为:个人在适应环境的过程中所表现出来的系统的独特的反应方式,它由个人在其遗传、环境、成熟、学习等因素交互作用下形成,并具有很大的稳定性。

（二）人格测试

人格类型没有好坏,只有不同。每一种性格特征都有其价值和优点,也有缺点和需要注意的地方。清楚地了解自己的性格优劣势,有利于更好地发挥自己的特长,而在为人处事中避免自己性格中的劣势,更好地和他人相处,更好地作重要的决策。清楚地了解他人(家人、同事等)的性格特征,有利于减少冲突,使家庭和睦,使团队合作更有效。

梅比人格类型量表(MBTI)是当今世界上应用最广泛的性格测试工具,它是一种迫选型、自我报告式的性格评估工具,用以衡量和描述人们在获取信息、作出决策、对待生活等方面的心理活动规律和性格类型。MBTI从以下四个维度进行人格测试。

（1）MBTI以四个组别来评估你的人格类型倾向:"E—I""S—N""T—F"和"J—P"。比较四个组别的得分。每个组别中,获得较高分数的那个类型,就是测试者的人格类型倾向。例如,得分是:E(外向)12分,I(内向)9分,那类型倾向便是E(外向)了。

（2）将代表获得较高分数类型的英文字母填在下方的方格内。如果在一个组别中,两个类型同分,则依据图1-1中的规则来决定类型倾向。

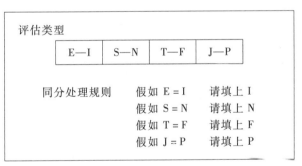

图1-1　评估类型与同分处理规则

三、人格解析

"人格"是一种个体内部的行为倾向,它具有整体性、结构性、持久稳定性等特点,是每个人特有的,可以对个人外显的行为、态度提供统一的、内在的解释。MBTI把人格分为4个维度,每个维度上包含相互对立的2种偏好,如图1-2所示。

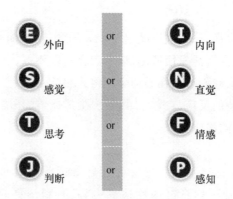

图 1-2　MBTI 人格维度

其中,"外向 E—内向 I"代表着各人不同的精力(energy)来源;"感觉 S—直觉 N"、"思考 T—情感 F"分别表示人们在进行感知(perception)和判断(judgement)时不同的用脑偏好;"判断 J—感知 P"针对人们的生活方式(life style)而言,它表明我们如何适应外部环境——在我们适应外部环境的活动中,究竟是感知还是判断发挥了主导作用。根据在这四个维度上的不同组合,可以分为 16 种人格类型,如图 1-3 所示。

ISTJ	ISFJ	INFJ	INTJ
ISTP	ISFP	INFP	INTP
ESTP	ESFP	ENFP	ENTP
ESTJ	ESFJ	ENFJ	ENTJ
注:根据 1978-MBTI-K 量表,以上每种类型中又分为 625 个类型。			

图 1-3　人格类型

每一种性格类型都具有独特的行为表现和价值取向。了解人格类型是寻求个人发展、探索人际关系的重要开端。MBTI 的 16 种人格类型的特点及适应的职业见表 1-2。

表 1-2　MBTI 的 16 种人格类型的特点及适应的职业

ISTJ	
1. 严肃、安静、通过集中心志与全力投入及可被信赖获得成功。 2. 行事务实、有序、实际、逻辑、真实及可信赖。 3. 十分留意且乐于任何事(工作、居家和生活)均有良好组织及有序。 4. 负责任。 5. 照设定成效来做出决策且不畏阻挠与闲言,坚定行事。 6. 重视传统与忠诚。 7. 传统型的思考者或经理。	适合的职业: • 商业领域:审计师、会计、经销代理商、保险业者等 • 政府机构:政府职员、环保检查员、建筑绘图师等 • 金融领域:银行检查员、股票经纪人、成本估价师等 • 教育领域:教师、图书管理员、行政负责人等 • 应用科学:计算机程序员、工程师、地质学家、气象学家等

（续表）

ISFJ 1. 安静、和善、负责任且有良心。 2. 行事尽责投入。 3. 安定性高，是项目工作或团体中安定的力量。 4. 愿投入、吃苦及力求精确。 5. 兴趣通常不在于科技方面，对细节事务有耐心。 6. 忠诚、考虑周到、知性且会关心他人感受。 7. 致力于创造有序及和谐的工作与家庭环境。	适合的职业： ● 医疗领域：家庭医生、护士、营养学家、医学研究者等 ● 社会服务：社会工作者、小学及幼儿园教师、教育规划师等 ● 商业服务：秘书、行政管理人员、人事管理者等 ● 设计技术：室内设计室、艺术家、音乐家、珠宝商等
INFJ 1. 因为坚忍、创意及必须达成的意图而获得成功。 2. 会在工作中投注最大的努力。 3. 默默地、诚挚地及用心地关心他人。 4. 因坚守原则而受敬重。 5. 提出造福大众利益的明确愿景而为人所尊敬与追随。 6. 追求创意、关系及物质的意义及关联。 7. 想了解什么能激励别人且对他人具有洞察力。 8. 光明正大且坚信其价值观。 9. 有组织且果断地履行其愿景。	适合的职业： ● 咨询领域：职业顾问、诊疗心理学家、教育顾问等 ● 教育领域：教师（尤其是高中和大学人文学科）等 ● 创造性工作：艺术家、剧作家、诗人等 ● 健康保健：心理健康顾问、饮食专家、按摩治疗师等 ● 社会服务：社会服务机构主管、热线主持人等 ● 商业领域：人力资源经理、组织发展顾问等
INTJ 1. 具有强大动力与本意来达成目的与创意——顽固者。 2. 有宏大的愿景且能快速在众多外界事件中找出有意义的模范。 3. 对所承负职务，具有良好策划能力并能完成工作。 4. 具备怀疑心、挑剔性、独立性、果决，对专业水准及绩效要求高。	适合的职业： ● 金融领域：投资银行家、金融分析家、决策策划者等 ● 技术领域：科学家、设计工程师、软件开发员等 ● 教育领域：大学教师（尤其是计算机、自然科学、数学）等 ● 医疗领域：心理学家、病理学家、精神病学家等 ● 专业工作：律师、法官、建筑师、飞行员等 ● 创造性工作：作家、发明家、设计师等
ISTP 1. 冷静的旁观者——安静、预留余地、弹性及会以无偏见的好奇心与未预期的原始幽默进行观察与分析。 2. 有兴趣于探索原因及效果，如何运作且使用逻辑的原理组构事实，重视效能。 3. 善于掌握问题核心及找出解决方式。 4. 分析成事的缘由且能实时由大量资料中找出实际问题的核心。	适合的职业： ● 活动事业：警察、赛车手、特工、私人侦探、摄影师、律师助理等 ● 技术领域：电子机械、系统分析师、信息处理专家等 ● 健康护理：脑电图技术专家、运动生理专家等 ● 金融领域：证券分析师、采购员、经济学家、保险理算员等 ● 手工领域：木匠、园艺设计师、乐器制造人、画家等

（续表）

ISFP 1. 羞怯的、安宁和善的、敏感的、亲切的、行事谦虚的。 2. 喜于避开争论，不对他人强加己见或价值观。 3. 无意于领导却常是忠诚的追随者。 4. 办事不急躁，安于现状，无意于以过度的急切或努力破坏现况，且非成果导向。 5. 喜欢有自己的空间及按照自订的日程办事。	适合的职业： ● 手工领域：木匠、画家、设计师、艺术家、乐器制造者等 ● 健康护理：理疗师、医疗助理、治疗专家等 ● 科学技术：测量员、动植物学家、考古学家、地质学家等 ● 服务领域：保洁人员、商业策划人员、儿童福利顾问等 ● 商业领域：书商、行政人员、保险调查员等
INFP 1. 安静观察者，具有理想性，对其价值观及重要之人具有忠诚性。 2. 其外在生活形态与内在价值观吻合。 3. 具有好奇心且很快能看出机会所在。常担负开发创意的触媒。 4. 除非价值观受侵犯，行为会具弹性、适应力高且承受力强。 5. 具备想了解及发展他人潜能的愿望，做事全神贯注。 6. 对所处境遇及得失不太在意。	适合的职业： ● 艺术领域：艺术家、作家、建筑师、设计师等 ● 教育领域：教师（尤其是大学人文学科）、教育顾问等 ● 健康保健：营养学家、调理师、职业治疗师等 ● 商业领域：客户关系经理、人力资源招聘人员等
INTP 1. 安静、自持、弹性及具有适应力。 2. 特别喜爱追求理论与科学事理。 3. 习惯以逻辑及分析来解决问题——问题解决者。 4. 最有兴趣于创意事务及特定工作，对聚会与闲聊无大兴趣。 5. 追求可发挥个人强烈兴趣的生活。 6. 追求发展对有兴趣事情的逻辑解释。	适合的职业： ● IT领域：软件设计者、系统分析师、电脑安全专家等 ● 健康护理：神经学家、美容师、生物医学研究员等 ● 专业领域：律师、心理学家、企业家、情报专家等 ● 医疗领域：心理学家、病理学家、精神病学家等 ● 学术领域：数学家、考古学家、哲学家、逻辑学家等 ● 创造性工作：摄影师、音乐家、导演、发明家等
ESTP 1. 擅长现场实时解决问题——解决问题者。 2. 喜欢办事并享受过程。 3. 倾向于喜好技术事务及运动，交结有共同爱好的友人。 4. 具有适应性、容忍度、务实性；投注心力会很快得到成效。 5. 不喜欢冗长概念的解释及理论。 6. 擅长专精于可操作、处理、分解或组合的真实事务。	适合的职业： ● 社会活动：调查员、私家侦探、情报专家、刑事学家等 ● 金融领域：投资者、预算分析师、银行家、保险经纪等 ● 娱乐体育：新闻记者、运动员、娱乐业经纪人、演员等 ● 手工领域：厨师、后勤经理、飞机修理工等 ● 商业领域：房地产经纪人、中间商、零售商等

(续表)

ESFP 1. 外向、和善、接受性强、乐于分享。 2. 喜欢与他人一起行动且促成事件发生，在学习时亦然。 3. 知晓事件未来的发展并会积极参与。 4. 最擅长于人际相处，具备完备常识，很有弹性，能立即适应他人与环境。 5. 对生命、人、物质享受的热爱者。	适合的职业： ● 教育领域：小学教育、特种教育教师、教育软件开发商等 ● 健康护理：急诊室护士、按摩师、兽医、药剂师等 ● 娱乐体育：电影制片人、演出承办人、新闻节目主持人等 ● 商业领域：房地产代理人、保险代理、产品销售等 ● 服务领域：空中服务员、秘书、接待员等
ENFP 1. 充满热忱、活力充沛、聪明、富有想象力，视生命充满机会，期待得到他人的肯定与支持。 2. 几乎能做成所有感兴趣的事。 3. 对难题很快就有对策并能对有困难的人施予援手。 4. 依赖能改善的能力而无须作规划准备。 5. 为达目的常能找出强制自己行动的理由。 6. 即兴执行者。	适合的职业： ● 创造性工作：记者、演员、漫画和卡通画家等 ● 营销领域：营销顾问、广告业务经理、广告创意指导等 ● 教育领域：教育心理学家、职业发展顾问等 ● 商业领域：人力资源经理、公司培训员、人事招聘员等
ENTP 1. 反应快、聪明、善于应对多样性事务。 2. 具有激励伙伴、敏捷及直言不讳的专长。 3. 会为了兴趣对问题的两面加以争辩。 4. 对解决新颖及挑战性的问题富有策略，但会轻视或厌烦经常性的任务与细节。 5. 兴趣多元，倾向于转移至新生的兴趣。 6. 对于想要的会有技巧地找出逻辑理由。 7. 善于看清楚他人，有智慧和能力去解决新的问题或有挑战性的问题	适合的职业： ● 商业领域：企业家、财务经理、多样化经理等 ● 信息传播：公共关系专家、广告业务经理、市场主管等 ● 政治领域：政治家、行政管理人员、政治分析家等
ESTJ 1. 务实、真实、客观，具有管理或技术天分。 2. 不喜欢抽象理论；喜欢学习可立即运用的事理。 3. 喜好组织与管理活动且专注以最有效率的方式行事。 4. 具有决断力、关注细节且很快做出决策——优秀的行政者。 5. 会忽略他人感受。 6. 喜欢当领导者或企业主管。	适合的职业： ● 营销领域：营销(实物)、经销商、代理商等 ● 科学技术：工程师(机械、应用)、技术培训人员等 ● 管理领域：项目经理、行政负责人、管理顾问等 ● 专业工作：牙科医生、内科医生、法官、律师等

（续表）

ESFJ 1. 诚挚、爱说话、合作性高、受欢迎、光明正大、天生的合作者及活跃的组织成员。 2. 注重和谐且善于创造和谐。 3. 常做对他人有益的事。 4. 给予鼓励及称许时会有更佳的工作表现。 5. 最有兴趣于会直接影响人们生活的事务。 6. 喜欢与他人共事去精确且准时地完成工作。	适合的职业： • 卫生保健：医生、护士、饮食专家、运动生理学者等 • 教育领域：小学教师、特殊教育教师、儿童护理等 • 商业领域：公共关系专家、市场营销专家、顾客关系经理等 • 服务领域：航班服务人员、美容师、旅游专家等 • 文书领域：秘书、招待员、办公设备操作员等
ENFJ 1. 热忱、负责任、具备能鼓励他人的领导能力。 2. 对别人所想或希求会表达真正关切且用心处理。 3. 能怡然且技巧性地带领团体讨论或演示文稿提案。 4. 爱交际、受欢迎及富有同情心。 5. 对称许及批评很在意。 6. 喜欢带引别人且能使别人或团体发挥潜能。	适合的职业： • 信息传播：公共关系专家、广告业务经理、资金募集人等 • 咨询领域：心理学家、职业顾问、教育心理学家等 • 教育领域：教师（大学人文学科）、早期教育老师等 • 健康保健：饮食专家、按摩治疗师、整形治疗师等 • 商业领域：人力资源培训员、人事招聘人员、人事主管等
ENTJ 1. 坦诚、具有决策力的活动领导者。 2. 善于发展与实施多样的方式以解决组织的问题。 3. 专精于具有内涵与智能的谈话，如对公众演讲。 4. 乐于经常吸收新知识且能广开信息渠道。 5. 易过度自信，会强行表达自己的意见。 6. 喜欢策划及目标设定。	适合的职业： • 商业领域：商业主管、人力资源经理、项目经理等 • 金融领域：经济分析家、投资银行家、股票经纪人等 • 咨询领域：商业顾问、管理顾问、教育顾问等 • 专业领域：律师、法官、心理学家等 • IT领域：系统主管、数据库主管、网络主管等

第五节　创业条件评估

在决定创业之前，创业者还应该分析评价一下自己，看看自己是否具有创业的能力和财务条件。通过本部分内容的学习，你要确定以下几个方面：

- 你的职业能力特征是什么？对于创业来说有哪些优势与不足？
- 你的财务条件怎样？你的资金来源渠道有哪些？

一、创业能力

企业的成败取决于创业者。在决定创业之前,创业者应该分析评价一下自己,看看自己是否具有创业的能力、技能和物质条件。成功的创业者之所以成功,不是因为他们走运,而是因为他们工作努力,并具有经营企业的能力。诚信度、计划制订与实施、信息收集与分析、团队合作、人际能力、自我反省、成本控制等是创办和经营企业的主要能力,如表 1-3、表 1-4、表 1-5、表 1-6、表 1-7、表 1-8 和表 1-9 所示。

表 1-3 诚信度

含义	以诚信开展业务,以社会道德为标准,严格遵守公司各项制度规定和规则,工作责任感强。
优秀者的表现	1. 诚实守信,言行一致。 2. 对待各项工作认真、负责,获得同事的信任。 3. 是非观念强,有较高的社会公德意识。
不足者的表现	1. 对同事及他人,完全按照个人的喜好来评价及对待,对自己喜好的人和事态度积极,对于个人不喜欢的人和事,则态度冷漠甚至恶劣。 2. 轻视制度及规范,经常出尔反尔。
改进的方法	1. 以无差别的公正、公平态度对待公司的同事及生活中遇到的人。 2. 严格遵守各项法律、制度、规范。 3. 不轻诺,言必行。 4. 重视个人道德形象,加强个人责任感。

表 1-4 计划制订与实施能力

含义	能够依据目标,有效地整合各项资源,制订具体的、可操作的行动方案,并能够通过说服、协调等方式得到相关人员的支持,使计划顺利推行下去。
优秀者的表现	1. 制订计划时能够听取各方意见,并进行论证和修订。 2. 准确把握计划方案的初衷和方向。 3. 能够根据组织实际情况制订计划,从计划到实施的整个过程都能符合组织的实际情况。 4. 能够有效整合人力、物力、财力资源,制订合理的工作计划。 5. 考虑到监控体系,有效地掌握计划实施情况。 6. 计划完成后,及时给予参与者积极的信息反馈,以便持续获得他们的支持。
不足者的表现	1. 对计划的制订,仅仅停留在计划层面,不愿意花时间观察计划实施情况及提出修正意见。 2. 缺乏有效的沟通能力,在计划的执行过程中,不注重员工间的配合,仅提供必要的信息,不在意合作对象是否能有效地完成工作。

（续表）

改进的方法	1. 学会聆听和询问，充分了解任务的本质目的。 2. 学会统筹安排各项资源。 3. 在计划初期，就充分考虑计划实施过程中可能存在的问题，建立监控方案，做好随时调整和修正的准备。 4. 对员工在传达计划任务时，应澄清目标、职责和价值。 5. 学会良好的沟通方式，以双赢的态度对待他人。 6. 学会持续沟通。在计划完成后保持沟通，传递积极的信息反馈，以便未来可以更好地合作。

表1-5 信息收集与分析能力

含义	由于潜在的好奇心想对某些事、人或问题有更多的了解，通过各种方式获取所需要的信息，并能把零散的原始资料通过归纳、整理、综合分析转化为系统的、具有操作性的意见和建议。
优秀者的表现	1. 富有好奇心，对于新事物、新信息有强烈的动机。 2. 善于借助各种渠道和途径来获取想要的信息。 3. 亲自去调查某些问题或情况，找到与问题最接近的人并询问他们究竟发生了什么。 4. 建立一个持续不断的系统以获得信息。 5. 掌握和使用信息收集工具，在必要时能快速获取相关信息。 6. 能对信息进行分类、管理、随时调用。
不足者的表现	1. 对新事物和信息缺乏兴趣。 2. 对变化反应迟钝，决策力差。 3. 对收集到的信息不进行处理和分析，根据表面含义草率得出结论。
改进的方法	1. 有意识地改变自己的习惯和思维方式。 2. 养成把重要信息分类管理的习惯，以便于查找。 3. 在做任何决策时，要积极准备并收集必要的信息，掌握多种信息汇集的方法。 4. 养成言必有据的习惯，用收集到的信息及分析结果来说明自己的观点。

表1-6 团队合作能力

含义	团队合作能力是指能够团结同事，密切配合同事完成工作任务的能力。
优秀者的表现	1. 诚恳务实，诚信守诺，能够以开放的心态对待他人、信任他人。 2. 清楚地知道自己在合作中的位置和所扮演的角色，充分理解团队合作的重要性。 3. 能够以欣赏、信任和支持的心态对待合作伙伴，共同为团队目标做出努力。
不足者的表现	1. 本位主义严重，着眼于任务本身，而不考虑团队合作。 2. 以提防、竞争的心态对待同事，对合作团队缺乏归属感。

（续表）

改进的方法	1. 应明白：只有集合团队力量，才能使绩效最大化。 2. 经常帮助合作成员，并主动寻求合作成员的帮助。 3. 以良好的沟通方式与同事沟通，力求做到清楚地传达信息。 4. 理解合作团队在组织中的角色和定位，理解自己在合作团队中的角色和定位。 5. 建立对合作团队的归属感和荣誉感。

表1-7 人际能力

含义	人际能力是指与他人建立或保持友好、互利的关系或关系网的能力。
优秀者的表现	1. 有人缘、善于交际，而且能够有意识、主动地维护和扩大自己的社会圈和人脉资源。 2. 热情、开朗、主动，有很好的组织影响力和感染力。 3. 能进行非正式接触，与他人在工作环境之外进行非正式接触，包括就工作相关问题或孩子、运动、新闻等随意闲聊。 4. 能在朋友和熟人中建立或保持一个广泛、融洽的圈子。 5. 能建立广泛的社交关系，通过举行晚会、郊游或其他特殊聚会以改善或加强相互关系。 6. 能建立和巩固个人之间的友谊，包括谈及个人的一些隐私以建立或保持融洽的关系。承认在取得某项业务目标时，某位自己的朋友或熟人所做的贡献。
不足者的表现	1. 不善于交际，常常独来独往，在人际关系的维持方面往往被动、消极，朋友圈子小。 2. 孤僻、喜欢独处，沟通能力差，遇到人际冲突和矛盾时，缺少应对办法。
改进的方法	1. 应明白，人是社会的人，人需要交往和交流，人脉也是个人成功的重要资源。 2. 在朋友交际中积极主动。 3. 借助可能的机会、正式的或非正式的途径扩大社会范围。 4. 学会与朋友分享生活和工作中的经验与体会。

表1-8 自我反省能力

含义	正确地分析和认识自我的能力。
优秀者的表现	1. 有自知之明，明确地知道"可为"与"不可为"的界限。 2. 无论多么繁忙，仍然坚持思考和自我反省。 3. 经常总结原因和提炼经验，不停地完善自我，提高自我。 4. 能够对自己的工作表现作出客观、理性的评价。
不足者的表现	1. 跟着自我的感觉行动，很少观察自己，更不会去总结行动的经验。 2. 按照固定的模式行动，不会也不愿意去改变，总是在相同的错误上栽跟头。
改进的方法	1. 适当地通过一些科学的、专业的心理测试，深入了解自我，发掘自我不为己知的一面。 2. 学会以旁观者的眼光观察自己的行为：如果别人做了这种事，我会怎么看？ 3. 客观地分析行动的成功经验，获得教训。 4. 无论多忙，每天坚持回忆工作过程，判断自己的得失。

表1-9 成本控制能力

含义	在所有付出努力的工作中,具有使产出的收入多于成本的意识。
优秀者的表现	1. 能够承担成本控制的全部责任。 2. 在增加收入及节省成本方面是灵活的、实际的。 3. 能够在预算政策的指导下灵活地进行操作。 4. 能够寻求节省成本的机会。
不足者的表现	1. 对自己从事的工作或项目的成本控制感到很"盲目",经常超出预先允诺的预算或成本。 2. 在一个相对"松散的"成本框架里运作,预算仅仅是一般的指导政策。
改进的方法	1. 学会仔细估算将来可能的成本,同时确保这些估计是建立在过去经验基础上的,是合情合理且完整的。 2. 定期监督所有成本。 3. 花更多时间在工作中尝试不同的做事方法,从而减少成本或识别新的收入机会。 4. 花时间了解你的企业的支出和收入情况,利用这种信息在成本控制方面做出更好的决策。

张伟和王军的创业历程(4)

张伟和王军分析了自己的创业素质与能力。

第一,他们具有较强的诚信度,具有一定的信息收集与分析能力、团队合作能力和人际能力。

第二,他们在计划制订与实施、自我反省、成本控制等方面还存在一定的不足。如还不能充分整合人力、物力、财力资源,从计划到实施的整个过程还不能完全符合实际情况;有时还存在跟着自我的感觉行动的现象,没有及时总结行动的经验;在增加收入方面还不够灵活、实际等。

第三,他们需要在以下方面弥补自己的不足:学会统筹安排各项资源;在计划初期,充分考虑计划实施过程中可能存在的问题,建立监控方案,做好随时调整和修正的准备;无论多忙,每天坚持回忆工作过程,判断自己的得失,及时总结经验。这样他们才能不断提高自己的创业素质与能力,使自己和企业持续发展。

二、财务条件

办企业除了经营能力之外,还需要有足够的资金。获得资金有三条基本途径:

(一)银行贷款

如果创业者有可接受的担保品,就有可能从一家银行或金融机构获得贷款。

1. 贷款的含义

贷款是银行或金融机构按一定利率和必须归还等条件出借货币资金的一种信用活动形式。广义的贷款是贷款、贴现、透支等出贷资金的总称。银行通过贷款的方式将持有的货币和货币资金投放出去,可以满足社会扩大再生产对补充资金的需要,促进经济的发展;同时,银行也可以由此取得贷款利息收入,增加银行自身的积累。

2. 银行贷款的基本程序

(1) 提出借款申请

企业按银行的有关规定,填写《借款申请书》,说明借款币种、金额、期限、利率、用途、贷款方式、还款方式和借款人的基本经营状况及偿还能力等内容。企业提出的借款申请,应说明借款原因和借款金额、使用时间和使用计划、归还期限和归还计划等。

(2) 银行审核申请

银行贷款调查部门负责接受借款申请,并对其进行审核。审核的内容包括:

- 企业的财务状况;
- 企业的信用情况;
- 企业的盈利稳定性;
- 企业的发展前景;
- 借款用途和期限;
- 借款的担保品等。

(3) 签订借款合同

经银行审核,借款申请获批准后,银行与借款企业双方可进一步协商贷款的具体条件,签订正式的借款合同,规定借款种类、借款用途、金额、利率、借款期限、还款方式、借贷双方的权利义务、违约责任以及双方认为需要约定的其他事项。

(4) 取得借款

借款合同签订后,企业可在核定的贷款指标范围内,根据用款计划和实际需要,一次或分次将贷款转入企业的存款结算账户,以便支用。

(5) 归还借款

贷款到期时,借款企业应依照贷款合同的规定按期清偿贷款本金与利息或续签合同。一般而言,归还贷款的方式主要有三种:

- 到期日一次归还。在这种方式下,还贷集中,借款企业需于贷款到期日前做好准备,以保证全部清偿到期贷款。
- 定期偿还相等份额的本金。即在到期日之前定期(如每一年或二年)偿还相同的金额,至贷款到期日还清全部本金。
- 分批偿还,每次金额不一定相等。

(二) 积蓄

如果创业者有自己的积蓄,就可以用积蓄去开办企业,但不能把自己所有的钱都投进去。因为,如果没有其他收入来源,创业者所有的生活开支就得从积蓄中支付,直到能靠企业盈利来支撑生活为止。一般情况下,一家新企业至少要运转三个月以上,才会产生足够的利润来支付业主的生活费用。

（三）向亲友借贷

如果没有担保品，也没有积蓄，创业者就只能向亲友借贷。

张伟和王军的创业历程（5）

张伟和王军分析了自己的财务条件，如下表所示：

	项目	金额（元）
收入	积蓄	8 000
	银行贷款	58 700
	总收入（A）	66 700
支出 （今后3个月）	伙食费	2 700
	房租	2 400
	交通费	200
	偿还贷款	2 100
	其他	300
	总支出（B）	7 700
可用于创办企业的资金（A－B）		59 000

任务训练

任务训练一：树立创业精神和创新意识

分析绝大多数成功创业者，他们都具有强烈的领导欲望、不轻言放弃的精神、善于策划经营、喜欢承担风险等创业精神。有创业理想的大学生应该在以下几个方面进行自我甄别，有意识地培养自己的创业精神。

一、检查自己是否具有创业精神

表1-10测试创业者是否适合创业，填答时请看清楚每个句子，然后圈出一个数字，以代表该句子的内容与测试者自己的情况相符合的程度。

其中，1代表非常不符合，2代表比较不符合，3代表难以确定，4代表比较符合，5代表非常符合。

得分越高，表示该描述与自己越符合。

表 1-10　自我检查——创业精神

序号	行为描述	符合程度
1	喜欢当领导：这里所说的领导并非指国家领导人，是指领导欲望特别强烈，由于喜欢指挥别人，所以，不喜欢被约束，不甘居人下，做个打工仔。	1　2　3　4　5
2	斗志顽强：不畏创业道路的崎岖，是个意志坚定、不怕风险、勇于开拓、工作勤奋，不畏挫折、果敢坚毅的人。	1　2　3　4　5
3	善于经营：一是建立正确的创业经营理念；二是具备有效的经营策略；三是有成本和利润意识。	1　2　3　4　5
4	敢于承担风险：是中等风险的偏爱者，既不拒绝放手一搏，但也并非孤注一掷，喜欢以三比一或五比一的方式参加赌局。	1　2　3　4　5
5	追求自我价值实现：在有限的生命中追求无限的成就，追求自我价值实现的成功喜悦。	1　2　3　4　5
得分		

二、创业意识的自我评估

创业意识集中表现了创业素质中的社会性质，支配着创业者对创业活动的态度和行为，是创业素质的重要组成部分。如表 1-11 所示，成功的创业者通常具有一些有别于常人的特质，每个人并非具有了外在条件就能创业，而是需要预先通过创业意识的自我评估，再决定是否走创业之路。

（一）创业能力评估

表 1-11　创业能力评估

√是否不畏艰险去解决遇到的风险，并立刻作出正确的决策？
√是否不畏失败，将危机视为一个创业的有利机会？
√是否做到每天辛勤工作，长达十几小时以上，甚至牺牲和家人团聚的机会？
√是否不完全受他人左右，但有时却能从善如流？
√是否愿意学习新的知识，并具有追根究底的精神？
√是否是个说做就做的人，而且做事决不拖沓？
如果以上回答都是肯定的，那么你便具有很好的创业意识，是一个合格的创业者。

（二）经营能力评估

如果创业者打算进行自主创业，步入商界的话，先要考察一下自身的获取利润的能力，思考表 1-12 中所列出的问题。

表 1-12　经营能力评估

√在购买东西时,会不由自主地算算卖主可能会赚多少钱;
√如果有一个能赚钱的项目,而你现在没有钱,你会选择贷款去做吗?
√在购买大件商品时,经常会计算各种成本,如运输成本等;
√善于应对不测的突发事件;
√除了当前的本职工作,自己还有别的一技之长;
√喜欢阅读商界人物的经历;
√对新鲜事物反应灵敏;
√曾经为自己制订过赚钱计划,并且实现了这个计划;
√在生活或工作中喜欢冒险;
√在工作中能够很好地与人合作;
√经常收看财经方面的节目;
√善于分析形势或问题;
√在碰到问题时能够很快地决策该怎么办;
√经常计划该如何找机会去挣钱;
√做事最重视的是达成目标与结果;
√愿意下海经营而放弃拿固定工资。
如果以上回答是肯定的,那你就是最理想的创业人才。如果肯定回答不足上述问题的 60%,那就暂时不要考虑创业问题。

任务训练二:创业观测试

为何你有创业的欲望?你真的想为自己工作吗?走上创业这条路一定要有正面的理由,更要有自信能满足市场的需求。在创业之前你必须了解是否具备成功的条件,一般成功创业者的条件包括:自律、自强、识人能力、管理技能、想象力、口才、毅力、乐观、奉献精神、积极人生观、客观推销产品(服务)的能力、独立作业的能力、追求利润的方法。当你确定自己适合创业后,你不必急着马上走上创业这条路,还必须先评估一下你的创业计划是否可行再说。你可以思考以下一些问题:

1. 你能否用语言清晰地描述出你的创业构想　想法必须明确。你应该能用很少的文字将你的想法描述出来。根据成功者的经验,不能将这想法变成自己语言的原因大概也是一个警告,你还没有仔细地思考吧!

2. 你真正了解你所从事的行业吗　许多行业都要求选用从事过这个行业的人,并对其行业内的方方面面有所了解。否则,你就得花费很多时间和精力去调查诸如价格、销售、管理费用、行业标准、竞争优势等等。

3. 你看到过别人使用过这种方法吗　一般来说,一些经营红火的公司经营方法比那些特殊的想法更具有现实性。有经验的企业家中流行这样一句名言:"还没有被实施的好主意往往可能实施不了。"

4. 你的想法经得起时间考验吗　当未来的企业家的某项计划真正得以实施时,你会感到由衷的兴奋。但过了一个星期、一个月甚至半年之后,将是什么情况?它也许已经不再那么令人兴奋了,或已经有了完全不同的另外一个想法来代替它。

5. 你的设想是为自己还是为别人 你是否打算在今后 5 年或更长时间内,全身心地投入到这个计划的实施中去?

6. 你有没有一个好的网络 开始办企业的过程,实际上就是一个组织诸如供应商、承包商、咨询专家、雇员的过程。为了找到合适的人选,你应该有一个服务于你的个人关系网。否则,你有可能陷入不可靠的人或滥竽充数的人之中。

7. 什么是潜在的回报 每个人投资创业,其最主要的目的就是赚最多的钱。可是,在尽快致富的设想中隐含的绝不仅仅是钱。你还要考虑成就感、爱、价值感等的潜在回报。如果没有意识到这一点,那就必须重新考虑你的计划。

如果经过自我分析后证明你适合创业,同时你也能正确回答上述的几个问题,那么你创业成功的胜算将会很高,你可以决定着手去创业。

如果你是真心想创办企业,成功的可能性就大得多。如果你仅仅想有些事情可做,你创办企业成功的可能性就不大。因此,你要问问自己,你为什么想创办自己的企业。

你可以从以下几个方面来问自己:

- 我为什么要创业?是否有足够的决心,愿意承担风险吗?
- 我是否具备创业者应有的能力与素质,是否能承受挫折,是否具有综合全面的素质,还是有专项技术特长?
- 我创业成功的核心资源优势是什么?我具备的条件是:足够的资本?行业经验?客户资源?技术创新?商业运作能力?与即将面对的竞争对手相比是否有明显的优势?
- 我是否有足够的耐心与耐力度过创业期的消耗?估计通过多长时间走过创业瓶颈阶段?自己有多长时间的准备?
- 创业最大的风险是什么?最坏的结果是什么?我是否能承受?

思考上述问题,如果回答是肯定的,它可以帮助你创办企业,并获得成功。

任务训练三:创业项目的选择——可行性分析

创业项目的分类有很多种:从观念上,可分为传统创业项目、新兴创业项目以及最新兴起的微创业项目;从方法上,可分为实业创业项目和网络创业项目;从投资上,可分为大本创业项目、小本创业项目及微创业项目;从方式上,可分为自主创业项目、加盟创业项目、体验式培训创业项目和创业方案指导创业项目;从经营性质及特点上,可分为生产类创业项目、科技类创业项目、商贸类创业项目、服务类创业项目、创意类创业项目和公益类创业项目等。

因此选择合适的创业项目需要进行必要的可行性研究,如表 1-13 所示。

表 1-13　分析项目可行性需要研究的问题

序号	需要回答的问题
1	有没有必要开展项目？
2	项目需要多长时间才能完成？
3	需要投入多少人力、物力？ （项目产出必须大于项目投入，如果产出不能大于投入，这个项目就不具备价值。）
4	在财务上是不是有价值？
5	在技术和经济上是不是合理、可行？ （项目可行性研究还包括更广泛的经济评价，包括一些隐性的效果、无形的效果。）
6	项目的组织能力如何？ （因为项目需要有人来实施，实施人的能力和组织能力对项目能否成功具有非常重要的作用，需要对组织能力做一个评价。）
7	实施项目有哪些制约因素？
8	项目是不是支持公司的战略？
9	能不能给企业带来竞争优势？带来多少效益？
10	细节方面是不是比较清楚？有没有一些替代方案？项目是否存在技术风险或者财务风险？

对以上问题做一个回答，把它写成书面报告，得出项目的可行性研究报告。

> **做练习**
>
> 提交创业项目可行性分析报告（1 000—3 000 字）。

任务训练四：确定你的创业动机和职业兴趣

测评你具有怎样的创业动机和职业兴趣，根据测评结果分析你的创业动机水平和职业兴趣特征。

一、确定你的创业动机水平

表 1-14 是若干描述人们日常生活行为的句子，其中有些句子比较符合你自己的情况，有些则不太符合。填答时请看清楚每个句子，然后圈出一个数字，以代表该句子的内容与你自己的情况相符合的程度。

1. 非常不符合　2. 比较不符合　3. 难以确定　4. 比较符合　5. 非常符合

得分越高，表示该描述越符合自己的情况。

表 1-14　创业动机水平测试

序号	行为描述	符合程度
工作		
1	对我来说,尽自己最大努力把工作做好非常重要,哪怕我的同事们都不这样想。	1　2　3　4　5
2	只要我尽了自己的最大努力,我对自己的工作就会感到满意。	1　2　3　4　5
3	对于完成得很好的工作我会感到骄傲。	1　2　3　4　5
4	对于自己从前的工作表现感到满意,哪怕并没有超越别人。	1　2　3　4　5
5	我喜欢努力工作。	1　2　3　4　5
6	我的快乐部分来自于改进自己的表现。	1　2　3　4　5
	得分	
控制		
1	我更愿意做一些能感到有信心及放松的事情,而不愿意做那些有挑战性和很困难的事。	1　2　3　4　5
2	当我所属的团体正在计划一项活动时,我愿意亲自策划,而不只是协助别人或是完全由别人组织。	1　2　3　4　5
3	我愿意学一些容易有趣的游戏,而不愿学那些费脑筋的游戏。	1　2　3　4　5
4	如果我总是学不会某种东西,我愿意继续努力,直到学会,而不会停下来去学容易学会的东西。	1　2　3　4　5
5	一旦我接受了某项任务,我就会坚持到底。	1　2　3　4　5
6	我喜欢那种需要较多技巧的工作。	1　2　3　4　5
7	多数情况下,我会接受那些不能确定我能否干好的任务,而不是那些我确定能干好的任务。	1　2　3　4　5
8	我喜欢忙碌充实的感觉。	1　2　3　4　5
	得分	
竞争性		
1	我喜欢在有竞争对手的环境中工作。	1　2　3　4　5
2	在某项任务中表现得比别人好对我来说很重要。	1　2　3　4　5
3	无论在工作中还是在游戏中,获胜总是重要的。	1　2　3　4　5
4	当别人的表现比我好时,我感到气恼。	1　2　3　4　5
5	当我与别人竞争时,我会更加努力工作。	1　2　3　4　5
	得分	

将每组所得分数加和,注意第二组题目(控制)中 1 和 3 题计分时逆转(5 = 1,4 = 2……),你的得分就是这三个量表各个题目的分数之和。为了更好地了解分数的含义,你可以与表 1-15 中所列的四种不同群体的常态模式进行比较。

表 1-15 不同群体常态模式比较

	工作		控制		竞争性	
	男	女	男	女	男	女
大学生	19.8	20.3	19.3	18	13.6	12.2
运动员	21.2	21.9	20.4	20.9	15.7	14.3
商人	21.1	20.7	22.3	22.1	14.6	13.8
心理学家	21.1	21.9	21.5	22.4	11.7	11.1

二、确定你的职业兴趣特征

本测验量表将帮助你发现并确定自己的职业兴趣和能力特长。本测验共有七个部分,每部分测验都没有时间限制,但请尽快按要求完成。

第一部分 你心目中的理想职业(专业)

对于未来的职业(或升学进修的专业),被试需早作考虑,它可能很抽象、很朦胧,也可能很具体、很清晰。不论是哪种情况,现在都请你把自己最想干的 3 种工作或想读的 3 种专业按顺序写下来,并说明理由。请在所填职业/专业的右侧,按其在你心目中的清晰程度或具体程度,按从很朦胧/抽象,到很清晰/具体分别用 1、2、3、4、5 来表示(如 5 分表示它在你心中的影象非常清晰)。

一、职业/专业:＿＿＿＿＿＿＿＿＿＿＿＿＿＿ 清晰/具体程度:＿＿＿＿＿
　　理由:＿＿＿＿＿＿＿＿＿＿＿＿＿＿＿＿＿＿＿＿＿＿＿＿＿＿＿＿＿＿＿

二、职业/专业:＿＿＿＿＿＿＿＿＿＿＿＿＿＿ 清晰/具体程度:＿＿＿＿＿
　　理由:＿＿＿＿＿＿＿＿＿＿＿＿＿＿＿＿＿＿＿＿＿＿＿＿＿＿＿＿＿＿＿

三、职业/专业:＿＿＿＿＿＿＿＿＿＿＿＿＿＿ 清晰/具体程度:＿＿＿＿＿
　　理由:＿＿＿＿＿＿＿＿＿＿＿＿＿＿＿＿＿＿＿＿＿＿＿＿＿＿＿＿＿＿＿

以下第二、三、四部分每个类别下的每个小项皆为选择题,请选出与你的情况相符的项目,并按照有一项相符的项目计 1 分的规则统计分值,将相应分值填写在第六部分的统计项目中。

第二部分 你所感兴趣的活动

表 1-16 列举了若干种活动,请就这些活动判断你的好恶。喜欢的,计 1 分;不喜欢的不计分。请将答案直接写在第六部分的统计项目中。

表 1-16　活动评价

R：实际型活动	A：艺术型活动
1．装配修理电器或玩具 2．修理自行车 3．用木头做东西 4．开汽车或摩托车 5．用机器做东西 6．参加木工技术学习班 7．参加制图描图学习班 8．驾驶卡车或拖拉机 9．参加机械和电气学习班 10．装配修理机器	1．素描/制图或绘画 2．参加话剧/戏剧 3．设计家具/布置室内 4．练习乐器/参加乐队 5．欣赏音乐或戏剧 6．看小说/读剧本 7．从事摄影创作 8．写诗或吟诗 9．进艺术(美术/音乐)培训班 10．练习书法
I：调查型活动	S：社会型活动
1．读科技图书或杂志 2．在实验室工作 3．改良水果品种，培育新的水果 4．调查了解土和金属等物质的成分 5．研究自己选择的特殊问题 6．解算术或数学游戏 7．物理课 8．化学课 9．几何课 10．生物课	1．单位组织的正式活动 2．参加某个社会团体或俱乐部活动 3．帮助别人解决困难 4．照顾儿童 5．出席晚会、联欢会、茶话会 6．和大家一起出去郊游 7．想获得关于心理方面的知识 8．参加讲座或辩论会 9．观看或参加体育比赛和运动会 10．结交新朋友
E：事业型活动	C：常规型(传统型)活动
1．鼓动他人 2．卖东西 3．谈论政治 4．制订计划、参加会议 5．以自己的意志影响别人的行为 6．在社会团体中担任职务 7．检查与评价别人的工作 8．结交名流 9．指导有某种目标的团体 10．参与政治活动	1．整理好桌面与房间 2．抄写文件和信件 3．为领导写报告或公务信函 4．检查个人收支情况 5．打字培训班 6．参加算盘、文秘等实务培训 7．参加商业会计培训班 8．参加情报处理培训班 9．整理信件、报告、记录等 10．写商业贸易信

第三部分　你所擅长获胜的活动

　　表 1-17 列举了若干种活动，请选择你能做或大概能做的事。请将答案直接写在第六部分的统计项目中。

表 1-17　能力评价

R：实际型能力	A：艺术型能力
1. 能使用电锯、电钻和锉刀等木工工具 2. 知道万用电表的使用方法 3. 能够修理自行车或其他机械 4. 能够使用电钻、磨床或缝纫机 5. 能给家具和木制品刷漆 6. 能看建筑设计图 7. 能够修理简单的电器用品 8. 能修理家具 9. 能修理收录机 10. 能简单地修理水管	1. 能演奏乐器 2. 能参加二部或四部合唱 3. 独唱或独奏 4. 扮演剧中角色 5. 能创作简单的乐曲 6. 会跳舞 7. 能绘画、素描或书法 8. 能雕刻、剪纸或泥塑 9. 能设计板报、服装或家具 10. 能写一手好文章
I：调研型能力	S：社会型能力
1. 懂得真空管或晶体管的作用 2. 能够列举三种蛋白质多的食品 3. 理解铀的裂变 4. 能用计算尺、计算器、对数表 5. 会使用显微镜 6. 能找到三个星座 7. 能独立进行调查研究 8. 能解释简单的化学 9. 能理解人造卫星为什么不落地 10. 经常参加学术会议	1. 有向各种人说明解释的能力 2. 常参加社会福利活动 3. 能和大家一起友好地相处和工作 4. 善于与年长者相处 5. 会邀请他人、招待他人 6. 能简单易懂地教育儿童 7. 能安排会议等活动顺序 8. 善于体察人心和帮助他人 9. 帮助护理病人和伤员 10. 安排社团组织的各种事务
E：事业型能力	C：常规型能力
1. 担任过学生干部并且干得不错 2. 工作上能指导和监督他人 3. 做事充满活力和热情 4. 有效利用自身的做法调动他人 5. 销售能力强 6. 曾作为俱乐部或社团的负责人 7. 向领导提出建议或反映意见 8. 有开创事业的能力 9. 知道怎样做能成为一个优秀的领导者 10. 健谈善辩	1. 会熟练地打印中文 2. 会用外文打字机或复印机 3. 能快速记笔记和抄写文章 4. 善于整理、保管文件和资料 5. 善于从事事务性的工作 6. 会用算盘 7. 能在短时间内分类和处理大量文件 8. 能使用计算机 9. 能搜集数据 10. 善于为自己或集体做财务预算表

第四部分　你所喜欢的职业

表 1-18 列举了多种职业，请认真地看，并选择你有兴趣的工作。选择一项计 1 分，不太喜欢或不关心的工作不选，不计分。**请将答案直接写在第六部分的统计项目中。**

表1-18 职业评价

R:实际型职业	S:社会型职业
1. 飞机机械师 2. 野生动物专家 3. 汽车维修工 4. 木匠 5. 测量工程师 6. 无线电报务员 7. 园艺师 8. 长途公共汽车司机 9. 电工 10. 火车司机	1. 街道、工会或妇联干部 2. 小学、中学教师 3. 精神病医生 4. 婚姻介绍所工作人员 5. 体育教练 6. 福利机构负责人 7. 心理咨询员 8. 共青团干部 9. 导游 10. 国家机关工作人员
I:调研型职业	E:事业型职业
1. 气象学或天文学者 2. 生物学者 3. 医学实验室的技术人员 4. 人类学者 5. 动物学者 6. 化学者 7. 教学者 8. 科学杂志的编辑或作家 9. 地质学者 10. 物理学者	1. 厂长 2. 电视片编制人 3. 公司经理 4. 销售员 5. 不动产推销员 6. 广告部长 7. 体育活动主办者 8. 销售部长 9. 个体工商业者 10. 企业管理咨询人员
A:艺术型职业	C:常规型职业
1. 乐队指挥 2. 演奏家 3. 作家 4. 摄影家 5. 记者 6. 画家、书法家 7. 歌唱家 8. 作曲家 9. 电影电视演员 10. 电视节目主持人	1. 会计师 2. 银行出纳员 3. 税收管理员 4. 计算机操作员 5. 簿记人员 6. 成本核算员 7. 文书档案管理员 8. 打字员 9. 法庭书记员 10. 人员普查登记员

第五部分 你的能力类型简评

表1-19(a)和表1-19(b)是你在6个职业能力方面的自我评定表。你可先与同龄人比较出自己在每一方面的能力,然后对自己的能力作评估。请在表1-19(a)和1-19(b)中适当的数字上画圈,数值越大表明你该方面的能力越强。注意:请勿画同样的数字,因为人的每项能力不会完全一样。

表 1-19(a)　自我评价

R 型	I 型	A 型	S 型	E 型	C 型
机械操作能力	科学研究能力	艺术创作能力	解释表达能力	商业洽谈能力	事务执行能力
7	7	7	7	7	7
6	6	6	6	6	6
5	5	5	5	5	5
4	4	4	4	4	4
3	3	3	3	3	3
2	2	2	2	2	2
1	1	1	1	1	1

表 1-19(b)　自我评价

R 型	I 型	A 型	S 型	E 型	C 型
体育技能	数学技能	音乐技能	交际技能	领导技能	办公技能
7	7	7	7	7	7
6	6	6	6	6	6
5	5	5	5	5	5
4	4	4	4	4	4
3	3	3	3	3	3
2	2	2	2	2	2
1	1	1	1	1	1

第六部分　统计

测试内容	R 型 实际型	I 型 调查型	A 型 艺术型	S 型 社会型	E 型 事业型	C 型 常规型
第二部分　兴趣						
第三部分　擅长						
第四部分　喜欢						
第五部分 A　能力						
第五部分 B　技能						
总分						

请将上表中的 6 种职业倾向总分按大小顺序依次从左到右排列：

_____型、_____型、_____型、_____型、_____型、_____型

最高分_____　你的职业倾向性得分_____　最低分_____

第七部分　你所看重的东西——职业价值观

这一部分测验列出了人们在选择工作时通常会考虑的 9 种因素(见所附工作价值标准)。现在请你在其中选出最重要的两项因素,并填入下面相应空格上。

最重要:_____　次重要:_____　最不重要:_____　次不重要:_____

附：工作价值标准

1. 工资高、福利好　　　　　2. 工作环境（物质方面）舒适　　3. 人际关系良好
4. 工作稳定有保障　　　　　5. 能提供较好的受教育机会　　　6. 有较高的社会地位
7. 工作不太紧张、外部压力少　8. 能充分发挥自己的能力特长
9. 社会需要与社会贡献大

以上全部测验完毕。

现在，将你测验得分居第一位的职业类型找出来，对照表1-1，判断一下自己的职业兴趣特征，将自己的职业兴趣特征与成功创业者所应具有的职业兴趣特征进行比较，找出自己的差距，并填写在表1-20中。

表1-20　职业兴趣特征比较

自己的职业兴趣特征	成功创业者的职业兴趣特征	差距

任务训练五：确定你的人格特征

梅比人格类型量表（MBTI）

第一步，本量表包含4个维度，每个维度用一个表格表示（如内向-外向）。表1-21中的每一行有两个对立的特征。请在两个特征中选择适合自己的一项，并在空格中用"√"表示。每一表格选择完毕后，计算每列的"√"数目。例如，外向5个"√"，内向4个"√"，则在底栏选择外向（E），而不是内向（I）。

表1-21　梅比人格类型量表（MBTI）

外向型的人		内向型的人	
与他人在一起时感到振奋		独自一人时感到振奋	
希望成为注意的焦点		避免成为注意的焦点	
先行动，再思考		先思考，再行动	
喜欢边想边说出声		在脑中思考	

(续表)

外向型的人	内向型的人
易于被了解,愿与人共享个人信息	注重隐私,只与少数人共享个人信息
说的比听的多	听的比说的多
热情地交流	不把热情表现出来
反应迅速,喜欢快节奏	思考之后再反应,喜欢慢节奏
较之精深更喜欢广博	较之广博更喜欢精深
外向(E)	内向(I)

感觉型的人	直觉型的人
相信确定和有形的事物	相信灵感与推理
喜欢具有实际意思的新主意	喜欢新主意和新概念
崇尚现实主义与常识	崇尚想象力和新事物
喜欢运用和琢磨已有的技能	喜欢学习新技能,但掌握后又厌倦
留心特殊的和具体的,喜欢给出细节	留心普遍和有象征的事物,使用隐喻
循序渐进地给出信息	跳跃式,以一种绕圈的方式给出信息
着眼于现在	着眼于将来
感觉(S)	直觉(N)

思维型的人	情感型的人
能够客观地分析问题	向前看,关心行动给他人带来的影响
崇尚逻辑,公正和公平,有统一的标准	注重感情与和睦,看到规则的例外性
自然地发现缺点,有吹毛求疵的倾向	自然地想让别人快乐,易于理解别人
可能被视为无情、麻木、漠不关心	可能被视为过于感情化、无逻辑、脆弱
认为诚实比机敏更重要	认为诚实与机敏同样重要
认为只有合乎逻辑的感情才是正确的	认为所有感情都是正确的,不管是否有意义
受获得成就欲望的驱使	受情感驱使与渴望被人理解的驱使
思维(T)	情感(F)

判断型的人	知觉型的人
做完决定后感到快乐	因保留选择的余地而快乐
具有工作原则,先工作后玩	具有玩的原则,先玩再工作
确定目标并按时完成任务	当有新的情况时便改变目标
想知道自己的处境	喜欢适应新环境
看重结果	看重过程
通过完成任务获得满足	通过着手新事物而获得满足
把时间看成有限的资源	把时间看成无限的资源
判断(J)	知觉(P)

请在下面的横线上写出代表字母：

$\overline{\text{E 或 I}}$ $\overline{\text{S 或 N}}$ $\overline{\text{T 或 F}}$ $\overline{\text{J 或 P}}$

第二步,验证你的人格类型。第一步中得出的四个字母组合(如 ISTJ)就是你的人格类型。其特征在表 1-2 中给出。

内向感觉思维判断 ISTJ	内向感觉情感判断 ISFJ	内向直觉情感判断 INFJ	内向直觉思维判断 INTJ
内向感觉思维知觉 ISTP	内向感觉情感知觉 ISFP	内向直觉情感知觉 INFP	内向直觉思维知觉 INTP
外向感觉思维知觉 ESTP	外向感觉情感知觉 ESFP	外向直觉情感知觉 ENFP	外向直觉思维知觉 ENTP
外向感觉思维判断 ESTJ	外向感觉情感判断 ESFJ	外向直觉情感判断 ENFJ	外向直觉思维判断 ENTJ

第三步,将你的人格特征(参照表 1-2 的描述),与成功创业者应具有的人格特征进行比较,找出自己的不足,并填写表 1-22。

表 1-22 人格特征比较

自己的人格特征	成功创业者的人格特征	自己的不足

任务训练六:确定你的创业能力

第一步:

根据任务训练四、五的测试结果和你在工作、学习和生活中的行为表现,填写下列表格。

填表说明:

1. 要实事求是地填写此表。

2. 评价自己的优势与不足。

3. 把你的创业构思讲给家庭成员或与你关系比较密切的朋友听。请他们对你进行评价,然后把他们对你的评价填入表 1-23 中。

表 1-23 个人评价

自我评价		家庭成员或朋友的评价	
长处	不足	长处	不足

第二步:

根据自己的不足,提出改进的方法,明确实施步骤,并将其填在表 1-24 中。在这一过程中,可以参照本章所列的能力提高方法,也可以根据自己的想法来提出改进的方法。

注意:提出的方法要有针对性、切实可行。

表 1-24　改进实施

改进的方法	实施步骤

任务训练七：确定你的财务条件

请填写表 1-25 并计算你有多少资金可以用来创办自己的企业。

表 1-25　财务条件评价

	项目	金额（元）
收入	积蓄	
	收入	
	亲朋借贷	
	银行贷款	
	总收入（A）	
支出（今后4个月）	伙食费	
	房租	
	偿还贷款	
	公用事业费	
	交通费	
	其他	
	总支出（B）	
可用于创办企业的资金（A－B）		

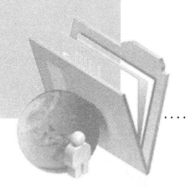

第二章

了解创业

第四册

创业情境 2

张伟和王军的创业历程(6)

张伟和王军认识到创业首先要了解创业的一些基本知识,如企业类型、法律知识、创业政策以及创业的一些前期准备工作。张伟和王军决定创办一个企业,但到底是创办一个服务企业、制造企业、贸易企业还是农林牧渔企业,这个需要首先确定。另外,张伟和王军是两个自然人,而且不是一户家庭,因此不能选择个体工商户和个人独资企业这两种组织形式。必须依照不同企业组织形式的特点和自身条件来选择合适的企业组织形式。张伟和王军在调查各类法律形式企业的利弊并咨询了律师的意见后,决定选择普通合伙企业作为企业的组织形式。他们还通过网络和朋友调查了解了本地的相关创业政策,如政府扶持产业以及贷款优惠条件等。

了解了有关创业的基本知识和相关情况后,张伟和王军通过了解当地市场状况和自身具备的条件,确定了他俩的企业构思,即通过创办一个服装生产企业,并且使用 SWOT 分析方法来分析改善企业构思。

第一节 企业及其类型

一、企业与小企业

(一) 什么是企业

企业是从事生产、流通、服务等经济活动,以生产或服务满足社会需要,实行自主经营、独立核算,依法设立,具有经济法人资格的一种营利性的经济组织。传统的企业大多是劳动密集型企业,现代的高科技企业大多是知识型企业,中国经济正在向知识经济转型。简言之,企业就是指依法设立的以盈利为目的、从事商品的生产经营和服务活动的独立核算经济组织。

需要注意区分企业与公司的概念。公司是依照《公司法》设立的以盈利为目的的企业法人,它属于企业,也就是说,企业的概念大于公司。

(二) 小企业的界定

我国于 2003 年根据《中华人民共和国中小企业促进法》制定了《小企业标准暂行规定》,对小企业做了如下界定。

工业中小型企业须符合以下条件:职工人数在 2 000 人以下,或销售额 30 000 万元以下,或资产总额40 000万元以下。其中,中型企业须同时满足职工人数300人及以上,销售额3 000万元及以上,资产总额4 000万元及以上;其余为小型企业。

建筑业中小型企业须符合以下条件:职工人数3 000人以下,或销售额30 000万元以下,或资产总额40 000万元以下。其中,中型企业须同时满足职工人数600人及以上,销售额3 000万元及以上,资产总额4 000万元及以上;其余为小型企业。

在批发和零售业,零售业中小型企业须符合以下条件:职工人数500人以下,或销售额15 000万元以下。其中,中型企业须同时满足职工人数100人及以上,销售额1 000万元及以上;其余为小型企业。批发业中小型企业须符合以下条件:职工人数200人以下,或销售额30 000万元以下。其中,中型企业须同时满足职工人数100人及以上,销售额3 000万元及以上;其余为小型企业。

在交通运输和邮政业,交通运输业中小型企业须符合以下条件:职工人数3 000人以下,或销售额30 000万元以下。其中,中型企业须同时满足职工人数500人及以上,销售额3 000万元及以上;其余为小型企业。邮政业中小型企业须符合以下条件:职工人数1 000人以下,或销售额30 000万元以下。其中,中型企业须同时满足职工人数400人及以上,销售额3 000万元及以上;其余为小型企业。

住宿和餐饮业中小型企业须符合以下条件:职工人数800人以下,或销售额15 000万元以下。其中,中型企业须同时满足职工人数400人及以上,销售额3 000万元及以上;其余为小型企业。

二、企业类型

当决定要创办企业时,创业者会发现,要选择一个合适的项目或者行当是十分困难的,因为可以做的行当太多,这让人无从下手。因此首先需要搞清楚企业的类型。

企业的类型根据不同条件划分,有许多种划分方法。按照企业经营活动的差异,可以将其分为四种类型。

(一)服务企业

服务企业不出售商品,也不制造商品。服务企业提供服务,或提供劳务。常见的服务企业有房屋装修、邮件快递、搬家公司、汽车清洗、家政服务、法律咨询、技术培训等。

(二)制造企业

顾名思义,制造企业就是生产和制造实物商品的企业。如果创业者打算开办一家企业生产并销售砖瓦、家居、化妆品或者手机零配件等实物商品,那么拥有的就是一家制造企业。

(三)贸易企业

贸易企业是从事商品的买卖活动的企业。它们从制造商处购买商品,再把商品卖给其他顾客或者企业。贸易企业分为零售商和批发商。其中,零售商从批发商或者制造商处购买商品,然后卖给顾客。所有把商品卖给最终消费者的商店都是零售商。而批发商则是从制造企业购买商品,然后再卖给零售商。如蔬菜水果、肉类水产、文具、日用品批发中心等都是批发商。

（四）农林牧渔企业

农林牧渔企业是指利用土地或者水域进行生产的企业。如种植果树、农作物、饲养牛羊、养鱼养虾，甚至养珍珠、养蝎子等等的企业都是农林牧渔企业。

了解这四种企业类型后，创业者可能会觉得自己更适合于开办某一类企业，因而思路会更加集中。当然，创业者想办的企业可能不完全属于一种类型。比如说准备开办一个汽车修理厂，主要提供维修服务，同时也会出售汽油、机油、轮胎和汽车零配件等。那么这算什么类型的企业呢？确定企业类型要看企业的主要经营内容，这个汽车修理厂是服务企业，兼做零售业务。

三、微小企业成功的要素

不同类型的企业有不同的特点，创业者在创业时需要认真分析，以便掌握成功经营这些企业的要素。

对于服务企业类型的微小企业，其成功的关键要素主要有：服务及时、服务质量好、地点合适、顾客满意、对顾客诚实、服务收费合理、售后服务可靠等。

对于制造企业类型的微小企业，其成功的关键要素主要有：生产组织有效、工厂布局合理、原料供应有效、生产效率高、生产质量好、浪费现象少等。

对于贸易企业类型的微小企业，其成功的关键要素主要有：地段和外观好、销售方法好、商品选择面宽、商品价格合理、库存可靠、尊重客户等。

对于农林牧渔类型的微小企业，其成功的关键要素主要有：有效利用土地和水源、不过度使用水源、出售新鲜产品、降低种植或养殖成本、恢复草场或森林植被、向市场运输产品、保护土地和水资源等。

无论什么类型的企业在开创初期，都要志向远大、计算要精细、规模要小些。如开始可以租赁设备或者二手设备，而不是购买新设备；需要人手时先雇用非全时工，壮大后雇用全时员工；逐步扩展新的业务领域，避免因财务困难而陷入困境等。

第二节　企业法律常识

在一个法制社会，作为一个创业者，不仅要具有相应的管理知识、创新精神，还应该具有较好的法律知识，以规范自身的经济行为，维护自己的合法权益，做一个懂法律、守法律、能用法律武器捍卫自己的合法权益、追求阳光下的经济利益的创业者。

一、确定企业的组织形式

在市场经济中，市场活动中的经营者——市场主体是最活跃的因素，市场主体包括公司、合伙企业、个人独资企业等组织形式。创业者需要了解各种不同的市场主体，比较每一种市场组织形式的特点，然后为自己的新企业选择一种最恰当的组织形式。

公司是最重要的市场主体,也是当今世界最普遍的市场组织形式。它的有限责任制度、规范的运作机制以及完善的退出机制,使其成为市场经济中不可或缺的组成部分。根据我国《公司法》的规定,公司包括有限责任公司和股份有限公司。对于小型企业而言,适合采用有限责任公司的组织形式。

合伙企业是一种较为灵活的组织形式。合伙企业的重要性仅次于公司,合伙企业的组织形式很注重合伙人之间的信任,所以它适用于规模比较小的企业。根据我国《合伙企业法》的规定,合伙企业包括普通合伙企业、特殊的普通合伙企业和有限合伙企业三种。对于小型企业而言,适合采用普通合伙企业的组织形式。

个人独资企业是一种简单灵活的投资模式,也是我们经济生活中非常重要的一种组织形式。个体工商户相对个人独资企业而言成立条件更为简单。

不同组织形式都有各自的特点,如表 2-1 所示。

表 2-1　不同组织形式的法律特点

组织形式	法人资格	业主数量和注册资本	设立条件	经营特征	利润分配和债务分担	退出机制
有限责任公司	法人企业,投资人仅以其出资额承担有限责任。	由 50 个以下的股东组成,注册资本最低限额为 3 万元。	(1) 股东符合法定人数; (2) 股东出资达到法定资本最低限额; (3) 股东共同制定公司章程; (4) 有公司名称,建立符合有限责任公司要求的组织机构; (5) 有公司住所。	公司设立股东会、董事会和监事会。由董事会聘任经理,负责公司的日常经营管理活动。	股东按照出资比例分配利润,并以出资额为限承担有限责任。	公司可解散、可被人民法院依法宣告破产。股东通过股权转让退出公司。股东之间可以自由转让股权。股东向股东以外的人转让股权,应当经其他股东过半数同意。
普通合伙企业	非法人企业,投资人对企业的债务承担无限连带责任。	业主 2 个人以上,无资本数量限制。	(1) 有 2 个以上合伙人,并且都是依法承担无限连带责任者; (2) 有书面合伙协议; (3) 有合伙人认缴或者实际缴付的出资; (4) 有合伙企业的名称和生产经营场所; (5) 法律、行政法规规定的其他条件。	合伙人共同出资、合伙经营、共享收益、共担风险。	按照合伙协议的约定办理;合伙协议未约定或约定不明的,由合伙人协商决定;协商不成的,由合伙人按照实缴出资比例分配、分担;无法确定出资比例的,由合伙人平均分配、分担。合伙协议不得约定将全部利润分配给部分合伙人或者由部分合伙人承担全部亏损。	合伙人通过退伙退出合伙企业。退伙包括自愿退伙、法定退伙和除名退伙 3 种。退伙人对退伙前发生的合伙企业债务,承担无限连带责任。

(续表)

组织形式	法人资格	业主数量和注册资本	设立条件	经营特征	利润分配和债务分担	退出机制
个人独资企业	非法人企业,投资人对企业的债务承担无限责任。	业主是1个人,无资本数量限制。	(1) 投资人为1个自然人; (2) 有合法的企业名称; (3) 有投资人申报的出资; (4) 有固定的生产经营场所和必要的生产经营条件; (5) 有必要的从业人员。	投资人对企业事务有绝对控制权与支配权。	企业全部财产包括企业利润归投资人所有,投资人以其个人财产对企业债务承担无限责任。	个人独资企业可以解散,企业解散时,应当进行清算。企业财产不足以清偿债务的,投资人以个人的其他财产承担无限责任。
个体工商户	非法人资格,投资人对债务承担无限责任。	业主是1个人或者1户,无资本数量限制。	(1) 投资人为1个人或者1户; (2) 不要求有出资、名称和固定的生产经营场所; (3) 从业人数要求8个人以下。	投资人对日常事务有绝对控制权与支配权。	全部财产包括利润归投资人所有,投资人以其个人财产或者家庭财产对债务承担无限责任。	可向工商部门办理注销登记,应当清偿债务,投资人以其个人财产或者家庭财产对债务承担无限责任。

二、依法纳税

根据我国税法的规定,企业应依法报税纳税。我国的税种按照课税对象不同可以划分为流转税、所得税和财产税三种。其中,流转税是以商品或劳务交易额为征税对象的税收,对生产、流通、分配各环节都可征税,税种有增值税、营业税、消费税、关税等。所得税是对纳税人所得或收益课征的税收,税种有个人所得税、企业所得税。财产税是对纳税人的财产课征的税收,来源是财产的收益或财产所有人的收入,税种包括房产税、车船使用税、契税等。与企业和企业主有关的主要税种包括增值税、营业税、消费税、关税、个人所得税、企业所得税、城市维护建设税、教育费附加等。企业缴纳的一般税目和税率如表2-2所示。

表 2-2 企业缴纳的一般税目和税率

项目	流转税			企业所得税	城市维护建设税	教育费附加
	增值税	营业税	消费税			
纳税人	在中国境内销售货物或者提供加工、修理修配劳务（以下称应税劳务）以及进口货物的单位和个人。	在中国境内提供交通运输业、建筑业、金融保险业、邮电通信业、文化体育业、娱乐业、服务业（以下称应税劳务）、转让无形资产或者销售不动产的单位和个人。	在中国境内生产、委托加工和进口消费品（具体见下表）的单位和个人，以及国务院确定的销售消费品的其他单位和个人。	企业和其他取得收入的组织（以下统称企业）。个人独资企业、合伙企业不缴纳企业所得税。企业分为居民企业和非居民企业。居民企业承担全面纳税义务，就其来源于我国境内外的全部所得纳税。非居民企业承担有限纳税义务，一般只就其来源于我国境内的所得纳税。居民企业，是指依法在中国境内成立，或者依照外国（地区）法律成立但实际管理机构在中国境内的企业。非居民企业，是指依照外国（地区）法律成立且实际管理机构不在中国境内，但在中国境内设立机构、场所的，或者在中国境内未设立机构、场所，但有来源于中国境内所得的企业。	凡缴纳增值税、营业税的单位和个人	3%

（续表）

项目	流转税			企业所得税	城市维护建设税	教育费附加
	增值税	营业税	消费税			
税率	**税目** / 税率 一、提供应税劳务，销售或者进口货物。 / 17% 二、纳税人销售或者进口下列货物：①粮食、食用植物油；②自来水、暖气、冷气、热水、煤气、石油液化气、天然气、沼气、居民用煤炭制品；③图书、报纸、杂志；④饲料、化肥、农药、农机、农膜；⑤国务院规定的其他货物。 / 13% 三、纳税人出口货物，但是，国务院另有规定者除外。 / 0% 四、小规模纳税人销售货物或者提供应税劳务 征收率 / 3% 备注： (1) 小规模纳税人的标准为：①从事货物生产或者提供应税劳务的纳税人，以及以从事货物生产或者提供应税劳务为主，并兼营货物批发或者零售的纳税人，年应征增值税销售额在50万元以下（含本数，下同）的；②除①规定以外的纳税人，年应税销售额在80万元以下的。（①所称以从事货物生产或者提供应税劳务为主，是指纳税人的年货物生产或者提供应税劳务的销售额占年应征增值税销售额的比重在50%以上。）	**税目** / 税率 一、交通运输业 / 3% 二、建筑业 / 3% 三、金融保险业 / 5% 四、邮电通信业 / 3% 五、文化体育业 / 3% 六、娱乐业 / 5%—20% 七、服务业 / 5% 八、转让无形资产 / 5% 九、销售不动产 / 5%	**税目** / 税率 一、烟 1. 卷烟 (1) 甲类卷烟 / 45% 加 0.003 元/支 (2) 乙类卷烟 / 30% 加 0.003 元/支 2. 雪茄烟 / 25% 3. 烟丝 / 30% 二、酒及酒精 1. 白酒 / 20%加0.5元（或者500克或500毫升） 2. 黄酒 / 240元/吨 3. 啤酒 (1) 甲类啤酒 / 250元/吨 (2) 乙类啤酒 / 220元/吨 4. 其他酒 / 10% 5. 酒精 / 5% 三、化妆品 / 30% 四、贵重首饰及珠宝玉石 1. 金银首饰、铂金首饰和钻石及钻石饰品 / 5% 2. 其他贵重首饰和珠宝玉石 / 10%	**税目** / 税率 一、一般内外资企业 / 25% 二、非居民企业在中国境内未设立机构、场所的，或者虽设立机构、场所但取得的所得与其所设机构、场所没有实际联系的，其来源于中国境内的所得 / 10% 三、符合条件的小型微利企业 / 20% 四、国家需要重点扶持的高新技术企业 / 15% 备注： (1) 符合条件的小型微利企业，是指从事国家非限制和禁止行业，并符合下列条件的企业：①工业企业，年度应纳税所得额不超过30万元，从业人数不超过100人，资产总额不超过3 000万元；②其他企业，年度应纳税所得额不超过30万元，从业人数不超过80人，资产总额不超过1 000万元。	市区税率为7%；县城、镇税率为5%；不在市区、县城或镇税率为1%	3%

（续表）

项目	流转税			企业所得税	城市维护建设税	教育费附加
	增值税	营业税	消费税			
税率	(2)年应征增值税销售额超过小规模纳税人标准的其他个人按小规模纳税人纳税;非企业性单位,不经常发生应税行为的企业可选择按小规模纳税人纳税。		（见下表消费税税目税率）	(2)国家需要重点扶持的高新技术企业,是指拥有核心自主知识产权,并同时符合下列条件的企业:①产品(服务)属于《国家重点支持的高新技术领域》规定的范围;②研究开发费用占销售收入的比例不低于规定比例;③高新技术产品(服务)收入占企业总收入的比例不低于规定比例;④科技人员占企业职工总数的比例不低于规定比例;⑤高新技术企业认定管理办法规定的其他条件。《国家重点支持的高新技术领域》和高新技术企业认定管理办法由国务院科技、财政、税务主管部门商国务院有关部门制定,报国务院批准后公布施行。		

消费税税目税率表:

税目	税率
五、鞭炮、焰火	15%
六、成品油	
1. 汽油	
(1) 含铅汽油	0.28元/升
(2) 无铅汽油	0.20元/升
2. 柴油	0.10元/升
3. 航空煤油	0.10元/升
4. 石脑油	0.20元/升
5. 溶剂油	0.20元/升
6. 润滑油	0.20元/升
7. 燃料油	0.10元/升
七、汽车轮胎	3%
八、摩托车	
1. 气缸容量(排气量,下同)在250毫升(含250毫升)以下的	3%
2. 气缸容量在250毫升以上的	10%
九、小汽车	
1. 乘用车	
(1) 气缸容量(排气量,下同)在1.0升(含1.0升)以下的	1%
(2) 气缸容量在1.0升以上至1.5升(含1.5升)的	3%

(续表)

项目	流转税			企业所得税	城市维护建设税	教育费附加
	增值税	营业税	消费税			
税率			<table><tr><td>税 目</td><td>税率</td></tr><tr><td>(3) 气缸容量在 1.5 升以上至 2.0 升(含 2.0 升)的</td><td>5%</td></tr><tr><td>(4) 气缸容量在 2.0 升以上至 2.5 升(含 2.5 升)的</td><td>9%</td></tr><tr><td>(5) 气缸容量在 2.5 升以上至 3.0 升(含 3.0 升)的</td><td>12%</td></tr><tr><td>(6) 气缸容量在 3.0 升以上至 4.0 升(含 4.0 升)的</td><td>25%</td></tr><tr><td>(7) 气缸容量在 4.0 升以上的</td><td>40%</td></tr><tr><td>2. 中轻型商用客车</td><td>5%</td></tr><tr><td>十、高尔夫球及球具</td><td>10%</td></tr><tr><td>十一、高档手表</td><td>20%</td></tr><tr><td>十二、游艇</td><td>10%</td></tr><tr><td>十三、木制一次性筷子</td><td>5%</td></tr><tr><td>十四、实木地板</td><td>5%</td></tr></table>			

（续表）

项目	流转税			企业所得税	城市维护建设税	教育费附加
	增值税	营业税	消费税			
应纳税额	(1) 纳税人销售货物或者提供应税劳务： 一般纳税人： 应纳税额＝当期销项税额－当期进项税额 销项税额＝销售额×税率 小规模纳税人： 应纳税额＝销售额×征收率 (2) 纳税人进口货物 组成计税价格＝关税完税价格＋关税＋消费税	应纳税额＝营业额×税率	从价定率： 应纳税额＝销售额×比例税率 从量定额： 应纳税额＝销售数量×定额税率 复合计税： 应纳税额＝销售额×比例税率＋销售数量×定额税率	应纳税额＝应纳税所得额×税率－减免税额－抵免税额 应纳税所得额＝纳税年度的收入总额－不征税收入－免税收入－各项扣除－允许弥补的以前年度亏损	应纳税额＝增值税或营业税税额×税率	应纳税额＝增值税税额×税率
起征点	纳税人销售额未达到国务院财政、税务主管部门规定的增值税起征点的，免征增值税。 增值税起征点的适用范围限于个人。 增值税起征点的幅度规定如下： (1) 销售货物应纳税的，为月销售额2 000—5 000元； (2) 销售应税劳务的，为月销售额1 500—3 000元； (3) 按次纳税的，为每次（日）销售额150—200元。 前款所称销售额，是指小规模纳税人的销售额。	纳税人营业额未达到国务院财政、税务主管部门规定的营业税起征点的，免征营业税；达到起征点的，全额计算缴纳营业税。 营业税起征点的适用范围限于个人。 营业税起征点的幅度规定如下： (1) 按期纳税的，为月营业额1 000—5 000元；	无		无	

第二章 了解创业

(续表)

项目	流转税			企业所得税	城市维护建设税	教育费附加
	增值税	营业税	消费税			
起征点	省、自治区、直辖市财政厅(局)和国家税务局应当在规定的幅度内,根据实际情况确定本地区适用的起征点,并报财政部、国家税务总局备案。	(2)按次纳税的,为每次(日)营业额100元。省、自治区、直辖市财政厅(局)、税务局应当在规定的幅度内,根据实际情况确定本地区适用的起征点,并报财政部、国家税务总局备案。				
免税规定	下列项目免征增值税:(1)农业生产者销售的自产农产品;(2)避孕药品和用具;(3)古旧图书;(4)直接用于科学研究、科学试验和教学的进口仪器、设备;(5)外国政府、国际组织无偿援助的进口物资和设备;(6)由残疾人的组织直接进口供残疾人专用的物品;(7)销售自己使用过的物品。除前款规定的免税项目外,增值税的免税、减税项目由国务院规定。任何地区、部门均不得规定免税、减税项目。	下列项目免征营业税:(1)托儿所、幼儿园、养老院、残疾人福利机构提供的育养服务,婚姻介绍、殡葬服务;(2)残疾人员个人提供的劳务;(3)医院、诊所和其他医疗机构提供的医疗服务;(4)学校和其他教育机构提供的教育劳务,学生勤工俭学提供的劳务;(5)农业机耕、排灌、病虫害防治、植物保护、农牧保险以及相关技术培训业务,家禽、牲畜、水生动物的配种和疾病防治;(6)纪念馆、博物馆、文化馆、文物保护单位管理机构、美术馆、展览馆、书画院、图书馆举办文化活动的门票收入,宗教场所举办文化、宗教活动的门票收入;(7)境内保险机构为出口货物提供的保险产品。除前款规定外,营业税的免税、减税项目由国务院规定。任何地区、部门均不得规定免税、减税项目。	对纳税人出口应税消费品,免征消费税;国务院另有规定的除外。出口应税消费品的免税办法,由国务院财政、税务主管部门规定。	企业的下列收入为免税收入:(1)国债利息收入;(2)符合条件的居民企业之间的股息、红利等权益性投资收益;(3)在中国境内设立机构、场所的非居民企业从居民企业取得与该机构、场所有实际联系的股息、红利等权益性投资收益;(4)符合条件的非营利组织的收入。企业的下列所得,可以免征、减征企业所得税:(1)从事农、林、牧、渔业项目的所得;(2)从事国家重点扶持的公共基础设施项目投资经营的所得;(3)从事符合条件的环境保护、节能节水项目的所得;(4)符合条件的技术转让所得。		

个人独资企业和合伙企业的生产经营所得,不缴纳企业所得说,而是比照《个人所得税法》的"个体工商户的生产经营所得"应税项目,适用 5%—35% 的五级超额累进税率(如表 2-3 所示),计算征收个人所得税。

表 2-3 "个体工商户生产、经营所得"五级超额累进税率表

级数	全年应纳税所得额	税率(%)	速算扣除数
1	不超过 5 000 元的	5	0
2	超过 5 000 元至 10 000 元的部分	10	250
3	超过 10 000 元至 30 000 元的部分	20	1 250
4	超过 30 000 元至 50 000 元的部分	30	4 250
5	超过 50 000 元的部分	35	6 750

注:全年应纳税所得额 = 全年收入总额 − 成本、费用及损失

三、尊重职工权益

企业竞争力的一个关键因素是职工的素质和积极性。尊重职工权益,一定程度上就是尊重企业的生存发展权。所以新开办的企业要重视以下问题。

(一)劳动关系的建立

企业自用工之日起即与劳动者建立劳动关系,企业应当建立职工名册备查。企业招用劳动者时,应当如实告知劳动者工作内容、工作条件、工作地点、职业危害、安全生产状况、劳动报酬,以及劳动者要求了解的其他情况。企业招用劳动者,不得扣押劳动者的居民身份证和其他证件,不得要求劳动者提供担保或者以其他名义向劳动者收取财物。

(二)订立书面劳动合同

建立劳动关系,应当订立书面劳动合同。必须走出"不签劳动合同对企业有利"的误区。不签订劳动合同的企业将承担下列法律风险:

1. 支付双倍劳动报酬

企业自用工之日起超过一个月不满一年未与劳动者订立书面劳动合同的,应当向劳动者每月支付二倍的工资。

2. 导致无固定期限劳动合同条件成立的风险

企业自用工之日起满一年不与劳动者订立书面劳动合同的,视为企业与劳动者已订立无固定期限劳动合同。

3. 企业自身利益无法得到保护的风险

如果劳动者损害了企业的利益,由于没有书面的劳动合同,企业自身的利益无法得到保护。

因此,用工必签劳动合同。关于劳动合同的内容,如表 2-4 所示。

表 2-4　劳动合同内容

劳动合同期限	固定期限、无固定期限、以完成一定工作任务为期限的劳动合同。无固定期限的劳动合同签订的条件:(1) 连续工作满10年;(2) 工作年限较长,且距法定退休年龄10年以内的;(3) 复员、转业军人初次就业的。
劳动合同条款	必备条款包括: (1) 用人单位的名称、住所和法定代表人或者主要负责人;(2) 劳动者的姓名、住址和居民身份证或者其他有效身份证件号码;(3) 劳动合同期限;(4) 工作内容和工作地点;(5) 工作时间和休息休假;(6) 劳动报酬;(7) 社会保险;(8) 劳动保护、劳动条件和职业危害防护;(9) 法律、法规规定应当纳入劳动合同的其他事项。 约定条款包括: 试用期、培训、保守秘密、补充保险和福利待遇等。
试用期	劳动合同期限与相应试用期限对照表 | 劳动合同期限 | 试用期期限 | |---|---| | 3 个月以下的或以完成一定工作任务为期限的 | 不得约定试用期 | | 3 个月以上不满 1 年的 | 不得超过 1 个月 | | 1 年以上不满 3 年的 | 不得超过 2 个月 | | 3 年以上的 | 不得超过 6 个月 | | 无固定期限的 | 不得超过 6 个月 | 注:试用期包括在劳动合同期限内,享有劳动合同期内的全部劳动权利。劳动合同仅约定试用期的,试用期不成立,该期限为劳动合同期限。同一用人单位与同一劳动者只能约定一次试用期。劳动者在试用期的工资不得低于本单位相同岗位最低档工资或者劳动合同约定工资的80%,并不得低于用人单位所在地的最低工资标准。
劳动合同解除	1. 协商解除 用人单位提出的需支付经济补偿金;不受限制解除条件约束。 2. 提前30日通知解除 (1) 劳动者提前30天通知解除,试用期内提前3天通知解除。用人单位不支付经济补偿金。 (2) 用人单位提前30天通知(或支付代通知金)解除(非过失性解除)。 用人单位预告通知(非过失性)解除劳动合同一览表 | 解除原因 | 解除条件 | 注意问题 | 解除限制 | |---|---|---|---| | 医疗期满解除 | 1. 医疗期满; 2. 不能从事原工作也不能从事单位另行安排的工作。 | | | | 不能胜任工作 | 1. 不能胜任工作; 2. 经培训或调整岗位仍不能胜任工作。 | 1. 提前30天书面通知; 2. 支付经济补偿金。 | 见限制解除条件。 | | 客观情况发生重大变化解除 | 1. 客观情况发生重大变化致使原劳动合同无法履行; 2. 无法就变更劳动合同达成协议。 | | | 3. 即时解除(随时解除) (1) 劳动者被迫解除,用人单位需支付经济补偿金: 劳动者即时解除(被迫解除)劳动合同一览表 | 解除情形 | 解除条件 | |---|---| | 随时通知解除 | 1. 用人单位未按照劳动合同约定提供劳动保护和劳动条件的。 2. 用人单位未及时足额支付劳动报酬的。 3. 用人单位未依法为劳动者缴纳社会保险费的。 4. 用人单位规章制度违反法律、法规的规定,损害劳动者权益的。 5. 用人单位以欺诈、胁迫或乘人之危,使劳动者在违背其真实意思的情况下订立或变更劳动合同的。 6. 法律、法规规定的其他情形。 | | 无须通知立即解除 | 1. 用人单位以暴力、威胁或者非法限制人身自由的手段强迫劳动者劳动的。 2. 用人单位违章指挥、强令冒险作业危及劳动者人身安全的。 |

(续表)

劳动合同解除	(2) 用人单位即时解除(过失性解除)，用人单位不支付经济补偿金。

用人单位即时解除(过失性解除)劳动合同一览表

解除原因	解除条件	注意问题
试用期内	1. 试用期间 2. 不符合录用条件	录用条件明确、合法
严重违纪	1. 存在合法有效的规章制度 2. 劳动者违反规章制度 3. 达到严重按规定可以辞退的程度	规章制度合法性； 严重程度的证明责任
重大损害	1. 严重失职、营私舞弊 2. 造成重大损害	重大损害的证明责任
兼职	对完成本单位的工作任务造成严重影响或用人单位曾提出，拒不改正的	证明存在严重影响及用人单位曾提出改正
无效劳动合同	欺诈、胁迫、乘人之危；违反法律法规强制性规定等	证明责任
刑事责任	被追究刑事责任	刑事责任的范围

4. 经济性裁员
满足条件、厘清对象、符合程序、给足补偿、确保两个优先(优先留用与优先录用)。
(1) 经济性裁员的条件：
① 依照企业破产规定进行重整的；
② 生产经营发生严重困难的；
③ 企业转产、技术革新、经营方式调整，经变更劳动合同后，仍需裁减人员的；
④ 其他因劳动合同订立时所依据的客观经济情况发生重大变化，致使劳动合同无法履行的。
(2) 经济性裁员的程序：

(3) 优先保留的人员：
① 与本单位订立较长期限的固定期限劳动合同的；
② 订立无固定期限劳动合同的；
③ 家庭无其他就业人员，有需要扶养的老人或者未成年人的。
(4) 不得裁减的人员。见限制解除条件。
(5) 经济性裁员时企业的义务：
① 支付经济补偿；
② 裁员后6个月内再招聘新员工时，应通知并在同等条件下优先招用被裁人员。
5. 限制解除条件(适用非过失性解除及经济性裁员)

限制解除条件	注意事项
1. 从事接触职业病危害作业的劳动者未进行离岗前职业病健康检查，或者疑似职业病病人在诊断或者医学观察期间的；	从事职业病危害作业的，劳动者离职时必须进行健康检查。
2. 在本单位患职业病或者因工负伤并被认丧失或者部分丧失劳动能力的；	工伤1—4级的不得解除，劳动关系保留到员工退休；工伤5—10级的非因劳动者提出一般不得解除，解除时由单位支付一次性工伤医疗补助金和伤残就业补助金。
3. 患病或者负伤，在规定的医疗期内的；	医疗期内不得解除。
4. 女职工在孕期、产期、哺乳期的；	三期内不得解除
5. 在本单位连续工作满15年，且距法定退休年龄不足5年的；	法定年龄男60周岁、女工人50周岁、女干部55周岁；从事井下、高温、高空、特别繁重体力劳动或其他有害身体健康工作的，男55周岁，女45周岁；因病或非因工致残，由医疗证明并经劳动鉴定委员会确认完全丧失劳动能力的，退休年龄为男50周岁，女45周岁。
6. 法律法规规定的其他情形。	担任专职工会主席、副主席、委员的； 担任平等协商代表的； 正处于义务服兵役期间的。

(续表)

经济补偿金	1. 一般劳动者经济补偿金的计算公式 　　　　　　经济补偿金＝工作年限×月工资 注：① 工作年限满6个月不满1年的，按1年计算；不满6个月的按半年算。 　　② 月工资是劳动者在劳动合同解除或终止前12个月的平均工资。 2. 高收入劳动者经济补偿金的计算公式 　　　经济补偿金＝工作年限（≤12）×当年上年度职工月平均工资3倍
赔偿金	1. 用人单位支付赔偿金的情形 (1) 违法解除或终止劳动合同的： ① 不符合法定解除、终止条件而解除、终止劳动合同的； ② 违反法定程序解除、终止劳动合同的； ③ 具有法律规定的不得解除劳动合同或需要逾期终止劳动合同的情形，用人单位直接解除、终止劳动合同的。 法律后果：劳动者要求继续履行的，应当继续履行；劳动者不要求继续履行或继续履行已经不可能的，用人单位需要按法律规定的经济补偿金的2倍向劳动者支付赔偿金。 (2) 解除、终止劳动合同未支付劳动者经济补偿金的： 由劳动行政部门责令限期支付，逾期不支付的，按应付金额50%以上100%以下的标准责令向劳动者加付赔偿金。 (3) 解除、终止劳动合同未履行法律规定的义务的： ① 用人单位违法向劳动者收取财物给劳动者造成损害的，应当承担赔偿责任； ② 用人单位未向劳动者出具解除或终止劳动合同书面证明给劳动者造成损害的，应当承担赔偿责任。 2. 劳动者需支付赔偿金的情形 (1) 劳动者违法解除劳动合同的； (2) 劳动者违反保密义务或竞业限制义务，给用人单位造成损失的，需赔偿损失。

（三）遵守工作时间和休息休假规定

国家实行劳动者每日工作时间不超过八小时、平均每周工作时间不超过四十四小时的工时制度。企业应当保证劳动者每周至少休息一日。企业因生产特点不能实行的，经劳动行政部门批准，可以实行其他工作和休息办法。用人单位在元旦、春节、国庆节等节日期间应当依法安排劳动者休假。

企业不得非法延长劳动者的工作时间。企业由于生产经营需要，经与工会和劳动者协商后可以延长工作时间，一般每日不得超过一小时；因特殊原因需要延长工作时间的，在保障劳动者身体健康的条件下延长工作时间每日不得超过三小时，但是每月不得超过三十六小时。

企业安排劳动者延长工作时间的，支付不低于工资的百分之一百五十的工资报酬；休息日安排劳动者工作又不能安排补休的，支付不低于工资的百分之二百的工资报酬；法定休假日安排劳动者工作的，支付不低于工资的百分之三百的工资报酬。

国家实行带薪年休假制度。劳动者连续工作一年以上的，享受带薪年休假。具体办法由国务院规定。

（四）做好劳动保护

企业必须建立、健全劳动安全卫生制度，严格执行国家劳动安全卫生规程和标准，对劳动者进行劳动安全卫生教育，防止劳动过程中的事故，减少职业危害。

劳动安全卫生设施必须符合国家规定的标准。用人单位必须为劳动者提供符合国家规定的劳动安全卫生条件和必要的劳动防护用品，对从事有职业危害作业的劳动者应当定期进行健康检查。从事特种作业的劳动者必须经过专门培训并取得特种作业资格。

（五）按规定发放工资

工资分配应当遵循按劳分配原则，实行同工同酬。国家实行最低工资保障制度，企业支付劳动者的工资不得低于当地最低工资标准。工资应当以货币形式按月支付给劳动者本人。不得克扣或者无故拖欠劳动者的工资。劳动者在法定休假日和婚丧假期间以及依法参加社会活动期间，用人单位应当依法支付工资。

（六）办理社会保险

我国的社会保险法规要求企业和职工都要参加社会保险，按时足额缴纳社会保险费，使职工在年老、患病、工伤、失业、生育等情况下获得帮助和补偿。国家鼓励企业根据本单位实际情况为职工建立补充保险，并提倡职工个人进行储蓄性保险。我国的社会保险制度如表2-5所示。

表2-5　我国社会保险一览表

	养老保险	医疗保险	失业保险	工伤保险	生育保险
含义	国家通过立法，使劳动者在因年老而丧失劳动能力时，可以获得物质帮助以保障晚年基本生活需要的保险制度。	是指国家对职工在其因患病而暂时丧失劳动能力时，给予必要物质帮助的一种社会保险。	是指被保险人在受到本人所不能控制的社会或经济因素的影响，由此造成失业时，由社会保险机构根据事先约定，给付被保险人保险金，以维持其最基本的生活水平的保险。	是以劳动者在劳动过程中发生的各种意外伤害事故或职业伤害为保障风险，由国家或社会给予因工伤、接触职业性有毒有害物质等而致残者、致死者及其家属提供物质帮助的一种社会保险。	是指在妇女劳动者因生育子女而暂时丧失劳动能力时，由社会保险机构给予必要的物质保障的一种社会保险。
适用范围	各类企业和与之形成劳动关系的城镇职工，城镇个体工商户和灵活就业人员。	城镇所有用人单位，包括企业、机关、事业单位、社会团体、民办非企业单位及其职工和退休人员。	城镇各类企业、事业单位和本单位全部职工。	各类企业、有雇工的个体工商户和本单位全部职工或者雇工。	城镇各类企业和与之形成劳动关系的具有本市常住户口的职工。

（续表）

	养老保险	医疗保险	失业保险	工伤保险	生育保险
缴费方式	企业和职工个人共同缴费。 1. 个人： （1）城镇职工：缴费工资基数×8%，全部计入个人账户。 （2）城镇个体工商户和灵活就业人员：缴费工资基数×20%，其中8%计入个人账户，其余计入统筹基金账户。 2. 企业： 本单位全部职工缴费工资基数之和×20%，全部计入统筹基金账户。	企业和职工个人共同缴费。 个人缴费部分全部计入个人账户，单位缴费的一部分划入个人账户。单位缴费的其他部分计入统筹基金账户。	企业和职工个人共同缴费。	由企业按月缴纳，职工个人不缴费。	由企业按月缴纳，职工个人不缴费。
运作模式	统筹基金和个人账户相结合	统筹基金和个人账户相结合	市内统筹	以支定收，收支平衡，市内统筹	以支定收，收支平衡，市内统筹
给付条件	1. 达到国家规定的退休条件并办理相关手续的； 2. 按规定缴纳基本养老保险费累计缴费年限满15年的。	单位和本人已按规定履行缴费义务满6个月的。	1. 单位和本人已按规定履行缴费义务满1年的； 2. 非因本人意愿中断就业的； 3. 已办理失业登记，并有求职要求的。	1. 职工有下列情形之一的，应当认定为工伤： （1）在工作时间和工作场所内，因工作原因受到事故伤害的； （2）工作时间前后在工作场所内，从事与工作有关的预备性或者收尾性工作受到事故伤害的； （3）在工作时间和工作场所内，因履行工作职责受到暴力等意外伤害的； （4）患职业病的； （5）因工外出期间，由于工作原因受到伤害或者发生事故下落不明的； （6）在上下班途中，受到机动车事故伤害的； （7）法律、行政法规规定应当认定为工伤的其他情形。	企业未参加生育保险或者欠缴生育保险费的，职工生育保险待遇由企业按照规定的标准支付。

（续表）

	养老保险	医疗保险	失业保险	工伤保险	生育保险
给付条件				2. 职工有下列情形之一的，视同工伤： （1）在工作时间和工作岗位，突发疾病死亡或者在48小时之内经抢救无效死亡的； （2）在抢险救灾等维护国家利益、公共利益活动中受到伤害的； （3）职工原在军队服役，因战、因公负伤致残，已取得革命伤残军人证，到用人单位后旧伤复发的。	
给付方式	按月领取基本养老金 基本养老金＝基础养老金＋个人账户养老金 基础养老金＝（职工退休时全市上年度在岗职工月平均工资＋职工本人指数化月平均缴费工资）÷2×全部缴费年限×1% 月个人账户养老金＝个人账户储存额÷计发月数	1. 个人账户：用于门诊小病治疗和定点零售药店购药，不足部分由个人自付，结余归个人，连本带息可以结转使用和继承。 2. 统筹基金账户：用于住院医疗费用和部分慢性病大额医疗费用。 （1）按住院次数设置起付标准，首次住院起付标准为本地上年度职工年平均工资的10%。 （2）按定点医院等级个人负担一定比例，实行"分段计算、累加支付"的办法报销。 （3）年最高支付限额为本地上年度职工年平均工资的4倍。	1. 领取失业保险金的期限，根据失业人员失业前累计缴费时间确定，最长不超过24个月。 2. 领取失业保险金的标准，根据失业人员失业前缴纳失业保险费的年限，按照低于本市最低工资标准、高于城市居民最低生活保障标准的原则，结合本市经济发展状况及居民生活水平等因素，由市劳动保障行政部门会同财政部门提出，报市人民政府批准并公布后执行。	1. 职工因工作遭受事故伤害或者患职业病进行治疗，享受工伤医疗待遇。 2. 治疗工伤所需费用符合工伤保险诊疗项目目录、工伤保险药品目录、工伤保险住院服务标准的，从工伤保险基金支付。 3. 职工住院治疗工伤的，由所在单位按照本单位因公出差伙食补助标准的70%发给住院伙食补助费；经医疗机构出具证明，报经办机构同意，工伤职工到统筹地区以外就医的，所需交通、食宿费用由所在单位按照本单位职工因公出差标准报销。 4. 工伤职工因日常生活或者就业需要，经劳动能力鉴定委员会确认，可以安装假肢、矫形器、假眼、假牙和配置轮椅等辅助器具，所需费用按照国家规定的标准从工伤保险基金支付。 5. 职工因工作遭受事故伤害或者患职业病需要暂停工作接受工伤医疗的，在停工留薪期内，原工资福利待遇不变，由所在单位按月支付。停工留薪期一般不超过12个月。 6.（1）职工因工致残被鉴定为1—4级伤残的，保留劳动关系，退出工作岗位，按伤残等级支付一次性伤残补助金及按月支付伤残津贴。	生育保险基金支付范围包括： （1）生育津贴； （2）生育医疗费用； （3）计划生育手术医疗费用； （4）国家和本市规定的其他费用。

	养老保险	医疗保险	失业保险	工伤保险	生育保险
给付方式				（2）职工因工致残被鉴定为5、6级伤残的，按伤残等级支付一次性伤残补助金。保留与用人单位的劳动关系，由用人单位安排适当工作，难以安排工作的，由用人单位按月发给伤残津贴。经工伤职工本人提出，该职工可以与用人单位解除或者终止劳动关系，由用人单位支付一次性工伤医疗补助金和伤残就业补助金。 （3）职工因工致残被鉴定为7—10级伤残的，按伤残等级支付一次性伤残补助金。劳动合同期满终止，或者职工本人提出解除劳动合同的，由用人单位支付一次性工伤医疗补助金和伤残就业补助金。 7. 职工因工死亡，其直系亲属领取丧葬补助金、供养亲属抚恤金和一次性工亡补助金。	

（七）劳动争议的解决

当企业和劳动者双方因执行劳动法律、法规或者履行劳动合同而发生争议时，可以依法申请调解、仲裁、提起诉讼，也可以协商解决。

1. 劳动争议的处理机构

（1）劳动争议调解委员会

劳动争议调解委员会是为调解本单位发生的劳动争议而依法成立的群众性自治组织。劳动争议调解委员会由职工代表、用人单位代表和工会代表组成。劳动争议调解委员会主任由工会代表担任。

（2）劳动争议仲裁委员会

劳动争议仲裁委员会是国家授权、依法独立处理劳动争议案件的专门机构。劳动争议仲裁委员会由劳动行政部门代表、同级工会代表、用人单位方面的代表组成。劳动争议仲裁委员会主任由劳动行政部门代表担任。

（3）人民法院

审理劳动争议案件的是各级人民法院的民事审判庭。其受案范围为对劳动争议仲裁委员会的裁决不服，在法定期限内起诉到人民法院的劳动争议案件。

2. 劳动争议处理程序

我国劳动争议处理程序分为以下四个阶段。

(1) 协商

劳动争议发生后,当事人应当协商解决。但协商不是劳动争议处理的必经程序,达成的协议无强制执行力。如果不愿协商或协商不成,可以申请调解或仲裁。

(2) 调解

劳动争议发生后,当事人可以向企业劳动争议调解委员会、依法设立的基层人民调解组织、在乡镇、街道设立的具有劳动争议调解职能的组织申请调解。自劳动争议调解组织收到调解申请之日起十五日内未达成调解协议的,当事人可以依法申请仲裁。

调解不是处理劳动争议的必经程序。达成调解协议后,一方当事人在协议约定期限内不履行调解协议的,另一方当事人可以依法申请仲裁。因支付拖欠劳动报酬、工伤医疗费、经济补偿或者赔偿金事项达成调解协议,用人单位在协议约定期限内不履行的,劳动者可以持调解协议书依法向人民法院申请支付令。人民法院应当依法发出支付令。

(3) 仲裁

仲裁是处理劳动争议的必经程序。劳动争议申请仲裁的时效期间为一年。仲裁时效期间从当事人知道或者应当知道其权利被侵害之日起计算。劳动关系存续期间因拖欠劳动报酬发生争议的,劳动者申请仲裁不受一年的仲裁时效期间的限制;但是,劳动关系终止的,应当自劳动关系终止之日起一年内提出。

仲裁庭裁决劳动争议案件,应当自劳动争议仲裁委员会受理仲裁申请之日起四十五日内结束。案情复杂需要延期的,经劳动争议仲裁委员会主任批准,可以延期并书面通知当事人,但是延长期限不得超过十五日。逾期未做出仲裁裁决的,当事人可以就该劳动争议事项向人民法院提起诉讼。

下列劳动争议,除《劳动争议调解仲裁法》另有规定的外,仲裁裁决为终局裁决,裁决书自做出之日起发生法律效力:(1) 追索劳动报酬、工伤医疗费、经济补偿或者赔偿金,不超过当地月最低工资标准十二个月金额的争议;(2) 因执行国家的劳动标准在工作时间、休息休假、社会保险等方面发生的争议。

劳动争议仲裁不收费。

(4) 诉讼

劳动争议当事人对仲裁裁决不服的,可以自收到仲裁裁决书之日起十五日内向人民法院提起诉讼。人民法院依照民事诉讼程序进行审理。

第三节 创 业 政 策

自2009年以来,国家提出把促进高校毕业生就业放在突出位置,大力支持自主创业、自谋职业,促进以创业带动就业。在市场准入、财税金融、经营用地等方面提供便利和优惠,鼓励更多劳动者成为创业者。

国务院办公厅《关于做好2013年全国普通高等学校毕业生就业工作的通知》要求,各地区要对自主创业高校毕业生进一步放宽准入条件,降低注册门槛。通知称,各地区、各有关部门要积极完善创业政策,加强创业教育、创业培训和创业服务,大力扶持高校毕业生自主创业,尤其要鼓励高校毕业生创办国家和地方优先发展的科技型、资源综合利用型、智力密集型企业,支持通过网络创业带动就业。通知要求,各高校要将创新创业教育融入专业教学和人才培养全过程,并将创业教育课程纳入学分管理,鼓励在校生积极参加创业教育和创业实践活动。鼓励高校与公共就业人才服务机构合作开展创业培训和实训,从2013年起,将创业培训补贴政策期限从目前的毕业年度调整为毕业学年(即从毕业前一年7月1日起的12个月)。通知还要求,各地区要对自主创业高校毕业生进一步放宽准入条件,降低注册门槛,创业地应按规定给予小额担保贷款及贴息、税费减免等政策扶持。加大政策倾斜力度,积极推进大学生创业孵化基地建设,为自主创业高校毕业生提供项目开发、开业指导、融资、跟踪扶持等"一条龙"创业服务。

2014年,我国现行的创业政策主要集中在以下7大板块:

1. 融资服务的政策包括劳动部门、小企业服务中心等部门制定和操作的各项政策,主要有劳动保障部门的创业贷款担保政策、小企业担保基金专项贷款、中小企业贷款信用担保、开业贷款担保、大学生科技创业基金等。政策优惠主要涉及创业贷款、担保及贴息等。

2. 场地扶持的政策重点有两方面的政策:一是都市型工业园区的政策,二是创业园区的房租补贴政策。这两大类园区各自都有针对入园企业的房租补贴政策。其中,在创业园区之内,除了房租补贴之外,还有一些相关的配套指导服务,如提供代理记账、专家指导、贷款直接申请的渠道等。

3. 税费减免的政策主要集中在四个方面:(1) 商贸型、服务型企业的优惠政策;(2) 高校毕业生创业方面的税收优惠政策;(3) 失业、协保人员、农村富余劳动力从事个体经营的优惠政策;(4) 劳动就业服务企业的税收优惠政策。

4. 创业专家指导的政策:目前上海有一支由600多位各行业专家组成的公益性专家志愿团,可以为创业者提供个性化的指导服务,包括一对一的咨询服务,也可以由多名专家组成"专家团"为创业者提供"会诊"。另外,还有每隔两周定期举行的开业讲座服务、网上咨询指导服务等。

5. 创业能力提升的政策这一板块的政策可以关注三个方面:一是创业培训的政策,二是职业经理人培训的政策,三是创业专家讲座方面的信息。其中创业培训政策为个人提供创业理论、个性化辅导和创业实训三段式的培训。这一政策的适用范围是上海市户籍的所有意向创业者,本市的失业人员以及农村富余劳动力可以享受全额的培训费用补贴。

6. 鼓励科技创业的政策主要包括大学生科技创业基金政策、科技型中小企业创业基金政策和高新技术成果转化相关政策等。其中,大学生科技创业基金由上海市政府出资1.5个亿,分3年实施,每年有5000万元的额度为大学生创业提供资金支持。高校毕业生以科研成果或者专利发明创办企业的,就可申请享受这一政策。高新技术成果转化相关政策则包括立项、注册登记、税费减免、贷款扶持、风险投资支持等。

7. 非正规就业孵化器的政策非正规就业是一种小企业的孵化器,个人在创业过程暂时不具备申办小企业的条件或是担心申办小企业成本太高,特别是有意向从事一些劳动密集型、有利于吸纳就业的社区服务业,可申办非正规就业劳动组织,享受有关扶持政策。非正规就业组织能够享受到政策包括无须办理工商登记、3年内减免地方税费、社会保险缴纳优惠、免费技能培训,还能享受从业风险的综合保险等。

第四节　创办企业准备

了解了企业的类型、相关法律知识以及创业政策后,创业者可以开始着手创办企业的准备工作了。在创办企业的众多准备工作中,首先要进行创业构思,并验证其可行性。

一、企业构思

挖掘出一个好的企业构思有两条基本的路径:一是从商机中的顾客需要来构思;二是从自身的技能和专长出发来构思。

(一)商机

"商机"是"商业机会"的简称。商机的实质是一种机会,机会代表着一种通过资源整合、满足市场需求以实现市场价值的可能性。这种机会实际上是一种有待满足的市场需求,这种潜在的市场需求如此旺盛,因而对于创业者来说,实现该需求的商业活动相当有利可图。总体而言,商机有两个条件:第一,有市场需求;第二,该需求尚未被满足。

在寻找商机时,一个很有效的方法就是去体会人们为满足自己的需要,或解决各自的问题时遇到的难处。如从以下方面展开思路:

- 自己遇到过的问题——想一想自己在当地买东西和需要服务时,曾碰到过什么问题。
- 工作中的问题——在工作时,由于某个服务跟不上或者产品质量不过关而影响工作任务的完成。
- 其他人碰到的问题——通过倾听他人的抱怨,了解他们的需求和问题。
- 自己所在的生活区缺少什么——在生活区域进行走访调研,看看大家缺少什么服务。

通过以上几种方式,创业者可以找到商机。如果人们无法获得所需要的产品或者服务,对创业者来说,这就是一个很好的填补市场空白的商机;如果现在的企业提供的产品或者服务很差,对于新企业来说,这就是一个提供更佳产品或者服务的商机。

(二)自身条件

发现商机后,创业者需要根据自身条件确定自己是否有能力利用这些机会。如自己的职业经历、兴趣、专长是否能够支持其把握这个商机,家庭、朋友等人脉关系是否能够为其把握商机助力。这些自身条件的梳理和分析也是创业者进行企业构思的重要前提。

好的企业构思一定是沿着上述两条路径同时开发出来的。如果创业者只从商机出发,而没有技术来生产高质量的产品或者提供优质的服务,就没有人来买这些产品或者服务,企业可能会失败。同样,如果创业者只从自己的专长出发,却不知道是否有顾客,企业也可能失败。也就是说,只有既满足市场需要而又了解行情的企业构思才是可行的。

二、验证企业构思

（一）SWOT 分析

SWOT 分析法,又称为态势分析法或优劣势分析法,是指通过确定企业自身的竞争优势(strength)、竞争劣势(weakness)、机会(opportunity)和威胁(threat),将企业的战略与企业内部资源、外部环境有机地结合起来。

进行 SWOT 分析时,需要写下企业的所有优势、劣势、机会和威胁。优势和劣势是分析存在于企业内部的可以改变的因素。具体来说,企业优势是企业的长处,如企业的产品比竞争对手好、商店位置比别人好、生产技术水平高等；企业劣势就是企业的弱点,如产品比竞争对手贵、打广告不足等。机会和威胁是创业者需要了解的存在于企业外部的其无法施加影响的因素。具体来说,机会就是周边地区存在的对企业有利的事情,如创业者想制作的产品越来越受欢迎、附近没有类似的商店、附近小区的入住人数在增加、潜在客户也在增加等；威胁就是周边地区存在的对企业不利的事情,如本地区同类企业越来越多、原材料价格上涨、新的替代产品进入市场等。

（二）评估企业构思

使用 SWOT 分析后,创业者可以根据分析的结论来评估企业构思,并作出决定。决定可能有三种:(1) 坚持自己的企业构思并进行全面的可行性研究；(2) 修改原来的企业构思；(3) 完全放弃原来的企业构思。

任务训练

任务训练一:选择合适的企业法律形态

1. 你的企业的组织形式是什么？

2. 在下表中列出你选择这种企业组织形式的原因。

任务训练二：进行你的企业构思

1. 企业名称：＿＿＿＿＿＿＿＿＿＿＿＿＿＿＿＿

2. 企业类型（请画√）：
   □服务企业　　　□制造企业
   □贸易企业　　　□农林牧渔企业
   □其他（请说明）
   ＿＿＿＿＿＿＿＿＿＿＿＿＿＿＿＿＿＿＿＿＿＿＿＿＿＿＿＿＿＿＿＿＿＿＿＿＿＿

3. 企业将服务的客户：
   ＿＿＿＿＿＿＿＿＿＿＿＿＿＿＿＿＿＿＿＿＿＿＿＿＿＿＿＿＿＿＿＿＿＿＿＿＿＿
   ＿＿＿＿＿＿＿＿＿＿＿＿＿＿＿＿＿＿＿＿＿＿＿＿＿＿＿＿＿＿＿＿＿＿＿＿＿＿

4. 企业将经营的产品或者服务：
   ＿＿＿＿＿＿＿＿＿＿＿＿＿＿＿＿＿＿＿＿＿＿＿＿＿＿＿＿＿＿＿＿＿＿＿＿＿＿
   ＿＿＿＿＿＿＿＿＿＿＿＿＿＿＿＿＿＿＿＿＿＿＿＿＿＿＿＿＿＿＿＿＿＿＿＿＿＿
   ＿＿＿＿＿＿＿＿＿＿＿＿＿＿＿＿＿＿＿＿＿＿＿＿＿＿＿＿＿＿＿＿＿＿＿＿＿＿

5. 企业将解决并满足客户的下列需求：
   ＿＿＿＿＿＿＿＿＿＿＿＿＿＿＿＿＿＿＿＿＿＿＿＿＿＿＿＿＿＿＿＿＿＿＿＿＿＿
   ＿＿＿＿＿＿＿＿＿＿＿＿＿＿＿＿＿＿＿＿＿＿＿＿＿＿＿＿＿＿＿＿＿＿＿＿＿＿
   ＿＿＿＿＿＿＿＿＿＿＿＿＿＿＿＿＿＿＿＿＿＿＿＿＿＿＿＿＿＿＿＿＿＿＿＿＿＿

任务训练三:对企业构思进行 SWOT 分析

使用 SWOT 方法对你的企业构思进行分析,将分析结果列于下表中:

	潜在外部机会(O)	潜在外部威胁(T)
外部环境		
	潜在内部优势(S)	潜在内部劣势(W)
内部环境		

第三章

分析创业环境

创业情境 3

张伟和王军的创业历程(7)

张伟和王军考虑到北京是政治、经济和文化中心,如果能更好地利用外部环境因素,便可以使自己的创业项目有更深和更广的发展空间。比如,近年来北京的文化产业得益于政策优势而发展得红红火火;同时,由于宏观政策的支持,各种各样的小公司像雨后春笋般涌现。大学生创业本身资金并不充裕。北京市劳动局对大学生创业给予了大力支持和扶持,还出台了相关的创业贷款政策。同时,劳动部还提供创业培训,并颁发创业资格证书,凭创业资格证书可以申请创业贷款。张伟和王军决定马上去详细了解国家对大学生创业的帮扶政策,这将有助于他们的创业项目的顺利开展。

关于行业的选择,张伟和王军认为应该考虑一系列的中观及微观因素,主要是市场环境。其中要考虑的一个重要因素是行业进入的难易,以及现有的和潜在的竞争者对市场的威胁。如果要减小这种威胁,他们必须发挥自己的优势,尽量规避可能的威胁,树立自己的特色和亮点。

在创业的过程中,创业者需要对企业的外部环境进行分析,而分析的基础是收集一些必要的市场信息。市场信息是衡量创业环境的重要指标,也是推动创业和企业发展的关键要素。创业者只有掌握这些信息,才能够对企业的外部环境做出客观分析,进而准确地分析客户和市场。因此,通过本章学习,你要确定以下几个方面:
- 你创办的企业面临怎样的外部环境?
- 你在创办企业时,具备哪些优势和劣势?面临哪些机会和威胁?
- 分析企业外部环境的基础是收集市场信息。那么,你应该收集哪些信息?如何收集?

第一节 创业的外部环境

一、创业的政治环境

政治环境是指创业及企业市场营销活动的外部政治形势。政局稳定与否,会给创业产生重大的影响。目前,我国稳定的政局给创业者创造了良好的政治环境。

如果创业者是在国内创业,那么政治环境主要指的是国内政治环境,它包含:政治制度、政党和政党制度、政治性团体、党和国家的方针政策和政治气氛。政治环境对创业的影响主要表现为国家政府所制定的方针政策(如人口政策、能源政策、物价政策、财政政策、货币政策等)对创业带来的影响。

大多数专家和创业者均认为,各地针对新办企业的政策,总体上越来越有利于创业环境的改善。

那么,作为大学生创业者,政策分析主要包括两个层面:

(1) 国家及地方政府的政策制度。政策制度包括政府的宏观经济政策、政府财税政策、相关法律法规、政府管理制度与效率等。

(2) 教育主管部门及学校的政策制度。教育主管部门及学校对大学生创业的政策制度,直接、广泛和深远地影响着大学生创业。

二、创业的法律环境

政治环境引导着企业经营活动的方向,法律环境则为企业规定经营活动的行为准则。政治与法律相互联系,共同对企业的经营活动产生影响和发挥作用。

法律环境是指国家或地方政府所颁布的各项法规、法令和条例等,它是创业的准则,企业只有依法进行创业,才能受到国家法律的有效保护。创业者需要了解《企业法》《经济合同法》《商标法》《专利法》《广告法》《环境保护法》《反不正当竞争法》《消费者权益保护法》等。创业者必须熟知相关的法律条文,才能保证创业的合法性,运用法律武器来保护企业与消费者的合法权益。

总之,创业者需要关注的法律环境的因素包括:

(1) 法律规范,特别是和创业相关的经济法律法规。

(2) 国家司法执法机关。比如与企业关系较为密切的行政执法机关有工商行政管理机关、税务机关、物价机关、计量管理机关、技术质量管理机关、专利机关、环境保护管理机关、政府审计机关。此外,还有一些临时性的行政执法机关,包括各级政府的财政、税收、物价等方面。

(3) 企业的法律意识。企业的法律意识是法律观、法律感和法律思想的总称,是企业对法律制度的认识和评价。企业的法律意识,最终都会物化为一定性质的法律行为,并造成一定的行为后果,从而构成每个企业不得不面对的法律环境。

如果创业企业从事境外经营活动,那么,创业者不仅要遵守本国的法律制度,还要了解和遵守国外的法律制度和有关的国际法规、惯例和准则。例如,欧洲国家规定禁止销售不带安全保护装置的打火机,这无疑限制了中国低价打火机的出口市场;日本政府也曾规定,任何外国公司进入日本市场,必须要找一个日本公司同它合伙,以此来限制外国资本的进入。因此,创业企业只有了解这些国家的有关法律和政策,才能制定有效的对策,在国际经济环境中争取主动。

三、创业的经济环境

创业时的经济环境指在创业过程中所面临的外部经济条件,其运行状况及发展趋势

会直接或间接地对创业活动产生影响。因此,创业者需要分析下列因素:

(1) 消费者的经济状况

消费者的经济状况是影响创业的直接经济环境,它会强烈影响消费者的消费水平和消费范围,并决定着消费者的需求层次和购买能力。消费者经济状况较好,就可能产生较高层次的需求,购买较高档次的商品,享受较为高级的消费。相反,消费者经济状况较差,通常只能优先满足衣食住行等基本生活需求。因此,只有了解消费者的经济状况,创业者才能确定创业的方向和内容。

(2) 经济发展水平

创业活动要受到一个国家或地区的整个经济发展水平的制约。经济发展阶段不同,居民的收入不同,顾客对产品的需求也不一样,从而会在一定程度上影响创业。例如,在经济发展水平比较高的地区创业时,要重点打造产品款式、性能及特色;而在经济发展水平低的地区,要重点考虑产品的功能及实用性。因此,对于不同经济发展水平的地区,应采取不同的创业策略。

(3) 经济体制

经济体制是指国家经济组织的形式。它规定了国家与企业、企业与企业、企业与各经济部门的关系,并通过一定的管理手段和方法,调控或影响社会经济流动的范围、内容和方式等。不同的经济体制对创业活动的制约和影响不同。在计划经济体制下,创业活动受到较强的政府干预和控制;我国当前的社会主义市场经济体制为创业活动提供了广阔的空间,但市场发育还不完善,在个别地方还存在市场秩序不规范、地方保护主义等情况。因此,要注意选择不同的创业策略。

(4) 经济政策

经济政策是指国家、政党为实现一定时期内国家经济发展目标而制定的战略与策略,它包括综合性的全国经济发展战略和产业政策、国民收入分配政策、价格政策、物资流通政策、财政货币政策、薪酬福利政策、对外贸易政策等。创业时熟悉和应用这些政策是非常重要的。

总之,创业的经济环境分析就是要对以上各个要素进行分析,运用各种指标,准确地分析经济环境对创业的影响,从而制定出正确的创业战略。

做练习

1. 在你创业的过程中,你会通过哪些渠道来了解政府对大学生的就业帮扶政策?宏观环境中哪些因素有助于你创业计划的开展?

2. 你觉得哪些洋快餐在本土化的过程中做得好一些?

四、创业的社会环境

（一）社会人口环境分析

你首先需要了解人口环境,内容包括:

（1）人口规模。人口规模制约着个人或家庭消费产品的市场规模,如食品工业市场与人口规模密切相关。

（2）人口的地理分布。人口的地理分布决定着消费者的地区分布。消费者地区分布密度越大,消费者的偏好也越多样化,对市场的商品选择性也越大,这就意味着会出现多种多样的市场机会。

（3）人口的年龄分布。人口的年龄分布决定着以某年龄层为对象的产品的市场规模。各年龄层都使用的产品市场,对商品的选择性大,将带来产品多样化的机会。

此外,人口的流动(例如从郊区流向城市或从城市流向郊区,从西部流向东部等)也会引起市场需求的变化。

（二）社会文化环境分析

社会文化环境是指社会结构、社会风俗、习惯、信仰、价值观念、行为规范、生活方式、文化传统等。这些因素的存在会对消费者产生各种各样的影响,可能会扩大消费者对各种不同性质产品的选择,或形成新的市场,或造成现有产品的衰退。

作为创业者,需要关注的社会文化因素有:

1. 教育状况

教育程度的高低影响到消费者对商品功能、款式、包装和服务要求的差异性。通常来说,文化教育水平高的国家或地区的消费者要求商品包装典雅华贵,对附加功能也有一定的要求。因此,创业活动要考虑到消费者所受教育程度的高低,采取不同的策略。

2. 宗教信仰

宗教是构成社会文化的重要因素,宗教对人们消费需求和购买行为的影响很大。因此,在创业活动中要注意到不同的宗教信仰,以避免由于矛盾和冲突给企业带来的损失。

3. 价值观念

价值观念是指人们对社会生活中各种事物的态度和看法。不同文化背景下,人们的价值观念往往有着很大的差异。创业必须根据消费者不同的价值观念设计产品,提供服务。比如,在一些发达国家,人们工作紧张,生活节奏快,所以速溶咖啡、快餐等快速食品很受欢迎。但在经济不发达、不怎么重视时间的国家里,人们对快速食品不一定接受,他们宁愿买普通的咖啡自己花时间煮,也不愿意买速溶咖啡。

4. 消费习俗

消费习俗是指人们在长期经济与社会活动中所形成的一种消费方式与习惯。不同的消费习俗,具有不同的商品要求。研究消费习俗,了解目标市场消费者的禁忌、习惯、避讳等是企业进行创业的重要前提。比如,2008年奥运会吉祥物"福娃"的英文名字friendlies更名为FU-WA。更名的主要原因是:一方面,在其发音上,Friendlies 与 Friendless(没有朋友)发音雷同,容易造成误解;另一方面,在单词词意上会误认为 Friendlies = Friend(朋友) + Lies(说谎),会产生歧义。由于奥运会是全世界人们的盛世,所以必须考虑多元文化环境下的最佳决策。

五、创业的市场环境

市场环境决定了企业参与竞争的领域特征,所在行业市场的发展在一定程度上制约着企业的发展。这里创业者要考察市场相关因素对创业者创业的支撑程度。包括:行业特性、发展状况、产业的竞争结构分析、市场的进入障碍程度(地方保护程度)、不同消费者收入水平和消费结构、市场管理的规范程度、市场竞争环境的公平程度等。

(一)行业特性的描述

进行市场环境分析之前首先要对市场的特性进行分析。对市场特性的分析可以通过回答以下问题来完成:该行业市场有什么特性?在工业生产总过程中处于什么样的地位?资本需求怎么样?所需资源是属于资本密集型、技术密集型还是劳动密集型的?竞争是垄断性的还是分散性的?该市场中的企业正在达到什么样的投资收益率?本行业中的财务指标(如资本收益率、存货周转率等)的平均水平如何?

(二)市场发展状况调查

分析市场所在行业的发展状况对于资本的投向具有重要的意义。国家的经济政策、政府对行业的支持和限制、行业相关技术的发展、国际经济关系等,都对企业的发展起着相当重要的作用。

另外,社会对企业产品的需求、资源供应以及生产能力则对企业的发展有着更直接的影响。因此,创业者对市场发展状况的分析可以重点围绕以下几个问题展开:社会对企业的产品或服务的需求总量是多少?需求的趋势如何?目前计划的总生产能力,包括设计能力和实际能力有多大?企业的资源(包括自然资源、资本资源和人力资源等)供应状况如何?技术总体水平如何?今后技术将朝什么方向发展?

(三)产业的竞争结构分析

产业的竞争结构是决定产业竞争规划和激烈程度的根本因素。通过对产业竞争结构的分析,可以确定本企业对各种竞争因素的态度和基本对策,制定有效的企业战略。

美国著名的战略管理学家迈克尔·波特指出:在任何产业里,无论是国内还是国外,无论是生产一种产品还是提供一项服务,竞争规律都寓于五种竞争力量之中:即新竞争者的进入、替代品的威胁、买方的讨价还价能力、供方的讨价还价能力和现有竞争者之间的竞争,见图3-1。这五种基本竞争力量的状况及综合强度决定着产业竞争的激烈程度,同时也决定了产业的最终获利能力。

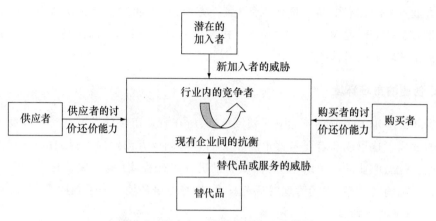

图 3-1　迈克尔·波特的竞争五力模型

做练习

1. 假如你要进入的是个成熟的市场,你打算用什么样的方式来占有一席之地?
2. 中国的饮料市场是一个成熟的市场吗? 它有什么样的特点?

第二节　创业环境的分析方法

SWOT 分析法(也称 TOWS 分析法、道斯矩阵)即态势分析法,20 世纪 80 年代初由美国旧金山大学的管理学教授韦里克提出,经常被用于企业战略制定、竞争对手分析等场合,这一方法还可以被用来进行大学生创业分析。

创业 SWOT 分析包括分析创业者所具备的优势(strength)和劣势(weakness)以及面临的机会(opportunity)和威胁(threats)。优势和劣势分析主要着重于分析自身的实力及其与竞争对手的比较,而机会和威胁分析将重点分析外部环境的变化及对创业的可能影响。

一、机会与威胁分析

经济全球化和一体化过程的加快,以及全球信息网络的建立和消费者需求的多样化,使得创业者所处的环境更为复杂和变化多端。因此,环境分析成为创业之初非常重要的工作。

环境分析分为两大类:一类是环境威胁分析,另一类是环境机会分析。环境威胁分析指的是分析环境中不利的因素所构成的威胁,面对这种威胁要采取果断的战略行为,避免竞争地位被削弱。环境机会分析就是分析创业过程中具备的优势,并对其加以充分利用,从而将这种竞争优势最大限度地发挥出来。

二、优势与劣势分析

优势分析是指分析创业者超越其竞争对手的能力,这种能力有助于实现创业的主要目标——成功创建企业并盈利。劣势分析是指分析创业者自身缺乏以及弱于竞争对手的能力。作为创业者,你必须明确你究竟在哪一个方面具有优势,哪一方面处于劣势,只有这样,才能做到扬长避短,获得成功。

张伟和王军的创业历程(8)

作为大学生,张伟和王军在创业初首先对自身的优势和劣势、面临的机会和威胁进行了分析。分析结果如下表所示:

	潜在外部机会(O)	潜在外部威胁(T)
外部环境	(1)政府和社会资金及技术的支持。各个地方政府也积极响应国家政策对大学生创业的支持,营造与大学生创业相关的政策环境、法律环境、商业环境等。 (2)高校开展创业教育课程。为促进大学生创业,许多高校都开设了创业学课程,成立了创业指导中心或高科技创业园区等,并采取了具有鲜明学校特色的创业措施。	(1)市场机制不完善,有些地方市场秩序混乱。 (2)创业教育滞后,很少有学校对学生进行创业教育,导致学生创业技能欠缺,影响大学生的创业。
	内部优势(S)	内部劣势(W)
内部环境	(1)拥有知识资源,具有较强的专业能力,具备技术优势。 (2)领悟力强,自主学习知识的能力强,易接受新鲜事物。 (3)自信心较足,有激情去做任何事情。 (4)思维活跃,敢想敢干。 (5)运用科技技术能力强,能够利用科技手段搜寻到许多信息。	(1)市场和社会经验不足。 (2)缺少吃苦耐劳和团队合作精神。 (3)在意志品质方面,自觉性、坚毅性、自制力和勇敢、果断等不够彻底,创新精神没有完全形成。 (4)实践能力、开拓创新、组织领导、协调协作、沟通和人际交往能力、创业、创造能力等都有待进一步提高。 (5)缺乏管理营销知识。 (6)缺乏创业资金。

第三节 创业信息的收集方法

作为创业者,需要对企业的外部环境进行分析,而分析的基础是要收集一些必要的市场信息,它是创业者对外部环境做出客观分析的前提。因此,收集信息对于创业来说是非常重要的。

信息可分为一手信息和二手信息。一手信息能够最大程度地接近消费者,能够比较准确地了解市场动向。但由于实地调研会发生相关费用,创业者有可能承担不起。

一、一手信息的收集方法

一手信息的收集方法主要有问卷调查法、面谈访问法、观察法和实验法等。

(一) 问卷调查法

对于创业者来说,问卷调查法是运用统一设计的问卷向被选取的调查对象了解情况或征询意见的调查方法。它是以书面提出问题的方式搜集资料的一种研究方法。创业者将所要调查的问题编制成问题表格,了解被访者对创业项目的看法和意见。

问卷调查法的优点是:能突破时空限制,在广阔范围内,对众多调查对象同时进行调查;便于对调查结果进行定量研究;匿名性;节省人力、时间和经费。

问卷调查法的缺点是:只能获得书面的社会信息,而不能了解到生动、具体的社会情况;缺乏弹性,很难作深入的定性调查;调查者难以了解被调查者是认真填写还是随便敷衍,是自己填答还是请人代劳;被调查者对问题不了解、对回答方式不清楚,无法得到指导和说明;回复率和有效率低,对无回答者的研究比较困难。

张伟和王军的创业历程(9)

张伟和王军认为,从人力、时间和经费的角度考虑,问卷调查是他们获取信息最好的办法。因此,他们对问卷调查这一方法进行了研究。他们先了解了问卷调查的分类,并总结了它们的利弊,并简略概括如下表所示

项目	自填式问卷调查			代填式问卷调查	
	报刊问卷	邮政问卷	送发问卷	访问问卷	电话问卷
调查范围	很广	较广	窄	较窄	可广可窄
调查对象	难控制和选择,代表性差	有一定控制和选择,但回复问卷代表性难以估计	可控制和选择,但过于集中	可控制和选择,代表性较强	可控制和选择,代表性较强
影响回答的因素	无法了解、控制和判断	难以了解、控制和判断	有一定了解、控制和判断	便于了解、控制和判断	不太好了解、控制和判断
回复率	很低	较低	高	高	较高
回答质量	较高	较高	较低	不稳定	很不稳定
投入人力	较少	较少	较少	多	较多
调查费用	较低	较高	较低	高	较高
调查时间	较长	较长	短	较短	较短

(二) 面谈访问法

创业者在创业时,往往想知道消费者的真实感受和想法,因此很想与他们进行面对面的交谈,以此来把握市场信息。面谈访问法可以解决这一问题。

所谓面谈访问,是指创业者按照抽样方案中的要求,到抽选中的家庭或单位,按事先

规定的方法选取适当的被访者,再依照问卷或调查提纲进行面对面的直接访问。

面谈访问一般包括入户访问、街头面访调查等。

1. 入户访问

入户访问是指调查员到被调查者的家中或工作单位进行访问,直接与被调查者接触;然后或是利用访问式问卷逐个问题进行询问,并记录下对方的回答,或是将自填式问卷交给被调查者,讲明方法后,等对方填写完毕再回来收取问卷的调查方式。

2. 街头面访

街头面访是指在某个场所拦截在场的一些人进行面访调查。这种方法常用在商业性的消费者意向调查中。街头面访的好处在于效率高,但是,无论如何控制样本及调查的质量,收集的数据都无法证明对总体有很好的代表性。

(三)观察法

观察法是指由创业者直接或通过仪器在现场观察调查对象的行为动态并加以记录而获取信息的一种方法。

创业者可采用的观察法包括如下四种:

1. 自然观察法

自然观察法是指在一个自然环境中(比如超市、展示地点、服务中心等)观察被调查对象的行为和举止。

2. 设计观察法

设计观察法是指事先设计模拟一种场景,创业者在一个已经设计好的并接近自然的环境中观察被调查对象的行为和举止。

3. 掩饰观察法

掩饰观察法就是在不被所观察的人、物或者事件所知的情况下观察他们的行为过程。

4. 机器观察法

在某些情况下,用机器观察取代人员观察可能更便宜、更精确和更容易地完成工作。

观察法的优点是:具有直观性、可靠性,更接近真实,不受被观察者的意愿和回答能力影响,而且简便易行,灵活性强,可随时随地进行。

观察法的缺点是:通常只有行为和自然的物理过程才能被观察到,而无法了解被观察者的动机、态度、想法和情感,而且只能观察到公开的行为,并且这些行为的代表性将影响调查的质量。

(四)实验法

实验法是指创业者有目的、有意识地通过改变或控制一个或几个市场影响因素的实践活动,来观察市场现象在这些因素影响下的变动情况,从而认识市场现象的本质和发展变化规律。主要特点包括:实践性、动态性和综合性。

实验法的优点是:第一,能够在市场现象的发展变化过程中,直接掌握大量的第一手实际资料。某市场现象的发展变化主要是由实验活动引发的,这是市场实验调查最突出的优点,也是其他调查方法不能做到的。第二,能够揭示或确立市场现象之间的相关关系。因为市场实验调查不是等待某种现象发生再去调查,而是积极主动地改变某种条件,促进市场现象的发展,以达到实验目的。所以实验调查不但能够说明某市场是什么样的,而且能够说明它为什么是这样。第三,市场实验调查还具有可重复性,这使得实验调查的结论具有较高的准确性,具有较大的说服力。

实验法的缺点是:实验对象和实验环境的选择较难具有充分的代表性。实验调查的结论总带有一定的特殊性,其应用范围是很有限的。实验调查中,人们很难对实验过程进行充分有效的控制。这是因为很多影响因素是无法也不能排除的,而对它们又很难一一测定或综合测定出来,因此准确区分和检测实验效果与非实验效果就很困难,在实验效果中往往混杂着非实验因素的影响结果。此外,实验法对调查者的要求比较高,花费的时间也比较长。

二、二手信息的收集方法

二手信息的最大的优点是搜集起来比较容易,时间短,费用少,所以创业者往往先选择这种方法。但是这种方法的缺点也十分明显,就是准确性得不到保证,时效性差。二手信息的获取途径主要是:政府及其他官方渠道;工业及商业或贸易协会;商会名录;教育、研究组织及其他组织;出版物;地区及当地报纸;金融机构;专业的咨询服务机构;网上调查。

收集和分析出版物上公开的信息通常称为"资料分析"。资料分析的范围很广,包括利用各种潜在的来源,比如图书馆、同行业协会、研究机构的刊物和政府的出版物。应首先广泛收集资料,然后筛选出有价值的部分进行详细分析。

政府出版的刊物是常用的来源,来源比较容易,但对于中小企业用处不大,因为政府统计常按一套标准分类,从中很难看出消费者的需要和潜在的市场。但由于可以在公共图书馆中自由查阅,可以把这些出版物作为进一步研究的起点。另外,有些高等院校的图书馆也对公众开放,这也是信息的一个来源。如果企业所在地区的院校有经济或商业方面的专业,这又是一个获取信息的很好来源。

几乎每一个行业都有相应的协会,这也是有用的信息来源,其中大多数的成员在自己的行业内有丰富的经验。有的协会有自己的信息咨询中心,有的还定期公布行业的情况,发布各专业部门的特别报告。

行业杂志是有价值的信息来源之一。它经常刊登有关市场预测、竞争对手和顾客需求情况的文章,也有新产品介绍、顾客对产品的评价等栏目。另外,它所刊登的广告会提供关于竞争产品和销售数量方面的背景信息,有助于企业对产品和竞争对手进行分类。应该把这些重要的文章和广告等资料进行分类整理。对资料分类整理后,当需要有关信息时,就可以从整理过的材料中找到相应的重要内容。

网上调查主要利用互联网收集与创业相关的市场、竞争者、消费者以及宏观环境等方面的信息。网上调查渠道包括:

(1)利用搜索引擎收集资料。例如,google、百度等搜索引擎。

(2)利用公告栏收集资料。公告栏(BBS)就是在网上提供公开区域,任何人都可以在上面进行留言,回答问题或发表意见和问题,也可以查看其他人的留言。公告栏的用途多种多样,一般可以作为留言板,也可以作为聊天(沙龙)、讨论的场所。

(3)利用新闻组收集资料。新闻组就是一个基于网络的计算机组合,这些计算机可以交换以一个或多个可识别标签标识的文章(或称之为消息)。

(4)用 E-mail 收集资料。E-mail 是 Internet 使用最广的通信方式,它不但费用低廉,而且使用方便快捷,是最受用户欢迎的应用。

在上述途径中,网上调查的优势日益明显,如信息及时、客观、可靠、共享;便捷、经济(低费用);互动性(交互性)强、交流充分;效率高;答复快速,可检验、可控制性高;瞬间到达,无时空、地域限制;可定制调研。

任务训练

任务训练一:创业分析

使用 SWOT 方法对你的创业活动进行分析,将分析结果列于下表中:

	潜在外部机会(O)	潜在外部威胁(T)
外部环境		
	潜在内部优势(S)	潜在内部劣势(W)
内部环境		

任务训练二:创业环境分析

使用网上调查法分析你的创业环境。

政治环境	法律环境	经济环境	文化环境	科技环境

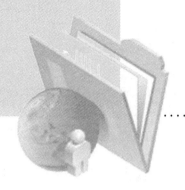

第四章

分析顾客和市场

创业情境 4

张伟和王军的创业历程(10)

张伟和王军认识到必须根据自身条件来选择经营方向。他们必须首先弄清楚自己能进入什么领域,还要了解在这个领域中的顾客特征以及他们的需求,最后设计一个最能够充分发挥自身优势以满足顾客需求的方案。因此,他们分析了自身的条件,发现最重要的限制因素是资金有限、社会关系少。于是他们决定暂时舍弃他们的多元化协同增效经营、走国际化道路的宏伟目标和设想,舍弃软件开发、系统集成和数字艺术产品研发的打算,脚踏实地地从眼前的资源条件出发,先进入一个自己比较熟悉的领域,利用自己熟练的计算机技能在这个领域里推出一些特色项目和服务,比竞争者能够满足顾客更多的愿望,使顾客获得更多的价值,吸引一批顾客群体,从而逐渐巩固自己的企业竞争实力。有了这批顾客,再进一步扩大市场份额,进而再扩张至其他业务领域。

王军的舅舅在香港做布匹批发生意,在北京、上海、西安等地都有经销渠道。王军与张伟商量后,觉得可以利用这个条件解决原材料渠道和来源问题,还可以降低采购成本,决定依据这个有利条件,进入服装经营领域。虽然在这个领域竞争者也很多,市场竞争也很激烈,但是利用他们的计算机技能优势,进行差异化经营,开辟独特的经营模式,完全可以把生意做起来。两人分析了自己积累的人脉优势和市场经验,决定放弃自己不熟悉的工业品市场,放弃为组织群体服务,而专心于个人服装消费市场领域。

在第三章中,创业者已经对创办企业所面临的外部环境进行了了解,也对企业内部资源条件进行了梳理。现在,创业者要确定做什么,确定创业企业的产品或者服务有没有市场,以及哪些是与企业内外部环境条件相匹配的业务。通过本章的学习,你要确定以下几个方面:

- 你创办的企业的顾客是谁?这些顾客的需求是什么?
- 你创办的企业的市场在哪里?如何评估你的市场?
- 你创办的企业的产品或者服务是哪些?这些产品或者服务如何满足顾客需要?

第一节 了解顾客

一、有关顾客的观念

顾客给企业带来业绩和效益,顾客是企业持续发展的根本。没有顾客企业就无法生存。因此，创业企业必须提供让顾客满意的产品和服务，只有这样才能吸引顾客和留住顾客，才能给企业带来销售和利润。

下列几个观念需要创业者接受：

- 任何企业都不能进入所有的市场，因此创业者所要创办的企业必须确定放弃哪些市场。
- 任何企业的产品或者服务都不可能让所有的顾客都满意，因此创业者所要创办的企业必须确定满足哪些顾客的需求。
- 任何企业都会面临市场竞争局面，因此创业者所要创办的企业必须确定如何超越竞争者，从而持续赢得顾客的满意，获得长久利益。

上述观念可以帮助创业者更好地专注于创业企业的顾客需求上，更清晰地构思所要创办的企业的产品或者服务，更好地制定满足顾客需求的营销方案。

二、扩展顾客的需求

人类的基本需求是有限的，生、老、病、死、衣、食、住、行是人类生存的基本规律和需要。但是人类是不是满足基本需求就满意了呢？显然不是。基本需求只是维持人类生存所必需达到的要求。除此之外，人类还有许多不同的愿望。比如当人饿了就要吃饭，这是人类的基本需求，但对于吃什么饭却有许多不同的愿望，因此愿望也可以被认为是满足基本需求的多种方式。

人类的基本需求很少，但是愿望却很多，也可以说人类的愿望是无限的。当企业生产的产品不仅满足了人类的基本需求，同时也满足了人们的某种愿望时，企业就创造了一种新产品。沿着这种思路不断创新，企业就能够不断满足顾客需求。因此愿望是扩展了的基本需求。

当今人类在物质生活方面已经得到极大丰富，在大多数情况下，人类的基本需求已经得到满足，那么，企业满足顾客需求的空间在哪里呢？不论传统行业还是新兴行业，许多产品和服务创新的空间都来自于对顾客愿望的判断和创造。比如，手机最初是用来满足人们实时通讯的需求，但是按照人类愿望来扩展这一产品的外延后，开发出短信沟通、工作记录、游戏娱乐、情感交流和上网等许多功能，极大地满足和丰富了人们对于手机的愿望，使得当代人对于手机的依赖程度越来越高。如今，手机已经成为人们生活工作中不可或缺的基本需求。

第二节　哪些是你的顾客

顾客也称为目标顾客，是创业企业服务的对象。创业者只有把企业的目标顾客清晰、明确地描述和界定出来，才能针对这些目标顾客制订营销方案。

一、筛选业务领域

创业者应该明确创业企业肯定不做什么行业,不进入什么业务领域。在第三章中,创业者已经掌握了所要创办的企业的内外部环境条件,依据第三章所做的工作结果,确定企业业务进入的领域和范围,确定创业企业是经营产品还是服务。如果是经营产品业务,创业者要确定是经营消费品业务还是工业品业务,顾客是个人消费者还是组织购买者。如果是经营服务项目,创业者要确定为谁服务,是个人消费者还是组织群体。创业者要把其确定的业务领域和范围写入营销计划中,为下一步确定创业企业的顾客做准备。

选择业务领域时要注意以下几点:

- 整合优势资源,充分利用自身的有利条件,利用自己的关系人脉和社会其他资源优势来选择业务领域。避免从事自己陌生、不熟悉或者社会资源贫乏的业务。
- 避实就虚地竞争,放弃竞争激烈的市场,选择业务领域能够区别于竞争者的产品或服务,确立自己独特的优势。

二、顾客群体分类

消费品市场的顾客主要是个人消费者。消费者的需求千差万别,满足所有消费者的需求是不现实的,创业企业只能满足一类或者几类消费群体的需求。因此,可以将个人消费者按照一些关键因素进行归类划分。这些关键因素包括个性因素、心理因素和行为因素。

（一）个性因素

个性因素包括性别、年龄、收入、文化程度、职业、家庭。

（1）性别。男女性别不同带来很大的购买需求差异。比如:男性在购物时可能喜欢稳重、保质和趋于理性的产品;而女性可能更偏向于花哨、可爱、物美价廉、色彩缤纷等趋于感性的产品。另外还有一种倾向,即区分性别的产品趋向有中性化发展趋势,而传统的中性产品则开始以性别来细分市场。如:牛仔裤、工装等服装的性别模糊,但同样受市场热捧;而地铁专门为女性准备的女性专列,以及女性手表、女性汽车等又将女性作为一个重要消费群体区分开来。

（2）年龄。年龄这一变量能够比较明显地反映出产品需求的差异性特征。比如,经营服装、鞋帽、化妆品的行业一般都采用年龄等变量。年龄的影响在文化时尚方面更是明显。世界各国图书出版市场都区分儿童图书、成年读物,日本的动漫按照年龄段制作动漫作品,电视台也针对不同年龄制作节目,等等。

（3）收入。收入对消费者的购物行为具有重要影响。按照收入水平高低可将顾客划分为高收入阶层、中等收入阶层和低收入阶层。高收入阶层奉行"更好"、"更贵"、"更稀有";中等收入阶层追求"性价比"、"品质价值";而工薪阶层讲究"经济实惠"、"物美价廉"。因此企业应区分高中低档市场并提供不同产品以满足不同收入消费者的需求。

比如,美国飞虎自行车企业在进军北美市场时根据收入水平把北美市场细分为三个子市场:售价在300—1 200美元之间的高档市场、售价在200—300美元之间的中档市场和售价在50—80美元的低档市场。

(4) 文化程度。受教育程度反映在消费上的差异也越来越明显。在书籍、音乐、茶吧、艺术、科技、专业技能等领域中,比较容易锁定受教育程度高的消费者。

(5) 职业。不同职业对于人们的消费习惯也会产生比较大的影响。自由职业者和演员、教师和医生、军人和警察、公务员、企业家等人群的工作环境、工作时间、工作中的人际关系、职业要求和从业特点都不相同。人们会逐步将这些不同带到消费购物中,使得他们的个人生活消费具有很大的职业特征,且反映在购物过程和结果中的差异很大。

(6) 家庭。二人世界和三口之家在消费购物中具有很大的差异性。比如人们将年轻没有小孩的夫妇称为"月光族"(每月将工资花光)、"三好族"(吃好了、用好了、花好了),消费享乐成为许多年轻夫妇的时尚选择。三口之家中孩子用品是消费的重点之一,家庭消费围绕生活用品、学习用品和家庭公共用品展开。随着家庭生命周期逐渐走向成熟,消费重点逐渐变化,向着汽车、房屋、保险、理财、留学等产品或者服务转移。

(二) 心理因素

心理因素十分复杂,包括生活方式、个性、社会态度等。其中最主要的是生活方式和个性两个方面。

(1) 生活方式。生活方式是指消费者的生活活动的特定习惯和倾向性以及兴趣和意见等。生活方式是一个内涵十分广泛、丰富的概念,它与消费者的年龄、收入、文化素养、社会地位、价值观念、职业等因素密切相关。可以用以下三个尺度来测量消费者的生活方式:① 活动(activities),如消费者的工作、业余消遣、休假、购物、款待客人、体育等活动;② 兴趣(interests),如消费者对家庭、服装的流行式样、食品、娱乐等的兴趣;③ 意见(opinions),如消费者对社会、政治、经济、产品、文化教育、环境保护等问题的意见。以上三个尺度也叫做"AIO尺度"。企业可以派调查人员去访问消费者,详细了解消费者的各种活动、兴趣、意见,从而发现生活方式不同的消费者群,按照其不同的生活方式来加以分类。

(2) 个性。个性反映一个人的特点、态度和习惯,是对于外部社会和环境所表现出来的情绪、态度和行为方式。企业可以按照个性变量来细分市场,使自己的产品具有与消费者相一致的个性,即树立所谓的"品牌个性"和"品牌形象",从而使这些消费者对本企业的商品产生兴趣,保持和扩大企业的市场占有率。

(三) 行为参数

行为参数主要包括购买时机、追求价值、使用频率等。

(1) 购买时机。购买时机即消费者购买和使用产品的时点。例如,中国内地的电影院通常在每周二对所有的电影票打折出售;春节、中秋节、国庆节等节日都会带来消费品市场旺盛的购买需求等。某些产品或服务项目专门适用于某个时机(如挂历的销售最佳时机是每年的11—12月;文具商店可在新学期开始前专门为学生准备学习用品)。不同的购买与使用时机需要企业开发相应的产品功能,制定相应的价格,采用相应的广告宣传手段。

(2)追求价值。消费者购买商品或劳务所要追求的利益往往各有侧重,这个变量一般是通过对购买者进行市场调查而知道的。比如,消费者购买此产品的目的是什么?看中了此产品的什么功能?得到了什么好处?可以通过消费者追求的产品或者服务的价值功效不同来进行顾客分类。

(3)使用频率。某些产品市场可以按使用频率来划分消费者群体。可先划分使用者和非使用者,然后再把使用者分为小量使用者、中量使用者和大量使用者。对于大量使用者群体,可以根据他们的需要进行有针对性的营销政策,进一步强化对大量使用者的服务。根据20/80法则,企业80%的利润来自20%的顾客,这20%的顾客就是大量使用者群体,抓住这20%的顾客就稳定了企业的利润来源。此外,企业还要不断想办法提升中量使用者的购买频率,使他们向大量使用者转化。

三、确定目标市场和目标顾客

(一)什么是企业的目标市场和目标顾客

从实际情况看,任何一个企业都不可能进入所有的市场,让所有人都成为其顾客。为什么呢?因为不论什么样的企业资源总是有限的,都受到来自客观条件和环境的制约,而顾客需求是无限的,无论企业如何努力也只能占领一部分市场,满足一部人的需要。企业想占领所有市场、让所有人都成为其顾客是不现实的。企业必须有所取舍。成功的做法是,企业科学地选择与自身实力相匹配的市场作为目标市场,了解目标市场顾客的需求,想尽一切办法来预测并满足目标市场的顾客需要和未来需要,使企业持续发展。企业所要进入的市场就是目标市场,企业产品和服务所针对的顾客群体就是目标顾客。公司经营的一切目的就是为了满足目标顾客的需要。目标市场的确定是公司业务战略的一部分,是公司的长期发展方向。通常情况下一个公司会花费相当长的时间来分析研究和确定目标市场,从而完成"发现目标顾客"的任务以及实现"满足目标顾客的需求"的目的。

(二)如何选择企业的目标市场和目标顾客

目标市场和目标顾客可以通过市场细分的方法进行选择。市场细分是根据顾客需求的差异性,把整体市场划分为若干个具有不同需求差别的顾客群体,针对每个顾客群体的购买动机和行为偏好采取单独的产品或市场营销组合战略。可以依据个性因素(性别、年龄、收入、文化程度、职业、家庭)、心理因素(生活方式、个性、社会态度)和行为因素(购买时机、追求价值、使用频率)来区分不同顾客的消费需求,依据顾客需求划分成不同的细分市场。任何市场都可以有依据地进行细分。比如当今汽车市场提供各式各样的汽车。车商们可以在家用车的颜色和车型上满足性别上的偏好,或者通过提供价格的差异来满足不同收入的消费者的认同。手机市场、金融保险市场、房地产市场等几乎所有的市场都是如此。

目标顾客是企业所要服务的一类或者几类顾客群体。一般情况下,同一类顾客群体的需求具有相似性,不同类别的顾客之间具有明显的消费差异。因此,创业者要按照需求差异的强弱依次细分市场,然后选择顾客群体即目标顾客。思考一下什么是使创业企业所在市场需求最能够差异化的参数?用最能够差异化的参数作为切分该市场的第一道标准。用次差异化的参数作为切分该市场的第二道标准,以此类推。其实践工具如表4-1所示。

表4-1　细分市场工具

参数二 \ 参数一				

张伟和王军的创业历程(11)

张伟和王军确定了进入服装市场之后,接下来就要确定:谁是他们的目标顾客?经营什么产品?顾客对服装市场的需求差异依据强弱可以分为性别、年龄、收入和职业(身份)。男人和女人的服装差别很大,老年人和儿童服装的差别也很大,另外收入的高低和身份的不同对于服装的选择都会有很大的不同。张伟和王军就将性别参数和年龄参数放在第一位进行分析,分析结果如下表所示。

性别 \ 年龄	0—2周岁婴儿	2—6周岁儿童	7—17周岁少年	18—30周岁青年	31—55周岁中年	56周岁以上老年
男				√	√	
女				√	√	

通过两个参数的划分,将服装这个整体市场划分为12个子市场,每一个子市场的顾客需求都有差异性,张伟和王军根据自己对这些顾客群体的了解和掌握程度,决定将自己比较了解和熟悉的18—30周岁青年群体以及31—55周岁中年群体作为经营和服务的重点顾客群体。他们把这个想法与王军的舅舅做了沟通。在沟通过程中进一步了解到,王军的舅舅批发的面料以高档进口呢料和中档进口牛仔布料为主。于是,他们进一步对目标顾客的需求档次差异进行分析,在对收入进行分析后得出的结果如下表所示。

性别 \ 收入	无收入	1 000元以下	1 001—4 000元	4 001—8 000元	8 001元以上
18—30周岁青年男性			√		
18—30周岁青年女性			√		
31—55周岁中年男性			√		
31—55周岁中年女性					

在将服装类型作为第四个差异化参数进行分析后得出的结果如下表所示。

服装类型 性别	运动服	职业服	休闲服	牛仔服
18—30周岁青年男性				√
18—30周岁青年女性				√
31—55周岁中年男性				√

现在,他们俩对于目标顾客有了明确清晰的界定,那就是18—30周岁青年男性、18—30周岁青年女性以及31—55周岁中年男性,收入在1 000元以上至4 000元以下的喜欢穿牛仔服的人。

四、调查目标顾客需求

对于目标顾客需求的了解来源于调查研究。创业者要了解需要调查哪些内容,学会收集顾客信息的方法。

（一）调研内容

- 顾客想要什么产品和服务？这些产品和服务的功能和作用是什么？
- 对于顾客来说,他们最看重的是此产品和服务的什么优点？
- 顾客最不能容忍的此产品和服务的缺陷是什么？
- 这些顾客共同的特点有哪些？
- 顾客还期待这些产品和服务具有什么功能和特征？

（二）采集顾客信息

1. 一手数据采集

创业者可以设计调研问卷,然后在人群里、在大街上、在网络上或者关系圈里发放问卷,最好是在购买过类似产品或服务的顾客中进行调查。他们是企业的潜在顾客,尽可能多地接触潜在顾客,会使创业者准确把握目标顾客的需求。当然,创业者也可以基于自己或者一些业内人士(如专业咨询人士、企业职员、销售员、批发商等)对这一行业的了解,用经验来预测和判断。

2. 通过二手资料采集

创业者可以通过报纸、广播、商业期刊、行业资讯、市场指南和互联网来搜集目标顾客信息,了解目标顾客的特点和需求。

第三节 评估目标市场

企业在占领某个目标市场之前要充分估计一下:开拓与占领这个目标市场,需要多少费用？可能销售多少产品？将获得多少利润？市场占有率可能达到多少？投资收益率如何？只有对占领某个子市场可能带来的经济效益做出了正确的预测，创业者才能评价该市场是否值得去开拓，才能决定采取什么策略和方法去占领。

对目标市场的评估重点有三大因素：第一，该市场的市场吸引力如何？第二，该市场中的竞争者情况如何？第三，企业自身的情况如何？

一般来说，一个市场的顾客越多、购买力越强，市场的吸引力就越大，但是市场吸引力越大，可能竞争就越激烈。那些资源条件有限的中小企业在竞争中往往处于不利位置。因此，企业必须根据自身情况作出判断，进入那些与自身实力相匹配的市场。

一、市场吸引力

创业企业在确定了所要进入的行业或者业务领域以后，还要再分析一下潜在顾客是否足够多、市场规模情况、进入市场难度大小、市场成长率、市场竞争强度、市场透明度高低以及市场生命周期等。规模实力很强的大企业更具有规模经济优势，进入大市场是它们的目标，因此更看重市场规模和市场的透明度。而对于中小企业来说，自身实力有限，不能形成大规模生产能力，不能与大企业全面竞争，因此，竞争强度和进入市场的难度是它们要考虑的问题。创业企业资金规模有限，处于创业阶段，竞争小的细分市场是合适的选择。对于创业企业来说，具有一定市场规模而又竞争相对较弱的细分市场最有吸引力。

可以用加权分析法确定各个因素对于本企业的重要性来衡量市场吸引力。加权分析法是经常用到的一种方法。该方法也叫选优矩阵法，是一种基于多种标准进行项目选择的系统方法。具体做法是：首先是要识别出企业选择项目的若干重要的指标；接着对各个指标赋予权重；然后，就上述每一个指标对候选项目进行评分。一般企业都会规定最低得分，大于最低得分的项目才会被选择，综合分值最高的项目即为最好的项目。用这种方法可以帮助企业评估市场吸引力。其具体步骤如下：

第一步：给各项因素打分

先将所有市场吸引力的因素罗列出来，然后将各个因素分配分数，如以 5 分来计算，将 5 分不均匀地分配给每个因素，对于企业非常重要的因素给 5 分，不重要的因素给 3 分，最不重要的因素给 1 分，以此类推。

第二步：确定加权值

哪项因素加权多少是判断各因素重要性的关键。这项工作不能随便由一些人草率决定。一般情况下，确定加权值的人必须对市场非常熟悉，并且是由一组人通过头脑风暴方法来决定。

第三步：加权平均

通过加权平均法计算得出各个因素的综合分数，分数高的市场吸引力就大。

通过上述三个步骤，企业就可以评估市场吸引力了。

张伟和王军的创业历程(12)

张伟和王军对自己要创办的服装企业的目标顾客进行了分析,确定了三个目标顾客群,即收入在1 000元以上至4 000元以下的喜欢穿牛仔服的18—30周岁青年男性(简称A市场)、18—30周岁青年女性(简称B市场)以及31—55周岁中年男性(简称C市场)。他们俩所开的企业是微小企业,要想生存必须有一定的市场空间,在这个市场空间里,大企业不愿意占领这个小市场,竞争相对比较小。于是他们重点分析了市场规模、竞争程度和市场成长率以及利润水平这些指标,看看他们的企业要进入的市场是否值得进入。将这些能够确定市场吸引力的因素组合在一起分析得出的结果如下表所示。

市场吸引力因素	权重	A市场	B市场	C市场	A市场加权	B市场加权	C市场加权
市场规模	1	3	4	3	3	4	3
市场竞争程度	5	4	5	2	20	25	10
市场成长率	3	3	3	4	9	9	12
行业平均利润率	4	2	2	2	8	8	8
总加权得分					40	46	33

经过上述分析得出,B市场的市场吸引力最大,其次是A市场,市场吸引力最小的是C市场。完成了市场吸引力分析以后,还要对企业自身实力进行分析,从而找到与企业相匹配的市场,确定企业的目标市场。

二、市场与企业的匹配程度

尽管市场有无限机会,企业却不能什么都做,而只能选择进入与自身实力条件相匹配的市场。如果企业规模大、实力雄厚,就会选择具有足够空间的大市场。由于大企业经营成本高,小市场不能给大企业带来效益,也就是说,市场机会和企业实力不匹配,因此大企业对于弱小市场就不得不放弃,而去占领规模更大的市场。而这些小市场就留给了小企业。这些小市场面对的是更细分的顾客群,具有更个性化的消费需求,小企业针对这些小市场进行差异化营销,虽然市场规模不大,但是竞争小,有利于小企业扩大市场份额,增加市场占有率,从而获得巨大的市场机会。而有些企业虽然发展很快,是高速成长的企业,但是还没有建立像大企业那样的规模优势,但同时也不像那些微型企业能够灵活多变地应对市场,因此,这些企业就必须从两方面来选择目标市场。一方面寻找那些竞争相对小而规模又足够自身发展的市场,另一方面也可以通过创新产品开辟新的细分市场,创造属于自己的市场空间。

分析企业与市场的匹配度是将每个市场机会与本企业的实力因素进行一一对比,选择最匹配的目标市场。这一过程也可以采用加权分析法。具体步骤如下:

第一步:确定竞争匹配度因素

企业特别是中小企业必须分析市场上的竞争对手以及竞争程度,然后与自身实力相比较,看看自身是否有比竞争对手更大的优势条件,能够在该市场中获胜。企业将这些竞争因素罗列出来,如具有专利技术,有技术研发平台能快速转化成新产品、新技术,产品品牌在市场有一定知名度,服务系统比较完善,等等。

第二步:给各项因素打分

将各个竞争因素分配分数,如以 5 分来计算,将 5 分不均匀地分配给每个因素,对于企业非常重要的因素给 5 分,不重要的因素给 3 分,最不重要的因素给 1 分,以此类推。

第三步:确定加权值

哪项因素加权多少是判断各因素重要性的关键。这项工作不能随便由一些人草率决定。与确定市场吸引力的因素相同,确定竞争因素加权值的人必须对市场非常熟悉,并且是由一组人通过头脑风暴方法来决定。

第四步:加权平均

通过计算得出各个因素的综合分数,分数高的市场匹配度就高。

通过上述四个步骤,企业就可以评估与市场的匹配度了。

三、综合决策

完成了市场吸引力分析,也评估了企业的市场匹配度,企业便基本掌握了每个细分市场的综合情况。将所有细分市场的总分进行排列,就得出了企业所有的细分市场的综合排名。这种方法建立在科学分析和客观标准的基础上,能够比较准确地确定企业的目标市场。

张伟和王军的创业历程(13)

张伟和王军通过分析市场吸引力,发现 31—55 周岁中年男性市场(即 C 市场)吸引力较低,另外两个市场比较具有市场吸引力。为了将竞争情况和企业条件综合起来进行决策,他们俩进一步分析了这三个市场的匹配度。他们考虑到自己实力有限,不具备激烈竞争的条件,不宜进入竞争激烈的市场,因此将竞争因素如服装设计技术、服装设计师、加工工艺、品牌信誉、销售网络等作为分析的关键因素。对三个市场进行分析得出的结果如下表所示。

市场竞争因素	权重	A 市场	B 市场	C 市场	A 市场加权	B 市场加权	C 市场加权
服装设计技术	5	2	3	3	10	15	15
服装设计师	4	1	4	2	4	16	8
加工工艺	3	4	3	3	12	9	9
品牌信誉	4	3	3	2	12	12	8
销售网络	3	3	4	4	9	12	12
总加权得分					47	64	52

经过上述分析得出,B 市场的市场匹配度最高,其次是 C 市场,市场匹配度最差的是 A 市场。

张伟和王军对于 B 市场分析的结果比较满意,很快做出了进入 B 市场的决定。但是在 A 市场和 C 市场上进行抉择时,两人出现了分歧。王军认为只进入一个市场即 B 市场是明智的选择,因为分析结果表明 A 市场和 C 市场存在市场吸引力和市场匹配度欠佳的状况。但是张伟认为只进入 B 市场太窄,单一业务抗风险能力较差,如果进入两个关联性的市场,相互协同增效,可以充分利用原材料稳定的优势,加大采购量,进一步降低采购成本,巩固自身的成本优势,增强公司竞争实力。两人经过讨论,决定将所有市场的总分进行排队,得出企业所有的子市场综合排名,A 市场为 87 分,B 市场为 110 分,C 市场为 85 分,最终决定进入 A 市场和 B 市场,目标顾客群体为 18—30 周岁青年男性群体和 18—30 周岁青年女性群体。

第四节 收集竞争对手信息

对市场进行调查分析是企业永恒的工作。创业者一方面要不断了解顾客情况,掌握不断变化的顾客需求,另一方面还要了解竞争对手的情况。

首先,创业者要搞清楚谁是其竞争对手?

那些提供相同或者相似产品的企业是创业企业的竞争对手。比如手机厂商或者经销商由于提供手机产品或者经销手机,互相之间就是竞争对手;汽车厂商之间或经销商之间也是竞争关系。同行业间的企业大多构成竞争。

那些服务于相同或者相似的顾客群体的企业是创业企业的竞争对手。比如咖啡馆和茶吧,尽管提供的产品不同,但同为聊天、谈话、聚会等相同或者相似需求的顾客群体服务,也互为竞争对手。

收集竞争对手的信息,了解竞争对手的优势和劣势,可以帮助创业者改善自身的经营方式,进行特色经营,从而吸引更多的顾客,占领更大的市场份额。

如何了解竞争对手呢?创业者需要注意以下几点:

- 列出竞争对手的关键信息,包括:产品性能特点、价格范围、营业点或者销售店情况、员工情况、宣传推广方式、设备资源条件。
- 有效搜集竞争对手信息,具体方法有实地考察、目标顾客访谈、非目标顾客访谈、营销人员座谈、员工访谈、资料搜集。
- 从购买竞争对手产品的顾客中调查使用产品的情况,了解顾客对产品的哪些地方满意,哪些地方不满意,从中找到竞争对手产品的优劣势,作为产品研发和创新的依据。
- 询问没有购买竞争对手产品而是购买了其他厂家的相同或者类似产品的顾客,他们购买其他厂家产品的理由,据此了解竞争对手的弱点,知己知彼,建立自己的产品服务优势和经营模式。

创业实务教程

张伟和王军的创业历程(14)

张伟和王军前后用了三个星期进行市场调查。两人决定分头对市场进行摸底。张伟重点对北京几处大的服装集贸市场进行了走访,包括新世界服装市场、天意服装市场、女人街、秀水街,王军则对近年来逐渐红火的服装 MALLs 进行了调查,包括燕莎金源、永旺以及燕莎奥特莱斯购物中心。他们以联系业务的名义与几个店的老板或者主管进行了攀谈,对他们的情况和市场行情有了大致了解。回来后,两人碰头交换了所了解的市场信息,并充分交流了彼此的看法。他们发现,尽管服装市场所提供的品种款式范围多且广,覆盖面比较大,但是产品定位比较混乱,彼此的差异和特色区别不大,整体市场销售疲软,顾客多点需求没有满足,出现产品或者服务扎堆现象,需求供应冷热不均,产品和服务的特点比较单调,个性化程度比较差。另一方面,他们汇总了市场信息发现,他们所针对的目标顾客群体即18—30周岁青年男性群体和18—30周岁青年女性群体,青睐于新款式、小批量的服装,而对于大批量、通用类服装兴趣不高,他们往往花足一天时间四处挑选服装,只能买到一两件中意的服装,而在款式、风格、颜色、尺寸等方面都满意的情况很少。目前这部分群体的个性需求成为相对的市场空白。他们还了解到一个非常重要的信息,就是这个年龄段的目标顾客对于牛仔系列服装具有持续需求,市场需求稳定,但是在针对牛仔服装的调查显示,顾客对于目前市场上提供的牛仔服装满意度并不高。王军在最后时刻与舅舅就牛仔布料供货进行了沟通之后,决定集中所有资源开发牛仔服装市场。

第五节 确定盈利模式

每一个企业都面临竞争。只要有市场、有盈利空间,就会有竞争者出现。当创业企业一开张,也就开始了市场竞争。那些竞争者也在千方百计地推出新的产品或者服务吸引顾客,创业企业如果没有独特的吸引力,不能提供区别于其他竞争者的更让顾客满意的产品或者服务,就会面临经营困难的局面,市场份额和盈利都会受到限制,长此以往企业将陷入亏损甚至倒闭。许多公司的名字和产品令人耳熟能详。比如,提到麦当劳,人们就联想到干净、清洁、效率、舒适的快餐店印象;提到沃尔玛,就会想到"天天低价"的仓储超市;提到当当网,人们就会想到方便快捷的网上购书。这些企业创造了区别于其他竞争对手的独特性,让消费者认识它们、熟知它们、喜欢并忠诚于它们,这些企业树立了与众不同的形象和鲜明的个性品牌,区别于竞争对手,获得了成功。

创业者需要从以下几个方面来考虑企业的业务、产品和盈利模式:
- 目标顾客能否说出公司的产品与竞争对手的产品有什么不同之处?
- 目标顾客能否在公司的产品中找到竞争对手的产品中所没有的特殊功能?
- 目标顾客能否识别出产品的标识或者品牌?

- 企业提供了哪些竞争对手没有的服务？
- 企业最近开展了一项新的专门化的顾客服务吗？
- 企业的产品、员工、服务是否在目标顾客心中整体形象突出？

一、建立独特性

（一）通过产品属性和利益建立独特性

创业企业可以通过产品属性和利益建立自己的独特性。产品本身的属性以及由此而获得的利益能使消费者体会到它的独特性。例如，在汽车市场上，大众汽车的"豪华气派"、丰田车的"经济可靠"、沃尔沃车的"耐用"都是独特性的体现。有些情况下，新产品应强调一种属性，而这种属性往往是竞争对手没有顾及的，这种方法比较容易收效。

（二）通过产品价格和质量建立独特性

如果创业企业的目标顾客是高端顾客，可以通过优质高价建立独特性；如果创业企业进入的是技术、市场相对成熟的行业，比如家用电器行业，产品质量稳定可靠，市场进入成熟期，可以采用提供增值服务保证顾客享受到优质优价；如果创业企业处于技术、市场的垄断地位，尽管技术参数指标稳定性还不高，但可以通过建立技术的独特性提供高价特惠服务。

（三）通过产品用途建立独特性

创业企业可以通过打造产品的独特功效来吸引期望获得具有这种功效的产品的顾客。例如，"金嗓子喉宝"专门用来保护嗓子，"地奥"心血康专门用来治疗心脏疾病。为老产品找到一种新用途，如将尼龙从军用发展到民用，就是最好的通过用途建立独特性的例证。

（四）通过满足使用者心理建立独特性

创业企业的目标顾客具有哪些特点？可以通过三个方面来锁定目标顾客的特点。第一是经济因素，主要是按照不同的消费者购买能力来划分。第二是功能因素，主要是在购买能力允许的情况下顾客希望产品达到什么功能，具有什么功用。第三是心理因素，主要是顾客购买该产品想获得什么满足感，达到什么目的。创业企业可以按照目标消费者的价值取向来综合考虑自己的产品定位，建立其独特性。

（五）竞争地位定位

在了解了企业的竞争对手之后，创业者还可以针对竞争对手的弱点或者漏洞进行产品或者业务设计。如1967年七喜汽水(7-Up)以非可乐定位，市场反应强烈，在顾客心目中确立了它是可乐替代品的地位。

二、竞争定位图

这是一种对于市场主要竞争对手的整体分析方法，通过在图上标出竞争对手的位置，来确立公司自身的市场定位以及未来的发展趋势。这种图采用四象限法。横、纵坐标的变量不是固定的，它依据不同公司所在行业和市场行情不同而定。一般依据是竞争强度，竞争强度大的因素优先选择。

比如，对于汽车厂家来说，汽车价格和汽车质量是这些汽车厂商竞争的重要因素，如图 4-1 所示。

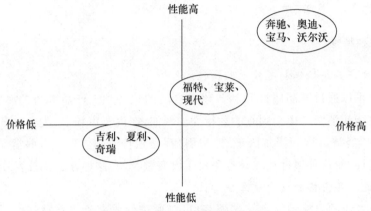

图 4-1　汽车厂家竞争定位分析图

这个竞争图可以帮助创业者整体了解竞争者的情况，使创业者能够寻找竞争较弱的环节进行公司定位，在不能与竞争者进行针锋相对的竞争的情况下，在其他方面进行差异化定位，以确立与众不同的形象。

张伟和王军的创业历程(15)

作为牛仔服装市场上的后来者，张伟和王军的企业必须在产品或者服务上建立自己的独特性，才能从其他竞争者那里吸引到顾客，否则就无法经营下去。张伟和王军认识到建立与众不同的独特性是获得顾客并使顾客信赖的关键所在。他们看到目前竞争者提供的产品绝大多数是牛仔服装成品，服务特点就是提供几款不同尺码和规格的牛仔服装供顾客选购，经营方式基本采用随行就市、成衣店铺零售。在天意服装集贸市场上的牛仔店铺每月销售过千件的很少，平均为 300—500 件/月，经营效益普遍处于基本不亏损和略有盈余之间。张伟和王军经过摸底调查后，决心走一条特色经营道路，在产品业务和经营模式上实行差异化经营，与竞争者区别开来，挖掘顾客需求，创造更好的服务模式，提供给顾客更好的服务，让顾客更满意。

一个大胆的设想正在他俩之间成形。针对目前竞争者为顾客提供的服务有限、不能满足顾客个性化需求的弱点，结合自身优势，张伟和王军决定增加服务功能，利用计算机应用系统帮助顾客设计自己满意的服装款式、尺寸、颜色和配饰。顾客可以根据自己喜好，在计算机上挑选布料，通过计算机辅助设计服装样式和效果，选择配饰，在计算机上下订单，这样就实现了顾客的个性化定制，这种量身定做满足了顾客个性化定制的需求。

尽管这个方案只是一个雏形，还有许多环节需要细化设计，也有许多困难需要面对和解决，但是他们两人还是对自己能构想这样独特的方案而兴奋不已，对于未来经营充满了信心。他们决心后来者居上，一定要比别人做得好。

任务训练一:确定你的企业的经营业务

分析公司要进入哪些市场领域,然后将公司要进入的 3—5 个市场领域填入下列表格中,并分析其所属的市场类型,在所对应的市场类型表格中划"√"。

1. 确定你的企业的业务领域及其服务性质。

公司业务领域	消费者市场	组织购买者市场

2. 陈述你的企业选择该业务领域和服务性质的理由。

任务训练二:确定你的企业的目标市场和目标顾客

1. 确定目标市场

(1) 选择最具需求差异的两个参数进行细分市场分析。

参数二＼参数一				

(2) 选择次级需求差异参数,继续细分市场,锁定目标市场。

参数四＼参数三				

(3) 说明你的企业选择这些参数的理由。

2.确定目标顾客

顾客特征	描 述
你的目标顾客的总体特点	
目标顾客的年龄	
目标顾客的性别	
目标顾客的收入（量化数字）	
选择目标顾客的理由	
放弃哪些市场和顾客以及放弃的理由	
目标顾客的需求描述	
描述目标顾客最关注产品和服务的哪些功能	
描述目标顾客最不能容忍的产品和服务缺陷是什么	

任务训练三：评估你企业的目标市场

1. 评估你的企业目标市场的市场吸引力。

市场吸引力因素	权重	A市场	B市场	C市场	A市场加权	B市场加权	C市场加权
	总加权得分						

2. 评估你的企业与目标市场的匹配度。

市场竞争因素	权重	A市场	B市场	C市场	A市场加权	B市场加权	C市场加权
	总加权得分						

3. 对目标市场进行综合分析（依据市场吸引力和市场匹配度）。

任务训练四:确定你的企业的产品和服务定位

1. 与竞争对手相比较定位

比较内容 / 竞争对手 分析项目	你的企业的 产品和服务	竞争者 A 的 产品和服务 姓名： 地址： 电话：	竞争者 B 的 产品和服务 姓名： 地址： 电话：	竞争者 C 的 产品和服务 姓名： 地址： 电话：
产品或服务质量				
技术先进程度				
员工素质与技能水平				
品牌信誉或者企业影响力				
产品价格合理性				
让顾客更方便快捷				
销售和服务网点				

2. 经营业务独特性描述

（1）你的企业的产品和服务具有以下独特性：

（2）你的企业的产品和服务与竞争对手相比的主要优势体现在：

与竞争对手 A 相比：
与竞争对手 B 相比：
与竞争对手 C 相比：

第五章

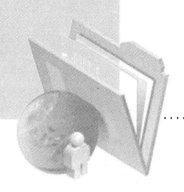

确定经营策略

毛泽东军事文集

创业情境 5

张伟和王军的创业历程(16)

张伟和王军在确定向定制牛仔服装市场进军之后,接下来就要认真地设计他们的企业到底应该提供什么样的产品和服务,给产品制定什么样的价格更合理,通过什么样的渠道去销售自己的定制产品和服务,以及针对目标顾客怎样选择促销的方式等具体的经营策略了。

他们要研究以下问题:首先,在产品和服务方面如何让他们从众多的牛仔服装企业中脱颖而出?什么样的产品组合更能满足消费者的需求?其次,在制定产品和服务价格时,应该要综合考虑哪些因素?最后,像定制牛仔服装这样的产品更适合于什么样的销售渠道和促销策略?

张伟和王军经讨论后发现,到了具体经营的层面时,问题很多,头绪也很繁杂。因此,他们必须制订一个有效的经营方案和营销计划,以帮助企业更快、更好、更稳地进入经营轨道。

在第四章中,创业者已经确定了企业的内容,并且对目标顾客和目标市场进行了细致的分析,最后确定了企业的产品和服务定位。现在针对创业企业的产品和服务,要制定什么样的营销策略呢?通过本章内容的学习,你要掌握以下要素:

- 你创办的企业所提供的产品或服务是什么?
- 如何为你的企业的产品或服务定价?
- 通过什么样的地点和方法来销售你的企业的产品或服务?
- 你的企业的产品或服务适用于哪些促销策略?

第一节 产品或服务策略

创业企业在制定营销策略时,首先要决定企业要开发什么样的产品或服务以满足顾客的需求。先来看看企业的产品或服务都包含哪些内容和层次。

一、整体产品的概念

在营销中关于产品的概念非常广泛,并不是人们传统观念中的狭义的产品概念。从销售方来说,产品就是货物,是能变成钱的东西,包括实物、服务、组织、场所、主意、思想等。可见,产品的概念已经远远超越了传统的有形实物的范畴。

因此,对产品的思考必须超越有形产品或服务本身,而从消费者的角度来认识和理解它,也就是说,应该明确消费者购买产品或服务时,真正想从中获得什么。消费者购买的不是产品本身,而是要从中得到"实惠"。

在整体产品的概念中,企业销售给顾客的不仅仅是产品本身,而是一个产品体系,它由核心产品、形式产品和附加产品三个层次构成,如图 5-1 所示。

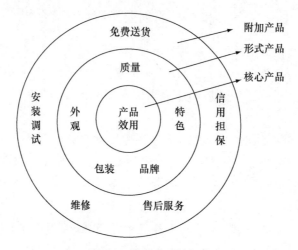

图 5-1　整体产品的概念

创业企业在进行企业整体产品设计时,要注意以下几个方面:
- 产品设计、开发时,应兼顾整体产品各层次;
- 如果企业提供的商品的形式产品不佳、附加产品太少,消费者的感觉会如何?
- 如果企业所提供的产品三个层次都非常好,尤其是附加产品很好,是值得庆贺的。

(一) 核心产品

核心产品位于整体产品的中心,指为顾客提供的产品的基本效用或利益,即回答"购买者真正需要的是什么?"这一问题。每一个产品实质上是为解决问题而提供的服务。例如,女士购买口红并不是为了获得口红本身,而是要满足爱美的需求;人们买自行车是为了代步等。

因此,创业企业在开发产品、宣传产品时应明确地确定产品能提供的效用,只有这样产品才更具有吸引力。

(二) 形式产品

形式产品是指核心产品所展示的全部外部特征,如质量、形状、款式、颜色、包装、品牌、商标等,是消费者得以识别和选择的主要特征。由于同类产品的基本效用都是相同的,因此,创业企业要想获得竞争优势,吸引消费者购买自己的产品,就必须在形式产品上多动脑筋。企业在设计产品时,应着眼于消费者所追求的基本利益,同时在做市场营销时要重视如何以独特的形式将这种利益呈现给目标顾客;或通过提高质量、延长使用寿命来满足经济性需要等。

（三）附加产品

附加产品是指消费者在购买企业的产品时随同产品所获得的各种附加服务与利益。包括产品的品质保证、送货上门、安装、维修、技术培训、融通资金等服务带来的附加价值，以及由产品的品牌与文化、企业的形象与员工技能和形象带来的价值等。比如，品牌利益、包装利益、产品的其他附加利益、消费者的优先享用利益等。

随着科学技术的不断更新以及企业生产和管理水平的提高，不同企业提供的同类产品在核心产品和形式产品层次上越来越接近，而附加产品在企业市场营销中的重要性日益突出，逐步成为决定企业竞争能力高低的关键因素。

张伟和王军的创业历程(17)

张伟和王军在坚定进军定制牛仔服装市场之后，接下来就要认真地设计他们的企业到底应该提供什么样的产品和服务，才能让他们从众多的牛仔服装企业中脱颖而出。

他们通过对目标顾客群体，即18—30周岁的青年男性/女性的生活水平与服装观念进行探寻和比较，得出了他们购买牛仔服装真正需要的是什么：

1. 如果目标顾客的生活水平处在低质时期，牛仔服装对于他们来说就是护体之物和满足生活习惯、风俗以及社会规范的需要。

2. 而当目标顾客的生活水平处于高质时期时，牛仔服装是心理满足之物，而且是社会流行要求之物。同时，对于他们的企业来说，提供的牛仔服装的形式产品上的特点越发明显：

● 新颖性

这是一般流行服饰最为显著的特点。流行的产生基于消费者寻求变化的心理和追求"新"的表达。人们希望对传统的突破，期待对新生的肯定。这一点在服装上主要表现为款式、面料、色彩三个要素的变化上。因此，他们的企业要把握住人们的"善变"心理，以迎合消费"求异"需要。

● 普遍性

牛仔服装与一般时装相比较最大的不同就是流行的长期性。它不会像其他时装一样容易随着季节、流行趋势的变化而进入衰退期。因此，他们的牛仔服装除了新颖性以外，还要保持一部分经典的款式，以适应顾客的普遍需要。

另外，张伟和王军既然选择了这种订单式制作牛仔服装的业务之后，他们的企业所提供的附加服务就要更加出色，特别是产品的品质保证以及产品个性的体现。

二、产品组合

企业为满足目标市场的需要，扩大销售，分散风险，增加利润，往往生产经营多种产品。在整体产品的概念指导下,企业必然会对其产品进行开发、改进来满足消费者的多样化需求。但企业所生产经营的产品并非多多益善,这就需要对产品组合进行认真的选择。

产品组合也称产品搭配,是指一个企业提供给市场的全部产品的结构,即企业的产品线和产品项目的有机组合方式,也就是其业务经营范围。如某家用电器公司依照消费者的需求和自身实力生产电视机、洗衣机、电冰箱和空调,其产品组合如表5-1所示。

表 5-1 某家电公司的产品组合表

产品组合的深度	产品组合的宽度			
	电视机	洗衣机	冰箱	空调
	37CM 彩电	单缸洗衣机	103 升冰箱	窗式空调
	47CM 彩电	双缸洗衣机	160 升冰箱	壁挂空调
	54CM 彩电	全自动洗衣机	185 升冰箱	柜式空调
	64CM 彩电		230 升冰箱	
	74CM 彩电		280 升冰箱	
	84CM 彩电			

产品组合的宽度,是指企业生产经营多少种不同的产品大类,又称为产品线。表5-1中的冰箱、彩电、洗衣机、空调就是四条产品线,或称四个产品系列。

产品组合的尝试,是指你的企业的每一产品系列中有多少种不同品种、规格的产品。例如,表5-1中所列的电视机产品有37CM 彩电、54CM 彩电、74CM 彩电等不同规格。

张伟和王军的创业历程(18)

对于一个小企业来说,确定产品的业务经营范围非常重要,产品组合不恰当可能造成产品的滞销积压,甚至引起企业的亏损。张伟和王军经过前期对市场的调查,发现经营牛仔服装的大部分企业都已经不再固守成立之初的单一产品线,横向扩充已经成为大势所趋。

经过对自身条件优劣势的分析,张伟和王军决定主打传统牛仔服装,根据季节变化增加和调整产品。公司向客户提供的牛仔服装在保留了最典型的、必要的特征元素的基础上,发展变化出一些新的款式。初步确定公司主推的经典系列为典型牛仔上装,包括夹克、背心、衬衣,牛仔下装包括长裤、短裤、裙子,牛仔童装。除此之外还包括牛仔帽、腰带、牛仔包等一系列产品。而牛仔服装的具体版式设计,则由本店的设计人员提供一个数据库,基本包括三个部分:

(1)经典款式,即市场上比较传统和经典的款式,提供固定的版式;

(2)流行款式,即根据市场流行的趋势来确定每季的主题款式和色彩;

(3)特殊款式,即根据客户的特殊需求去设计特殊的版式。

三、产品的生命周期

每个企业经营者都要认识到,一种产品在市场上的销售情况和获利能力是随着时间的推移而发生变化的。这种变化的规律就像人的生命一样,从诞生、成长到成熟,最终走向衰亡。产品在每一时期,都有着不同的特点,如图 5-2 所示。由于企业开发和制造的新产品会首先进入导入期,以下将对此进行重点介绍。

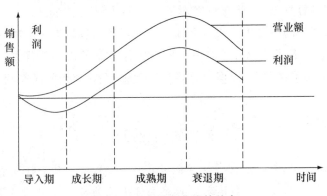

图 5-2 生命周期曲线的特点

(一) 产品各生命周期的特点

导入期是指产品投放市场的初期阶段,又称投入期、介绍期。这一时期的主要特点是:产品刚刚进入市场试销,尚未被消费者所接受,销售额增长缓慢;生产批量小,试制费用大,产品的生产成本高;由于消费者对产品不熟悉,促销费用较高;企业利润少,甚至发生亏损;产品在市场上一般没有同行竞争。

成长期是指产品在试销成功以后,转入成批生产和扩大市场销售的阶段。这一时期的主要特点是:销售量迅速上升;产品设计和工艺基本定型,可以成批或大批生产,生产成本显著下降;企业利润迅速上升;同行业竞争者开始仿制这类产品,竞争开始加剧,其产销的垄断性基本消除。

成熟期是产品市场生命周期的一个"鼎盛"时期,其前半期的销售额逐渐上扬并达到最高峰,在一个相对短暂的稳定时期后,其销售额开始缓慢回落,这时便进入了一个转折时期。这一时期的主要特点是:市场需求量已趋向饱和,销售量达到最高点;生产批量大、产品成本低,利润也将达到最高点;很多同类产品进入市场,竞争激烈;成熟期的后期,销售量和利润的增长缓慢。

衰退期是指产品不能适应市场需要,走向被市场淘汰或更新换代的阶段。这一时期的主要特点是:销售量和利润由缓降变为急降;产品陈旧,且日趋"老化",已有新产品进入市场,正在逐渐替代老产品;大幅度削价处理库存产品,竞争对手纷纷退出,竞争突出表现为价格竞争。

(二) 产品导入期营销策略

在这个时期中,企业要致力于扩大产品的知名度,促销重点在于介绍产品及其性能,使产品尽快为顾客接受并进入成长期。

一般来说,企业会根据自身的企业状况来选择不同的营销策略,主要有以下几种:

(1) 快速掠取策略:高价格、高促销。如我国前几年市场上推出的太空杯。

(2) 缓慢掠取策略:高价格、低促销。采用这种策略的市场条件是:大多数消费者已经知道了这种产品;购买者愿意出高价;潜在的竞争者威胁不大。

(3) 快速渗透策略:低价格,高促销。目的是为了扩大市场占有率。实施这一策略的条件:该产品市场容量很大;潜在顾客对该产品不了解,且对价格十分敏感;市场的潜在竞争较为激烈;产品的单位生产成本会随生产规模和销量的扩大迅速下降。

(4) 缓慢渗透策略:低价格,低促销。采用这种策略的市场条件是:市场容量很大;大多数消费者已了解了这种产品,但对价格反应敏感;存在相当的潜在竞争者。

张伟和王军的创业历程(19)

张伟和王军认为,从自己企业所经营的范围来看,消费者对牛仔服装的需求量比较大,持续时间也较长。并且大多数的消费者对牛仔服装的消费习惯已经形成了自己的偏好,所以不需要企业花很多的费用在产品的宣传上。因此,两人通过反复对比和商讨,决定采用第四种策略,即缓慢渗透策略,利用价格优势和产品优势来吸引更多的顾客,而不会在产品的促销上投入太多的费用。

做练习

请分析你的企业状况,并制定企业产品刚进入市场时的营销策略。

四、新产品开发策略与程序

(一) 新产品的类型

新产品一般可分为以下几种,企业可根据自身的优势去确定要做什么样的产品。

1. 全新产品,是指通过应用新的科学、新的技术、新的工艺或新的材料生产制造出前所未有的、能满足消费者的一种崭新需求的产品。但由于全新产品研制难度大、时间长、投资多、风险大,绝大多数企业很难开发全新产品。

2. 革新产品,是指采用新技术、新材料、新元件对原有产品作较大革新而创造的换代产品。

3. 改进产品,是指对现有产品的品质、特点、款式、包装、花色品种等方面进行改进而形成的产品。如药物牙膏与日历自动手表即是对传统牙膏与传统手表的改良。

4. 仿制产品,是指企业模仿市场上已出现的新产品,换上自己的商标后推向市场。企业在仿制新品时,应注意产品侵权问题。

（二）新产品的开发程序

一般新产品开发的程序步骤为：寻求创意、甄别创意、形成产品概念、制定市场营销策略、营业分析、产品试制、市场试销以及批量上市等 8 个阶段。

1．寻求创意。新产品开发过程是从寻求创意开始的。所谓创意，就是开发新产品的设想。新产品创意的主要来源有：顾客、科学家、竞争对手、企业推销人员和经销商、企业高层管理人员、市场研究公司、广告代理商等。

2．甄别创意。取得足够的创意之后，要对这些创意加以评估，研究其可行性，并挑选出可行性较高的创意，这就是创意甄别。甄别创意时，一般要考虑两个因素：一是该创意是否与企业的战略目标相适应；二是企业有无足够的能力开发这种创意。

3．形成产品概念。经过甄别后保留下来的产品创意还要进一步发展成为产品概念。在这里，首先应当明确产品创意、产品概念和产品形象之间的区别。

4．制定市场营销战略。形成产品概念之后，需要制定市场营销战略。企业的有关人员要拟定一个将新产品投放市场的初步的市场营销战略报告书。

5．营业分析。新产品开发过程的第五个阶段是进行营业分析。在这一阶段，企业市场营销管理者要复查新产品将来的销售额、成本和利润的估计，看看它们是否符合企业的目标。如果符合，就可以进行新产品开发。

6．产品试制。如果产品概念通过了营业分析，研究与开发部门及工程技术部门就可以把这种产品概念转变为产品，进入试制阶段。这一阶段应当搞清楚的问题是，产品概念能否变为技术上和商业上可行的产品。

7．市场试销。如果企业的高层管理者对某种新产品的开发试验结果感到满意，就着手用品牌名称、包装和初步市场营销方案把这种新产品装扮起来，推上真正的消费者市场进行试销。这是新产品开发的第七个阶段。

8．批量上市。经过市场试销，企业高层管理者已经掌握了足够的信息资料来决定是否将这种新产品投放市场。

> **做练习**
>
> 请根据你的企业的状况，确定要开发的新产品的类别，并根据产品开发的步骤进行新产品的设计。

五、企业的品牌

作为一个新企业、新品牌，除了要认识到名称在企业未来发展中的重要性，还要在名称的设计上掌握一定的原则和运用一定的方法，使名称真正成为商品质量与特征、企业经营信誉的象征和标志，从而将产品推向成功之路，获得广大消费者的青睐，最终使企业获得更大的经济效益。

品牌是一个名称、符号、象征设计或组合,用以识别一个或一群出售者的产品或劳务,使之与其他竞争者相区别。

品牌包括品牌名称、品牌标志两部分。品牌名称是指品牌中可以用语言表达的部分,比如"可口可乐"、"五粮液"、"联想"等。企业的品牌名称不仅仅是一个代号,它具有某种象征意义且蕴含着企业美好的希望。好的品牌名称本身就有魅力,能引起人们的注意和好奇心。

品牌标志是指品牌中可被识别而不能用语言表达的部分,包括专门设计的符号、图案、颜色、艺术字体等。如搜狐网站的标志狐狸,海尔品牌中的海尔兄弟等。

品牌名称的拟定需要遵循一些原则:

1. 品牌名称应简短明快

品牌名称的首要功能是识别功能和传播功能,要让消费者轻而易举地通过名称来识别产品,并且能够通过各种途径使名称在市场上广为流传。比如当铺中的"当"字就以简短的语言概括了其经营的内容,好记好懂。

2. 品牌名称应把握特征,突出重点

品牌名称很简短,只能显示商品某一方面的特点,这就要把握特征、突出重点。这种突出,或侧重于展示身份,如"贵州茅台酒";或侧重于展示技术,如"古汉养生精"等等。

3. 品牌名称应符合企业理念、服务宗旨,以及企业形象的塑造

品牌名称必须与经营的商品范围相吻合,通常能反映经营者的经营内容和特色,或反映主营商品的优良品质,使消费者易于识别企业经营范围,并产生购买欲望。比如"同仁堂"、"德仁堂",作为老字号中药店已经家喻户晓,因为"堂"已经成为中药铺约定俗成的识别标志,人们只要看了"同仁堂"的招牌,就知道这里主营中药。

4. 品牌名称要考虑消费对象的心理

商品有一定的消费对象,命名要考虑消费对象心理才能赢得市场。例如,流行服装的消费对象主要是青年女性,所以品牌名称要比较时尚;高档消费品则针对购买者要慎重选择的特点,用品牌名称来显示商品的名贵、精良、耐用、先进等等。

5. 品牌名称要有美感,有寓意

在中国文化背景之下,品牌名称应用一些符合中国传统审美观的字样。所谓有美感,是指名称形象鲜明,能使人产生美好联想。

 做练习

请为你的企业的新产品确定品牌名称。

第二节 价格策略

企业定价是企业营销组合中最重要的因素之一,也是最活跃的因素。企业市场营销

活动开展得怎样,在很大程度上要看价格定得是否合理。无论是经销商、生意人还是消费者,最关心的还是价格。所以,做生意、做买卖、做品牌、做市场,全从定价开始。定不好价格,甚至会影响到企业的命运。因此,在制定价格策略的时候,创业者必须认真考虑以下问题:

- 小企业创立初期时所要达到的定价目标是什么?
- 为了实现这个目标,应该如何选择适当的定价方法?
- 在市场竞争中,如何应对价格竞争?

一、定价目标

所谓定价目标,是指企业通过制定一定水平的价格,所要达到的预期目的。它和企业战略目标是一致的,并为企业战略目标服务,其总的要求是追求利润的最大化。不同企业、不同产品、同一企业在不同时期、不同市场条件下有着不同的定价目标。因此企业要结合自身的性质和经营状况,具体情况具体分析,权衡不同定价目标的确立依据和利弊,灵活制定自己的定价目标。企业的定价目标主要有以下几种:

1. 维持生存

通常是在企业生产能力过剩、市场竞争激烈、大量产品积压、资金周转出现困难、企业生存受到威胁的情况下,不得已才选择这一目标。在此经营目标下,企业应为其产品制定较低的价格,以求收回成本,使企业得以继续经营下去。

2. 追求当期利润最大化

获取最大限度的利润几乎是所有企业的共同愿望。当企业及其产品在市场上享有较高声誉、在竞争中处于有利地位时,追求最大利润的定价是可行的。

追求最大利润不一定就是给单位产品制定较高的价格,最大利润往往取决于合理的价格所推动的销售规模,取决于企业的整体效益。如果价格过高,超过消费者的承受能力,则将一点利润也实现不了。

3. 提高市场占有率

市场占有率是企业经营状况和产品竞争能力的综合反映。较高的市场占有率可以保证企业产品的销路,易于形成企业控制市场和价格的能力。这时,企业会为产品制定较低的有吸引力的价格,以最快的速度进行市场渗透,以达到维持或提高市场占有率的目标。

4. 产品质量领先

质量与价格相吻合是定价的一般原则。要在市场上树立一个产品质量最优的形象,企业往往需要在成本及产品研发等方面做较大投入。为补偿投入,企业往往要给产品或服务制定较高价格。反过来,这种较高的价格会提高产品的优质形象,吸引较高收入的消费者。

5. 应对或防止竞争

价格是市场竞争中最重要的手段和方式。因此,处在激烈市场竞争环境中的企业常常以应对或防止竞争为定价目标。因此,企业在定价前要广泛搜集竞争对手的有关资料,审慎地比较权衡后,根据自己的实力确定企业的产品价格。实力弱的企业通常追随市场主导企业的价格或以此为参考,并与其保持适当的差异。

二、定价方法

企业为产品定价的方法主要有以下三种:

(一) 以成本为导向的定价方法

以成本为导向的定价方法是以产品的全部成本为定价基础,在成本的基础上加上企业的利润比例或目标利润。它是一种按卖方意图即站在卖方角度或立场上的定价方法,包括以下几种:

1. 成本加成定价法

成本加成定价法是以产品的单位总成本加上一定百分比的利润来确定产品价格的方法。其计算公式为:

$$单位产品价格 = 单位产品总成本 + 单位产品总成本 \times 利润加成率$$
$$= 单位产品总成本(1 + 利润加成率)$$

2. 目标利润定价法

这也是一种较为典型的以卖方利益为出发点的定价方法。所谓目标利润定价法就是企业按预期获得的利润来确定产品价格的方法。

$$单位产品的价格 = \frac{产品总成本 + 目标利润总额}{预测(计)销售量}$$

3. 盈亏平衡定价法

盈亏平衡定价法是对企业经营过程中涉及的产量、成本和利润进行平衡分析,在产量和成本既定的情况下,按照预期的利润要求来确定价格,即找出企业产品生产的保本点(又叫盈亏平衡点),确定盈亏平衡点的产量和价格,从而确保企业利润的一种定价方法。

盈亏平衡分析的基本原理是在某一生产产量或销量上,企业生产或销售所花费的各项成本费用与销售收入相等。其计算公式为:

$$销售量 = \frac{产品的固定成本}{单位产品价格 - 单位变动成本}$$

(二) 以需求为导向的定价方法

以需求为导向的定价方法是根据消费者对产品的需求强度和消费感觉的不同而采用不同的定价方法,它是一种按买方的意愿与能力水平即站在买方角度或立场上的定价方法。以需求为导向的定价方法包括理解价值定价法和需求差异定价法。

1. 理解价值定价法

所谓理解价值是指决定商品价格的关键因素是买方对商品价值的理解水平或认知

程度,而不是卖方的成本。故在为某一商品定价时,首先要估计和测定商品在消费者心中的价值水平,然后再根据消费者对商品所理解的价值水平定出商品价格。

2. 需求差异定价法

需求差异定价法是指对不同阶层、不同收入水平与购买力、不同需求强度、不同购买时间及不同购买地点的消费者采取不同价格。

(1) 以购买对象的年龄、收入水平、职业、阶层的不同而进行的差别定价。例如,专门为高收入人群提供高档商品的商店、柜台,工业、农业及居民生活用水、电的价格差别等等。

(2) 以购买时间与地点不同而进行的差别定价。例如,影剧院、体育馆根据座位离舞台远近位置不同,制定的价格也高低不一样等。还有不同季节商品的价格不同,旺季或者应季商品的价格要高一些,淡季或过季商品的价格低很多,许多商家或消费者还热衷于反季节销售等。

(3) 以产品的外观、款式、品种、花色为区别的定价方法。款式流行、花色新颖独特的商品定价高,过时、陈旧的商品定价低或降价销售;颜色、型号齐全或刚上市的新产品定价较高,断档、断码或将要替换下来的产品低价或降价销售。

(三) 以竞争为导向的定价方法

所谓以竞争为导向的定价方法即以竞争产品的价格为本企业产品定价的依据,并随时根据市场竞争的状况来调整和改变产品的价格。主要有随行就市定价法和密封投标定价法。

1. 随行就市定价法

随行就市定价法是指企业将自己的价格与竞争对手价格保持在一定水平上的一种"随大流"的定价方法。主要目的是避免并减少激烈竞争。

一般来讲,为了降低风险并确保利润,企业实力不同,其采取的定价方法也会不一样:

- 小企业——以低于竞争实力强的企业的价格出售产品;
- 中等企业——以市场平均价格出售产品;
- 实力强的企业——以与竞争者相同的价格出售产品。

2. 密封投标定价法

密封投标定价法是购买者在进行批量采购,或从事大型机械设备的购买或建筑工程项目投资时选择承造商(承包商或承建商)时常用的一种做法。

张伟和王军的创业历程(20)

张伟和王军经过反复权衡认为,自己的企业刚进入市场,最重要的是能够迅速打开市场,站稳脚跟,因此在价格的制定上是以提高市场占有率为定价目标。实现这个目标最常用的办法是:为产品制定较低的有吸引力的价格,以最快的速度进行市场渗透。因此,在产品价格的设定上基本上是以市场较低价位和优质的服务来吸引顾客。

第三节　渠道策略

商品生产的终极目标是要被消费者所接受,满足消费者的某种需求,但产品不会自动来到消费者跟前说:"我知道你需要我,我来了。"因此,随着市场竞争的愈演愈烈,谁能抢占市场,将产品转移到消费者手中,谁就抢占了利润的制高点,这时候就需要分销渠道帮忙了。分销渠道策略是关系到企业产品如何走向市场的重要决策,对于新建立的小企业来说,分析、研究分销渠道中的各类成员,科学地进行分销渠道决策,不仅能加快产品流转,提高流通效率,降低流通费用,方便消费者或客户购买,而且还有利于取得整体市场营销上的成功。

对于一个新企业来说,营销渠道除了实现产品到资金的转变以外,还必须承担起获取市场信息,研究市场状况,即与市场充分沟通的职能。新企业在设计渠道的时候,总是要求以最经济的方法把产品推向市场,用最低的成本开拓最广大的市场。

一、分销渠道的类型

渠道设计的三大要素是渠道长度、渠道宽度和渠道广度。这三个要素决定了渠道的规模。新企业渠道的规模要依据企业的规模来设计。

分销渠道可按不同的依据划分为若干类型。按是否使用中间商,可以分为直接渠道与间接渠道;按使用中间环节的多少,可以分为长渠道与短渠道;按各环节使用同种类型中间商数目的多少,可以分为宽渠道与窄渠道。

(一) 直接渠道与间接渠道

1. 直接渠道。生产者将产品直接销售给消费者或用户,不经过中间环节,属直接渠道,即零级渠道。直接渠道可以减少损耗、降低费用、缩短时间、加速流通、了解市场、提供服务、控制价格。但它会分散生产者的精力,增加资金投入,使创业企业承担全部的市场风险。作为生产者来讲,也不可能广设网点,使产品的销售范围和数量受到限制。

2. 间接渠道。在生产者与消费者或用户之间有中间机构加入,商品销售要经过一个或多个中间环节,属于间接渠道,包括一级渠道、二级渠道、三级渠道等。目前市场上绝大多数的商品都是通过间接渠道销售给最终的消费者或用户的,中间商的介入,将起到调节产销矛盾、提高分销效率的作用。

(二) 长渠道与短渠道

如果有中间商加入,按照经过的中间环节或层次的多少,就有长渠道与短渠道之分。环节越多,渠道越长,反之则越短。经过一个中间环节的,叫短渠道;经过两个或两个以上中间环节的,叫长渠道。渠道长短的选择,关键是要适合自身的特点,权衡利弊,取长补短。新企业的产品线一般不会太深,这是一个循序渐进的过程。所以新企业在设计渠道的时候不必过长,但需要预留往下纵深发展的空间。分销渠道长短的选择,并无绝对好坏之分,要适合商品的特点,权衡利弊,取长补短。长渠道与短渠道的优劣势比较如表5-2 所示。

表 5-2　长渠道与短渠道的优劣势比较

项目		优劣势比较
长渠道	优势	能有效覆盖市场,扩大商品的销售;能充分利用中间商的职能作用;市场风险小
	劣势	使生产者市场信息迟滞;生产者与中间商和消费者之间关系复杂,难以协调;商品价格一般较高,不利于市场竞争
短渠道	优势	能减少流通环节,节省流通费用和时间;产品最终价格较低,能增强市场竞争力;信息传播和反馈速度快;由于环节少,有利于企业与中间商建立直接、密切的关系
	劣势	迫使生产者承担更多的商业职能,不利于集中精力把握生产

（三）宽渠道与窄渠道

分销渠道的宽窄取决于渠道的每个层次（环节）中使用同种类型中间商数目的多少。确定中间商数目时,有三种可供选择的战略:

1. 广泛分销。也称密集分销或普遍分销,指生产者利用尽可能多的中间商销售自己的产品,使广大消费者都能及时、方便地买到所需产品。这种分销战略有利于市场渗透和扩大销售,比较适合消费品中的便利品（饮料、牙膏、洗衣粉、报纸、电话卡等）和工业品中的一般原材料,以及不宜长期存放的商品（鲜花、水果、肉制品、鲜奶等）。

2. 选择分销。这是指生产者在一定的市场区域内选择一些愿意合作且条件较好的中间商来销售自己的产品,借以提高产品形象,加强推销力度,增加商品购买率。这种策略适用于所有产品,但相对来说,对于消费品中的选购品（服装、鞋帽、家电等）和工业品中的零配件更合适。

3. 独家分销。这是指生产者在一定的地区内只选择一家中间商销售自己的产品,独家买卖。这种策略主要适用于特殊产品（新产品、品牌产品以及需要提供特殊服务的产品等）,如钢琴、轿车、钻石饰品等。这种策略有利于生产者控制市场和价格,激发中间商经营的积极性,提高企业形象。

张伟和王军的创业历程(21)

张伟和王军通过商量认为:对于一个新企业而言,是否对自己的营销渠道进行仔细分析,会直接关系到企业的成败,大企业的经验可以借鉴但不能照搬,相对于成熟企业而言,新企业对营销渠道的要求在侧重点上是有所不同的。

在渠道宽度的设计上,由于是新进市场,在自己的企业尚未被市场认可、市场覆盖率不大的情况下,渠道宽度不适宜过大。再加上自己的企业的资金比较紧,因此希望能降低费用,缩短上市的时间,加速流通,并能很好地控制价格。

在三个级别的渠道宽度（独家分销、密集分销和选择分销）中,若不考虑其他因素,最适合新企业的是选择分销。因为选择分销可以在渠道竞争程度和市场覆盖程度之间达到折中的平衡,宽度适中,比密集分销更能取得经销商的支持,同时又比独家分销更能给消费者带来方便。

二、中间商的类型

中间商可按不同依据,划分为多种类型。

（一）按是否拥有商品所有权,可分为经销商、代理商和经纪人

经销商是指从事商品流通服务,并拥有商品所有权的中间商,如批发商、零售商等。

代理商是指从事商品交易业务,接受生产商委托,但不具有商品所有权的中间商,其利润来源主要是被代理企业的佣金,商品的销售风险与利益一般由被代理企业承担。

经纪人俗称捎客,其主要职能在于为买卖双方牵线搭桥、协助谈判、促成交易,由委托方付给佣金,不承担产品销售的风险。

（二）按在流通过程中所处地位和所起作用不同,可分为批发商和零售商

批发商是指专门从事成批商品买卖活动,为转售或生产加工,面对同一商品进行批购和批销的中间商。

零售商是指向最终消费者提供日常生活所需商品和服务的机构和组织。

三、影响分销渠道决策的因素

生产者在发展其市场营销渠道时,须在理想渠道与可用渠道之间进行抉择。一般来说,新企业在刚刚开始经营时,会先采取在有限市场上进行销售的策略,因其资本有限,大多得采用当地渠道中现有的中间商。具体来说,在确定分销渠道结构的时候要考虑以下几个因素,如表5-3所示。

表5-3　分销渠道设计应该考虑的因素

因素		渠道长度		渠道宽度		因素		渠道长度		渠道宽度	
		长	短	宽	窄			长	短	宽	窄
产品	价值	低	高	低	高	企业	企业实力	弱	强	强	弱
	技术性	弱	强	弱	强		管理能力	弱	强	强	弱
	体积重量	小	大	小	大		控制愿望	小	强	小	强
	属性	稳定	不稳	不稳	稳定	中间商	开拓能力	强	弱	强	弱
	通用化	高	低	高	低		积极性	高	低	高	低
	寿命周期	后期	前期	后期	前期		经销条件	低	高	低	高
市场	市场分布	分散	集中	分散	集中	环境	经济形势	好	差	好	差
	购买习惯	便利	选购	便利	选购		国家政策法规	依法设计分销渠道			
	市场规模	大	小	大	小						

（一）产品因素

产品的自然属性、单价、体积和重量、技术性和服务要求、时尚性和季节性、生命周期阶段等均会影响营销渠道的选择。如表5-4所示。

表 5-4 产品因素对分销渠道选择的影响

产品因素	分销渠道的选择
自然属性	保质期短、易腐烂变质、易碎的产品,需采取短渠道或直接渠道;反之,则选择长渠道
单价	单价较高的产品应使用较短渠道或直接渠道;单价较低的产品则宜采用较长、较宽的渠道
体积和重量	体积大且较重的产品,宜采用短渠道或直接渠道;反之,可采用长渠道广泛分销,扩大市场面
技术性和服务要求	技术复杂、售后服务要求高的产品,宜选择短且窄的渠道或直接渠道;通用性强、服务要求低、标准化的产品,则宜采用长而宽的渠道
时尚性和季节性	样式变化快、流行性强、季节性明显的产品,宜采用短而宽的渠道;款式不易变化的产品,宜采用长渠道
生命周期阶段	导入期的新产品,销售难度大,中间商积极性不高,可采用较短、较窄的销售渠道,或由厂家直销;进入成长期和成熟期的产品,则可采用长且宽的渠道

张伟和王军的创业历程(22)

张伟和王军仔细分析了自己企业产品的特点:

(1) 价位中等。经过前一章节的分析,经典牛仔服的价格基本定位在 106 元左右,这个价格对于市场来说属于中等价位,如果再增加流通环节会造成销售价格的提高,从而影响销路,这对生产企业和消费者都不利。

(2) 定制品。自己所经营的牛仔服装提供的最有特色的服务就是定制。定制品一般由产需双方直接商讨规格、质量、式样等技术条件,不宜经由中间商销售。

(3) 新产品。为尽快地把新产品投入市场,扩大销路,可以选择直接与消费者见面,推介新产品和收集用户意见。而且,因为产品刚进入市场,销售难度大,中间商经销的积极性不高,在这种情况下最好采用生产企业直销。

(二) 市场因素

市场因素包括市场范围大小、消费者的集中度、消费者的购买习惯、竞争对手使用渠道情况等。如表 5-5 所示。

表 5-5 市场因素对分销渠道选择的影响

产品因素	分销渠道选择
目标市场范围的大小	市场范围大,潜在购买者多,可采用长而宽的渠道;反之,则可由生产商直接供应消费者或用户
消费者的集中度	市场上消费者较集中,可采用直接渠道、短渠道;顾客分布广,宜选择长渠道、宽渠道
消费者的购买习惯	消费者购买频繁,但每次购买量少的产品,宜使用长且宽的渠道;不常购买、数量大、服务多的产品,则可采用短渠道、窄渠道
竞争对手的渠道类型	企业通常应与同类竞争的产品采用相同或相似的渠道。但如果竞争对手已经控制销售渠道,企业应另辟渠道,避免与其正面争夺市场

> **张伟和王军的创业历程(23)**
>
> 张伟和王军分析了企业所面临的市场特征:
> (1)购买批量小,比较适合自设门店出售。
> (2)消费者分布较为集中。张伟和王军的店铺准备设立在人流量较大的社区中,消费者较为集中,适合直接销售。
> (3)潜在需求还没有进入旺盛时期,市场范围还比较小,因此可以直接销售。
> (4)顾客习惯在店铺或专卖店中购买衣服,因此不用设计过多的中间环节来促进销售。

(三)企业自身因素

包括企业的营销目标、规模和实力、管理能力和经验、控制渠道的愿望和产品组合情况等。如表5-6所示。

表5-6 企业自身因素对分销渠道选择的影响

产品因素	分销渠道的选择
企业的营销目标	如果企业的营销目标是高市场份额,则应选择长而宽的渠道;如果追求高附加值和高利润率,则可选择短渠道、窄渠道,或直接销售
企业的规模和实力	如果企业规模大、实力雄厚、信誉良好,控制渠道能力较强,可直接销售或选择较短的渠道,也可选择固定中间商经销其产品;如果企业规模小、资金有限、缺乏实力,则要依赖中间商扩大销售
企业的管理能力和经验	如果企业具有较强的营销能力和经验,可选择短渠道或直接销售;否则,应选择较长的渠道
企业控制渠道的愿望	有些企业为有效控制渠道,愿花费较大的直销费用,建立短而窄的渠道;有些企业不希望控制渠道,则可采用长而宽的渠道
企业的产品组合情况	如果企业的产品组合比较深、比较宽,可以选择较短的渠道,直接向零售商销售;反之,则要选择较长的渠道

(四)中间商因素

生产商选择中间商时,必须结合企业本身及其产品的特点,且销售对象要与企业进入的目标市场一致。同时,企业必须考虑中间商的积极性,以及其经营能力、信用和分销能力。经营能力可通过其经营的连续性考察。信用主要通过其履行合约、回款及时性等方面的信誉来考察。分销能力则通过分销商开拓市场的能力、营销能力、管理能力、提供技术支持与售后服务能力、商品储存和运输能力等来考察。

张伟和王军的创业历程(24)

鉴于企业自身的因素限制,张伟和王军在分销渠道的选择上觉得问题重重:

(1)资金比较薄弱。因为是初创的小企业,没有更多的资金去建立自己的营销渠道,因此最好依赖中间商进行销售和提供服务。

(2)销售力量较弱。如果生产企业在销售力量、储存能力和销售经验等方面具备较好的条件,则应选择直接分销渠道。反之,则必须借助中间商,选择间接分销渠道。综合前两点来看,张伟和王军认为自己的企业选择中间商代销可能取得较好的市场效果,但现在的问题是如何劝说中间商代销自己的产品。

(3)可能提供的服务项目较少。中间商通常希望生产企业能尽可能多地提供广告、展览、修理、培训等服务项目,为销售产品创造条件。但自己的新企业无力满足这方面的要求,所以难以达成协议,只能选择自行销售。

(五)经济收益

不同分销途径所产生的经济收益的大小也是影响选择分销渠道的一个重要因素。对于经济收益的分析,主要考虑的是成本、利润和销售量三个方面的因素。具体分析如下:

1. 销售费用

销售费用是指产品在销售过程中发生的费用。它包括包装费、运输费、广告宣传费、陈列展览费、销售机构经费、代销网点和代销人员手续费、产品销售后的服务支出等。一般情况下,减少流通环节可降低销售费用,但减少流通环节的程度要综合考虑,做到既要节约销售费用,又要有利于生产发展和体现经济合理的要求。

2. 价格分析

第一,在价格相同条件下,进行经济效益的比较。如果间接销售的经济收益高,对企业有利;若直接销售量大于间接销售量,而且所增加的销售利润大于所增加的销售费用,则选择直接销售有利。第二,当价格不同时,进行经济收益的比较。在销售量不同时,则要分别计算直接分销渠道和间接分销渠道的利润,并进行比较,一般选择获利的分销渠道。

(六)社会环境和传统习惯

如政策、消费习惯、购买习惯等都会对渠道的选择产生影响。

做练习

"中间商是寄生虫,消除中间商,价格就会降下来。"这是风行了几个世纪的指控。假定你现在想吃一个小麦面包,从种小麦的农民开始,阐明现行的分销系统如何工作。换句话说,小麦如何变为一个面包并到达你的手中?如果这一分销系统被取消,顾客为得到一个面包将需要做些什么?你认为获得一个面包需要花费多少钱?

四、新企业渠道设计步骤

新企业在建设渠道的过程中,必须充分考虑各种制约因素,同时也必须充分利用有利的条件。如上面部分所阐述的,企业内部的制约因素包括企业的渠道目标、成本因素和企业本身特点;而企业外部的制约因素包括产品特性、市场状况和竞争对手情况(把产品特性归于企业外部制约因素主要是考虑产品除非是独一无二的,否则都会与竞争对手的产品有共性,而且是大部分的共性和小部分的差异)。因此,新企业在渠道设计的时候必须充分利用有利条件,尽量避免与制约因素正面冲突,这是总的原则。

分销渠道的设计主要包括以下步骤:

(一)设立并调整分销目标

分销渠道的设计首先需要确定分销目标,完成分销任务。但是,在渠道设计阶段,新企业的分销目标往往并不明确,后期还需要不断调整和改进。因此,需要渠道设计者仔细审核企业的分销目标,根据未来市场的发展状况增加新的内容,同时关注是否与企业的整体目标和策略相一致。

(二)评估影响分销渠道结构的因素

针对影响分销渠道选择的产品、市场、企业自身和外界因素进行分析,结合企业的实际情况,对渠道结构可采用的渠道类型、渠道长度和宽度等的可行性进行论证和评估。

(三)制订分销渠道具体方案

1. 确定渠道的类型

企业要确定采用哪一种或哪几种类型的渠道来分销产品。每种类型产品都有其适应范围,企业需根据实际情况和制约因素来选择适合的类型。

2. 确定渠道的长度

在确定了渠道类型后,若是用间接渠道分销产品,企业还面临着确定渠道长度的决策问题。技术和服务含量较大的产品,如计算机、汽车等,需要较短的渠道;消费者选择性不强但要求方便购买的产品,如日用小百货等,则适宜采用较长的渠道。

3. 确定渠道的宽度

企业要确定在每个层次上使用中间商数目的多少,实际上是对宽、窄渠道选择的确定。具体来说,是对广泛分销、选择分销、独家分销三种策略的选择。

（四）规定分销渠道成员的权利和责任

在确定了渠道的类型、长度和宽度后，还要规定渠道成员各自的权利和责任。主要包括价格政策、销售条件、渠道成员的地区划分和各方面应提供的服务与责任。

（五）分销渠道方案的评估

对渠道方案的评估可以从以下几个方面进行：

1. 经济性

经济性主要是分析每种渠道方案的销售额与成本的关系。

2. 可控性

从长远目标来看，企业对分销渠道的选择还要考虑企业能否对分销渠道实行有效的控制。一般来说，企业在其产品的分销渠道中参与越深，对渠道的控制力越大，成本越高，但控制力越强。随着分销渠道的延长，企业对产品销售等的控制力就会削弱。

3. 适应性

在迅速变化的市场上，生产商需要寻求能获得最大控制的渠道结构和政策，寻求快速变化营销策略的能力。

张伟和王军的创业历程(25)

张伟和王军根据自身的实际情况，准备按照下列步骤来设计自己的企业产品的销售渠道：

第一步，全面理解现行的环境条件和机会。这包括市场环境调查和理解竞争对手渠道两方面的工作。

第二步，确定渠道目标和近期发展计划。

第三步，设计理想的渠道网络系统。这包括用户调查、市场细分、基准分析和建立理想网络模型等工作。这是一个"从零开始"的过程，并且将重点放在最终顾客对服务产品的需要上。也就是把顾客的满意和顾客的需要作为渠道系统设计的最根本的出发点，并最终以这两个概念作为渠道设计的归宿点。

第四步，建立管理模型。这包括两方面：营销渠道需要受到现实条件的约束；同时，营销渠道作为一个经济组织，也必须受到管理（如目标、成本、控制）的约束。比如：管理方面，必须考虑渠道设计的方向是否与企业发展战略和渠道战略相一致？这样设计出来的渠道的建设和运作成本是否较低并且容易控制？还有一个更为关键的问题是，这个渠道是否是最有效率的？在进行结束条件评估的时候，把合理的和不合理的约束都预先罗列出来，一些可能要面临的困难也要考虑周全，还要加上企业有利的条件和因素，然后结合上面所评价的微观环境和竞争者因素，在此基础上，企业将理想模式适当调整，形成一个受现实约束的管理模式。

第五步，分析差距。在综合理想的渠道网络系统和理想的管理模型后，对这两者进行详细分析,从顾客需要到公司成本控制,从市场竞争到企业本身渠道发展战略实现,从市场环境到企业发展战略规划进行深入细致的分析,最终得出理想渠道与现实的差距,并得出修正方案。

第六步,选择最优发展策略。

第七步,设计最合适的渠道并准备实施。

第八步,对渠道运作进行实时监控,及时调整。

五、传统营销渠道与网络营销渠道的有机结合

将网络营销渠道与传统营销渠道有效地结合起来,在资产规模、物流配送方面得以全面发展,降低成本,提高效益,是网络时代营销渠道发展的又一主流。如 Dell 公司 70% 的货物销售通过网上直销实现,30% 的货物利用传统门店销售。传统门店销售实实在在,有利于消除人们对网络虚拟世界不安全的心理,给人以真实、可靠的感觉。加上购买者习惯、网络订购的局限性,在很长时间内,企业还是以传统分销渠道为主,网络营销渠道为辅。小企业初创时期,可以利用互联网实现产品销售,积极抢占市场。

(一)网络营销的竞争优势

1. 成本费用控制

开展网络营销给企业带来的最直接的竞争优势是企业成本费用的控制。网络营销采取的是新的营销管理模式。利用互联网降低管理中交通、通信、人工、财务和办公室租金等成本费用,可最大限度地提高管理效益。许多创业者在网上创办企业也正是因为网上企业的管理成本比较低廉,有利于独自创业和寻求发展机会。

2. 创造市场机会

互联网上没有时间和空间限制,它的触角可以延伸到世界每一个地方。利用互联网从事市场营销活动可以进入过去靠人工进行销售或者传统销售所不能达到的市场,而网络营销可以为新企业创造更多新的市场机会。

3. 让顾客满意

利用互联网企业可以将企业中的产品介绍、技术支持和订货情况等信息放到网上,顾客可以随时随地根据自己的需求有选择性地了解有关信息。这样就克服了在为顾客提供服务时的时间和空间限制。

4. 满足消费者个性化需求

网络营销是一种以消费者为导向、强调个性化的营销方式;网络营销能满足消费者对购物方便性的需求,省去了去商场购物的距离和时间的消耗,提高了消费者的购物效率;由于网络营销能为企业节约巨额的促销和流通费用,使产品成本和价格的降低成为可能,使顾客能够以更低的价格购买。

(二)企业网络营销策略

1. 品牌网络广告

品牌网络广告是一种出现较早的网络营销手段,面向访问者强制推出,其呈现形式包括通栏、文字链接、流媒体、图片、对联等。目前品牌网络广告为新浪、搜狐、网易等综合门户与硅谷动力、太平洋电脑、和讯等各行业垂直门户所垄断,中小企业网站难以争夺到订单。

2. 外部链接

外部链接一般意义上是指其他网站连到本网站的链接,这种营销方式比较初级,一般多为个人站长采用,在企业整体的营销策略中只作为基本的一环,而非关键性要素而存在。

3. 网络广告联盟

网络广告联盟一直是个人站长们获得收入的一个重要来源,相当于由众多网站组成一个联盟体,然后由联盟发起者根据各个组成站的特点分发广告,可以视为互联网上的一种分众媒体。这种网络营销采取按效果付费的机制,已为各类企业接受,初创的小企业也可以适当运用。

4. 电子商务与分类信息平台营销

典型的例子包括阿里巴巴、慧聪等第三方电子商务平台提供的商铺及其打包服务(如诚信通、买卖通),通过这种虚拟商店的形式促成销售。随后兴起的分类信息也在推广上做起了文章,其基础是众多用户免费发布房屋租赁及买卖、求职招聘、二手商品等生活信息,之后服务商们开始推出显著与优先排序的付费服务。这种营销目前尚未形成规模,也未获得广大企业主的认可。

5. 邮件营销

目前许可邮件营销已占据主流,主要应用于会议培训、机票、鲜花、酒店、旅游线路等产品与服务的营销上。这种营销方式同时可以帮助企业实现市场调研、客户服务、传播品牌等营销目的,并可直接用作行销工具,行销任何产品与服务。

6. 电子杂志营销

网络杂志凭借多样化的表现形式、细分化的目标受众、相对精准的传播方式,开辟出一条全新的多元化信息传播渠道,但企业对其的接受度还远远不够。

张伟和王军的创业历程(26)

网络营销作为企业营销的一种趋势最重要的是,根据网络特点结合企业的产品属性来制定相应的营销策略。对于张伟和王军来说,网络营销的方式似乎很适合他们。

(1)企业现状适合网络营销。初创的小企业需要低成本的营销渠道和更多的市场机会,网络营销无疑是二者的最佳结合点。

(2) 产品性质适合网络营销。张伟和王军的企业主要是提供牛仔服装的个性化设计,而网络营销具有企业和消费者的极强的互动性,可从根本上提高消费者的满意度。

(3) 专业特长。张伟和王军都是计算机专业出身,对于网络及其应用非常熟悉。

最后,张伟和王军经过以上综合分析,选择了两种分销渠道:

(1) 直接销售,即在合适的地区建立门店进行传统店铺经营。

(2) 网络销售,借用自身的专业优势,利用网络对自己的企业进行推广。

第四节 促销策略

促销策略是市场营销策略组合的重要组成部分,是企业拓展市场的重要方法和手段。企业的产品或服务,必须为目标顾客所认知和了解,才能引起购买欲望。我们在制定促销策略时一般要考虑以下因素:

- 公司的目标顾客群是什么?什么样的促销计划可以吸引顾客?
- 顾客关注的商品组合是什么?目标顾客对于促销的回应是什么?
- 竞争对手的促销手段是什么?

一、促销组合

促销的方式有直接促销和间接促销两种,包括:

(一) 人员推销

人员推销是指企业的推销人员直接与顾客或潜在顾客面对面地介绍产品、洽谈生意,以达到促进销售目的的活动过程。人员推销一般包括以下几种形式:① 上门推销。这是被企业和公众广泛认可和接受的一种推销形式。② 柜台推销。企业在一定地点开设固定营业场所,由营业人员接待进入商店的顾客销售商品。比如批发商和零售商的营业员。③ 会议推销。企业利用各种形式的会议,介绍和宣传商品,如洽谈会、订货会、展销会等都属于这种形式。

(二) 广告促销

广告促销是指在电视、杂志和报纸上登载广告。此时企业要考虑三方面的因素:广告成本、各媒体的独特性以及媒体形象。

(三) 营业推广

营业推广的方式多种多样,其中包括有奖竞赛活动、优惠销售、特供品销售和样品赠送等。确定最有效的营业推广方式的唯一途径就是事前进行试验性操作。

(四) 公共关系促销

策划和实施公共活动的目的就是通过媒体免费的正面宣传报道,来提高社会知名度以及强化公司形象。

由于各种促销方式都有其优点和缺点,在促销过程中,企业常常将多种促销方式同时并用。企业可根据自身产品的特点和营销目标,综合各种影响因素,对这些促销方式进行选择、编配和运用,如表5-7所示。

表5-7　各种促销方式的优缺点比较

促销方式	优点	缺点
人员推销	机动灵活,针对性强,双向沟通便于当面解决问题	管理组织困难,费用支出大,接触面窄
广告促销	传播面广,形象生动,节省人力	说服力较小,针对性较差,单项信息传递,沟通性较差
营业推广	吸引力大,即时效果明显,可促成现场交易	组织过程复杂,形式使用不当,易引起客户反感
公共关系促销	影响面广,效果持久,可提高企业的知名度和美誉度	需花费较大精力和财力,短期效果不明显

企业应根据促销需要,适当选择、编配和综合运用有关的促销方式,形成最佳的促销组合策略,具体方法如表5-8所示。

表5-8　常见促销方法

促销方式	常见方法	适用范围
人员推销	销售介绍、销售会议、电话营销、样品试用、展览会等	较适用于产业用品的促销
广告促销	电视广告、报纸广告、网络广告、广播广告、路牌广告、车体广告等	较适用于消费品的促销
营业推广	奖金或礼品、附赠品积分、招待会、延期付款、低息贷款、以旧换新等	较适用于消费品的促销
公共关系促销	公益活动、记者招待会、演讲、研讨会、慈善捐助、赞助、社区活动等	较适用于塑造企业形象

做练习

假设某同学在校内开设了一家计算机服务部,根据你所在学校的实际情况,该同学可以通过哪些具体的方式开展促销活动?

二、影响促销组合决策的因素

（一）产品种类、市场类型

消费品和工业品各有其特点,必须采用不同的促销组合。从市场类型分析,小规模的本地市场应以人员促销为主,大规模的市场则宜以广告促销为主;市场相对集中的可采用人员促销,反之,宜选择广告促销、营业推广等。

（二）外部环境

外部环境对促销组合选择的影响主要体现在社会文化、人口、自然、政策法规等方面。

（三）促销目标

促销目标是以长远占领市场为主,还是以短期快速获取现金为主;是以生产者市场为主,还是以消费者市场为主等。这些目标都会影响促销策略的选择。

（四）产品生命周期的阶段

在产品生命周期的不同阶段,促销目标不同,促销组合也不同。

（五）顾客待购过程阶段

顾客待购过程可分为认识、了解、兴趣和准备购买这四个阶段。在不同的待购阶段,各种促销手段的效果是不同的。在认识阶段,企业主要是让顾客知道某种产品的存在,因此,广告和公共关系是最主要的促销手段。在了解阶段,顾客需要知道更多的产品信息,因此,企业除了运用广告外,还可以运用人员推销。在兴趣阶段,人员推销的影响力最大,其次是广告。在最后准备购买阶段,人员推销仍是最主要的促销手段。

（六）竞争状况

竞争的强弱也影响到促销组合。在市场竞争激烈时,企业需要投入较多的促销预算,并且要根据竞争对手所采取的促销组合策略调整或改变自己的促销组合。

（七）企业的实力

如果企业规模较小,实力有限,则应以人员推销为主;如果企业规模大,实力雄厚,则应以广告为主。

（八）市场结构状态

市场结构状态包括目标市场的范围、规模、集中度与分散度、竞争格局与态势等方面。同时,在促销预算中,必须包括应急促销费用预算部分,以保证企业随时可以根据竞争或特殊情况需要,制订和执行应变策略方案。

三、网络营销策略

（一）网上折价促销

折价亦称打折、折扣,是目前网上最常用的一种促销方式。因为目前网民在网上购物的热情正逐渐超过商场超市等传统购物场所,因此网上商品的价格一般都要比传统方式销售时低,以吸引人们购买。由于网上销售商品不能给人全面、直观的印象,也不可试用、触摸等,再加上配送成本和付款方式的复杂性,造成了网上购物和订货的积极性下降。幅度比较大的折扣可以促使消费者进行网上购物的尝试并做出购买决定。目前,大部分网上销售商品都有不同程度的价格折扣。

（二）网上赠品促销

目前,赠品促销在网上的应用不算太多,一般情况下,在新产品推出试用、产品更新、对抗竞争品牌、开辟新市场情况下利用赠品促销可以达到比较好的促销效果。赠品促销的优点:可以提升品牌和网站的知名度;鼓励人们经常访问网站以获得更多的优惠信息;能根据消费者索取赠品的热情程度而总结分析营销效果和产品本身的反应情况等。

(三)网上抽奖促销

抽奖促销是网上应用较广泛的促销形式之一,是大部分网站乐于采用的促销方式。抽奖促销是以一个人或数人获得超出参加活动成本的奖品为手段进行商品或服务的促销。网上抽奖活动主要附加于调查、产品销售、扩大用户群、庆典、推广某项活动等。消费者或访问者通过填写问卷、注册、购买产品或参加网上活动等方式获得抽奖机会。

(四)积分促销

积分促销在网络上的应用比起传统营销方式要简单和易操作。网上积分活动很容易通过编程和数据库等来实现,并且结果可信度较高,操作起来相对较为简便。积分促销一般会设置价值较高的奖品,消费者通过多次购买或多次参加某项活动来增加积分以获得奖品。积分促销可以增加上网者访问网站和参加某项活动的次数;可以增加上网者对网站的忠诚度;可以提高活动的知名度等。

张伟和王军的创业历程(27)

对于初创的小企业,张伟和王军知道促销对于他们来说有多么重要。在现代化大生产、大流通的市场条件下,新企业必须利用一切手段做好产品的信息传播和销售促进工作,才能让新企业在最短的时间里在市场中站稳脚跟。因此,选择什么样的促销组合非常重要。

对于店铺经营来讲,像牛仔服装这样的消费品最适合两种促销方式,即广告和营业推广。但由于小企业的经济实力有限,从经济的角度考虑进行选择的话可以考虑以下的方式:

1. 广告媒介

(1)报纸。读者广泛,信息传递迅速,制作灵活和费用适中,小企业能够接受。

(2)杂志。在专业的服装杂志上做广告,专门化程度高,能提高广告的针对性。

(3)广播。可以及时迅速地传播企业的信息,而且范围广,制作简单,费用低廉,比较适合小企业的宣传。

2. 营业推广

为刺激顾客需求、鼓励购买行为而采取的各种促销形式,包括代价券、奖券、竞赛、附带廉价品等。在这种促销形式中,对于牛仔服装来说,比较适合的是折价优待,即由广告或商品包装发送折价优待券,消费者凭券到店购买该种类商品,即可获得一定的价格优惠。

3. 网络营销策略

但由于他们的企业的经济实力有限,从经济的角度进行选择的话,还可以考虑网络营销的方式。综上所述,网络营销策略是比较适合他们这个新企业推广产品的促销方式。

四、制定促销策略的步骤

在实施具体的促销计划时,企业必须按照以下七个步骤来制订总体的促销方案:

（一）确定目标市场

只有认准了潜在客户,才能采取最有效的促销手段,与他们进行营销沟通,并在沟通过程中传达最适合于他们的营销信息。

（二）确定促销目标

总的来说,创业者所希望实现的促销目标就是目标市场对促销活动所作出的反应,比如促使他们获取购物优惠券并进行购物。如果创业者希望通过刺激客户的购物欲望来达到提高销售业绩的目标,那么就要更准确地确定各种促销方式与手段。就特定产品而言,创业者必须确定采取哪些促销手段才是实现这一目标的最佳途径。

比如说,在某些情况下,企业想方设法吸引更多顾客试用其产品,从而实现扩大销售的目的。这时企业可以采取直接营销的手段,给客户寄去促销邮件,并为第一次购买公司产品的客户提供优惠条件,或有奖销售,诸如此类的销售方式都能有效地帮助企业实现预期的促销目标。

（三）确定促销信息

当在与目标市场进行促销沟通时,必须在促销信息中以充足的理由向潜在的客户表明,为什么他们应该对你所传达的促销信息作出反应。企业所提供的产品能够给用户带来的最大的益处是什么,这是促销信息中最关键的内容。

（四）选择促销手段

作为信息的发送者,必须选择最有效的促销手段,以便准确传达促销信息。

（五）确定促销预算

确定促销预算的惯常做法就是在估算竞争对手促销预算的基础上确定自己的促销预算。对竞争对手的促销预算的评估,其目的只是以其为借鉴,在此基础上,根据具体情况做出适合本企业实际的促销预算方案。

另一个更为准确的方法是先将企业计划采用的促销手段列出一份清单,暂时不考虑钱的问题,然后根据各个项目的收费标准,对清单列出所有促销项目进行总的预算,并根据实际情况对方案进行调整,直到创业者认为调整的预算方案可以接受为止。

（六）确定促销总体方案

当促销总体方案确定下来以后,创业者必须自始至终协调和整合总体方案中所采用的各种不同的促销手段,这一点对实现预期促销目标来说显得非常重要。制订详细的推行计划,是保证促销方案顺利实施的前提。

（七）评估促销绩效

对促销总体方案作出评估和调整,其目的不仅仅是为了调整那些效果不佳的促销手段,同时也是为了使以后的促销总体方案能够更有效地为实现促销目标服务。

做练习

某新兴企业产销 M 产品,其拥有专利技术,产品不具有知名度,但经过调查,产品的市场规模很大,顾客购买能力较强,不过企业的生产规模和生产能力有限。请试为该产品制定较为理想的营销策略。

任务训练

任务训练一:描述产品的功能和特点

1. 请描述你们公司的产品/服务的核心功能以及附加服务的优势与特点。

产品与服务	优势与特点

2. 请设计你们公司的产品组合。

产品 A	产品 B	产品 C
产品 A1:	产品 B1:	产品 C1:
消费者的需要 A1:	消费者的需要 B1:	消费者的需要 C1:
产品特色:	产品特色:	产品特色:
产品利益:	产品利益:	产品利益:
产品 A2:	产品 B2:	产品 C2:
消费者的需要 A2:	消费者的需要 B2:	消费者的需要 C2:
产品特色:	产品特色:	产品特色:
产品利益:	产品利益:	产品利益:

3. 请分析你的企业的状况,分析公司产品的生命周期特征,确定相应的产品生命周期策略。

产品生命周期特征	产品所处生命周期阶段	产品生命周期策略

4. 请描述你的企业和产品的特点,结合你的企业产品的目标顾客的品位和风格,研究制定出你们企业的品牌策略。

_____
_____
_____

任务训练二:为产品或服务定价

请描述你的企业的定价目标,以确定定价策略和定价方法。

定价目标	定价策略	定价方法

任务训练三:确定销售地点和方法

1. 请根据你的企业产品及其整体状况,分析影响分销渠道选择的因素。

影响因素	分析描述
产品因素	
市场因素	
生产企业因素	
中间商因素	

2. 请结合下列因素对你的企业挑选的分销商进行评估,并进行具体描述。

评价要素	分析描述
地理位置	
中间商的经验	
经营范围	
经营实力	
经营机制和管理水平	
信息沟通	
货款结算政策	

3. 请完成公司网络销售的策划。

第一步:设计公司网上商店的页面。

第二步:在现实企业中找出三家网络营销机构,并分析其优势和劣势。

	支付方式接受程度	交易安全	商品种类齐全	退货保证	对商品的描述
企业1					
企业2					
企业3					

第三步:根据上一步数据的统计结果进行网络营销机构的选择,并结合自身的特色提供以下几项特色功能服务:

_____

_____

_____

任务训练四:制订促销方案

1. 讨论你的企业适合采用什么样的促销策略。
2. 请对你的公司门店促销气氛进行选择。

公司产品	主题陈列	媒体	手招	吊旗	横幅	墙报	海报	广播
产品1								
产品2								
产品3								

3. 制订公司的品牌策划公关和新闻传播方案。

请根据你的公司将要推出的产品或服务的特点,做一次产品/服务的公关传播策略的策划活动。

(1) 传播背景
_____
_____

(2) 传播对象
_____
_____

(3) 传播目的
_____
_____

(4) 传播主题
_____
_____

(5) 媒体策略
① 媒体投放目标
_____
_____

② 媒体选择
电视:_____
选择理由:_____
_____

杂志:_____
选择理由:_____
_____

报纸:_____
选择理由:_____
_____

户外:_____
选择理由:_____
_____

4. 针对本公司某种产品/服务策划一次促销方案。

根据新的《全国年节及纪念日放假办法》,一年中共有七个法定假期,请从中选择一个假期为你的产品/服务策划营销方案。

（1）活动背景

_____
_____
_____

（2）促销时间

_____
_____

（3）促销主题

_____
_____
_____

（4）促销活动安排

根据调查,_____的消费者认为"特价促销"最有吸引力,_____的消费者认同"赠送促销"。此外,消费者对免费使用、优惠券、抽奖等促销方式也较感兴趣。为此,我们决定本次促销活动可以采用以下方式：

① _____
② _____
③ _____

（5）促销宣传安排

① 广告宣传

项目	总量	要求	作用	费用预算

② 商品展示宣传

_____
_____

（6）促销费用预算

_____
_____

第六章

创业财务分析

第六章 创业财务分析

张伟和王军的创业历程(28)

张伟和王军认识到预测创业资金的需求量是创业前必不可少且必须做好的一件事。由于他们没有创业的经验,决定边干边学。围绕已确定的创业项目,他们首先考虑到自己没有能用于开设店铺的房屋,经过商讨决定以租房的方式开设店铺。然后,他们依据已确定的目标顾客(收入在1 000元以上4 000元以下的喜欢穿牛仔服的18—30周岁青年男性、18—30周岁青年女性以及31—55周岁中年男性)的特点及不同地点的房屋所需支付的租金等进行了全面的权衡,确定了开设店铺的地点、店铺的面积及合适的房租价格。通过咨询装饰公司确定了符合经营特色的装修方案及装修价格。对于经营中必须使用的试穿服装的软件,他们凭借自己具有的计算机技能可以进行自行开发,这样可以节省购买软件的支出。其后,他们商定了开店需要购买的物品,并列出清单,在询价后具体计算所需金额。需要购买的物品包括:用于运货、运物的小货车一辆,电脑一台,固定电话一部,开展业务所需的桌椅,服装展示架,用于展示的布料等。其中,小货车、电脑、桌椅及服装展示架属于固定资产。

第一节 创业资金需求

一、创业资金的种类

创业资金用于支付经营场所、经营设备和工具、办公物品、原材料、库存商品、开办费、工资、日常经营支出等费用。

根据创业资金的用途不同,可分为启动投资和企业日常运营所需的流动资金。其中,启动投资中占用资金数额较大的是购置固定资产。

固定资产是指使用寿命超过一年,且能够在相当长的生产经营期间内,为企业的生产经营提供连续服务且单位价值较高的资产。

流动资金是指企业用于购买、储存劳动对象(或商品)以及占用在生产过程和流通过程的那部分周转资金。从流动资金的构成要素看,它包括用于购买原材料等劳动对象(或商品)、支付工资和其他生产费用(或流通费用)的资金。从其具体存在形态看,它分布在储备形态、生产形态、产成品(或商品)形态和货币形态上的资金。

二、创业资金的预测

创业是一个系统工程,预测创业资金是创业者在创办企业之前最需要做的事情之一。如果忽视创业资金的预测,缺少理性的思考和周详的计划,很可能会导致企业将来出现种种财务危机,给企业的经营带来很大的风险。

那么,创业到底需要多少资金呢?这个问题主要是由创业者选择项目的种类、规模的大小、经营地点等多种因素综合决定的。所以,创业者一定要根据具体的情况,估算所需的创业资金数额,并严格按照这一数额执行,避免随意使用创业资金或改变预测的情况发生。

下面以小额投资项目为例,说明所需创业资金的主要组成部分。

(一) 项目本身的费用

是指付给所选定项目的直接费用。比如,对所选项目的开业前的市场调研费用、接受面授或者函授某一项技术的培训费用、技术资料费用、购买某种机器设备的费用、某一个项目的加盟费用等。如果创业者直接到项目出让方处考查,还需要算上创业者的差旅费用。

(二) 购置经营设备、工具等的费用

主要是指项目在经营过程中所需要的机器设备和工具。比如,经营餐饮店需要购置冰柜、炊具、燃气灶等设备、工具;塑料泡沫颗粒加工则要在购置生产的机器后,还需要考虑解决生产使用动力电的配电机等。

(三) 经营场所及装修费用

创办企业需要有适宜的经营场所,创业者可以选择自行建造、从他处购买,或是租用。在这些方式中,租用比其他两种方式所需的资金要少,且更方便灵活,应是小企业创业时的首选。在预算租用经营场所的租金费用时,要根据当地市场行情计算。一般至少要算入 3 个月的租金费用,因为现在租金至少也是一季度付一次,有的是半年或者一年付一次。对租到的经营场所进行装修应视经营项目的特色而定。如果是经营餐饮项目,还要按照属地卫生防疫部门的规定进行装修。如果是开经销产品的店铺,还应算入货柜、橱窗等的费用。

(四) 办理营业执照等的费用

个体营业执照对注册资金没有要求。如果申办公司,按《公司法》规定需要注册资金(公司注册后,资金可以自由支配),注册个人公司所需注册资金依规模大小不等,最低为 3 万元,工本费在几十元左右。此外,还有税务登记工本费、工商行政管理费等。

(五) 经营周转所需要的资金

在创办企业前,应准备至少能支付三四个月的经营周转资金,包括:购买 3 个月生产或经营所需的原材料和包装材料的资金、员工工资、水电费、电话费、广告宣传费、维修费、办公费、交通费等,如果有分期偿还的借款及借款利息也应算入。总之,应根据具体情况尽量准确地计算。

对于创业资金预测,要本着尽量算足的原则,但也应注意预测中不要有过高的"水分",因为创业初期赚钱较难,创业资金的需求量与你的创业信心关系紧密。

> **做练习**
>
> 预测经营小食品项目的创业资金组成,然后将预测的结果列出清单。

张伟和王军的创业历程(29)

张伟和王军经过估算后,得出他们的启动投资包括:租用店铺的租金每月3 000元左右、店铺装修费4 200元左右、用于运输的小货车的价款及必须交纳的相关税费21 600元、电脑4 500元、桌椅1 500元、服装展示架280元、用于顾客选择的面料样品1 950元、办公用品80元,还有安装固定电话费和开办费等。

下面是他们估算的开店启动投资:

项　　目	总费用(元)
店铺4个月的租金(押一付三)	12 000
店铺装修费	4 200
小货车1辆	21 600
电脑1台	4 500
打印机1台	350
桌椅	1 500
服装展示架2个	280
面料样品3匹	1 950
办公用品	80
安装固定电话1部	340
办理登记注册和营业执照费	50
宣传广告费	500
筹建期间的水电费	200
市场调研费	350
启动投资总额	47 900

根据以上的估算,张伟和王军所需的启动投资为47 900元。由于银行贷款政策的规定,张伟和王军只能得到4万元的创业无息贷款。所以他们决定向银行再申请有息贷款2万元,年利率为12%,期限为1年,按季付息,到期还本。同时,张伟和王军决定筹办开店期间不要工资。

第二节 流动资金预算

人如果没有血液就没有生命,流动资金对于企业来说,就像是人体中的血液一样重要。一个企业开张营业之后,一般需要经过至少3个月的市场培育期。市场培育期的长短,对于不同的行业、不同的企业是不同的。在这段时间内,企业也许由于开展的业务少使得盈利很少,也许是根本就没有盈利甚至发生亏损。因此,企业要不断地经营下去并能够得到发展,必须持有一定数量的流动资金,用于满足日常经营活动的需要,比如,随时购买所需要的物资、支付各项费用、偿还债务,以及用于企业各项经济往来的结算等。大量的现实已经证明,流动资金对于企业是十分重要的。大多数初创企业的失败,不是由于缺乏一般意义上的管理技巧或是产品,而是由于缺乏足够的资金。所以,企业预先必须要有一定量的流动资金储备,作为企业进行正常生产经营的周转资金。

创业者需要对以下方面的流动资金做出估算:

1. 购买生产所需的原料、购进待售商品

制造企业储备的生产产品的原料及辅助材料、提供服务的企业储备的经营中使用的物品及材料、零售企业和批发企业储备的待售商品等都是企业的存货,都需要占用企业的流动资金。对于企业来说,如果储备的存货越多,就需要越多的流动资金。因此,任何企业都应该进行项目的流动资金预测,合理地控制存货的数量,做到心中有数,以避免企业发生流动资金的周转困难,造成企业资金链断裂。现有的制造企业采取零库存的订单式经营模式也是为了预防企业的流动资金出现问题,但是选择这种方式的前提是它能够符合企业的经营要求。

2. 促销支出

在企业经营初始时期需要投入一定数量的流动资金,开展各种让利促销等活动。目的是为了推广本企业的商品或服务,扩大企业的影响,发展企业的顾客群体。

3. 工资费用

如果企业雇用员工,则必然要发生工资费用的支出。在企业初创阶段,创业企业会有一段或长或短的不盈利甚至亏损的时期。创业者要根据企业的具体情况,对这部分工资费用的数额做好估算,并事先备足。当然,创业者也要考虑是否还要给自己发工资。

4. 租金费用

创业企业如果是采取租房、租场地、租交通运输工具、租机器设备进行经营的方式,则应将各种租金数额进行估算,计算的期间应大于企业收支平衡的月数;同时,创业者还要考虑到有些租金可能是季付或半年付而导致占用更多流动资金的情况。

5. 保险费

如果创业者考虑到企业的经营风险,为了保障企业财产物资的安全完整,已投保并在初创时期给付所有的保险费,还应对支付保险费需要的流动资金进行估算。

6. 其他费用

创业者必须对企业在起步阶段必须支付的其他费用,包括水电费、日常办公用品费、电话费、交通费等所需要的流动资金数额进行估算。

在预测企业需要的流动资金时,应奉行以下原则:

- 对流动资金需求量的预测准确度越高,用于储备的流动资金量就越少。
- 由于企业在创业初期,可能会遇到各种经营困难,也可能发生急需流动资金的意外情况,因此,创业者制订的流动资金计划应具有一定的弹性。

张伟和王军的创业历程(30)

张伟和王军通过反复考虑,确定的预测前提为以企业开业后4个月才能达到收支平衡,而且这段时间他们不要工资但是将工资计入成本,整个经营中也不雇用店员。他们斟酌后列出了企业所需要的流动资金项目:办公费、水电费、电话费、促销费、店铺房租、汽油费、借款利息(按季度支付)。

下面是他们开业后4个月估算的流动资金需求:

项 目	前4个月的总费用(元)
店铺3个月租金	9 000
借款利息	600
汽油费	400
促销费	400
办公费	130
电话费	120
水电费	150
流动资金总额	10 800

通过以上估算,张伟和王军所需的流动资金为10800元。因此,他们创办企业所需的创业资金总额为:

启动投资 + 流动资金 = 47 900 + 10 800 = 58 700(元)

当然,张伟和王军虽然对创业资金进行了需求预测,但是,他们也意识到实际运作企业的过程中有可能发生预想不到的事情,会与预测所设定的情况产生一定的偏差。因此,他们在做好精神准备的同时,会在下面进行现金流量计划时,进行必要的修正,尽量做到更加准确。

第三节 销售预测分析

一、制定销售价格

每个企业都会有成本,在确定产品价格之前,创业者必须详细了解经营企业的成本,计算出企业为顾客提供产品或服务所产生的成本。一些企业由于没能控制好经营的成本而陷入财务困境。一旦企业发生的成本大于收入时,便可能面临倒闭的风险。在了解经营成本后,创业者需要制定合理的销售价格,保证企业经营活动正常地运转。

在制订市场营销计划时,创业者已经初步确定了产品或服务的价格水平。现在,创业者要更准确地制定产品或服务的销售价格。

制定销售价格主要有两种方法:成本加价法和竞争价格法。

(一) 成本加价法

成本加价法是先确定成本价格,然后加上期望的毛利得到销售价格的方法。成本价格是指将制作产品或提供服务的全部费用加起来的价格。销售价格是指以成本价格为基数,加一定比例的利润百分比得出的价格。成本加价法首先着眼于企业内部,然后再放眼外部市场。如果创业企业经营有效,成本不高,用这种方法制定的销售价格在当地应该是具有竞争力的。但是,如果创业企业经营不好,企业成本可能会比竞争者的成本高,这意味着用成本加价法制定的价格会因过高而不具有竞争力。

怎样具体地计算成本价格呢?

- 首先,了解自己生产产品或提供服务的成本构成。
- 其次,了解固定资产折旧也是一种成本。
- 最后,计算出单位产品的成本价格。

1. 了解自己的成本构成

企业的成本由两部分构成。其一是固定成本,比如租金、保险费和营业执照费;其二是可变成本,如材料成本。预测成本时,创业者必须认真区分可变成本和固定成本。企业的材料成本永远属于可变成本。如果还有其他可变成本,创业者必须知道这些可变成本是如何随着销售量的变化而变化的。

对于服务商或制造商来说,可变成本就是提供服务或制造产品的成本。例如,一个做鞋师傅要购买诸如牛皮、橡胶和针线等原料做皮鞋;一个手机零售商要买进用于再出售的手机;一家茶叶店要买存货,如茶叶和茶点等。

对于一个新企业来说,预测成本绝不是一件容易的事。最好的方法是参照一家同类企业,了解一下该企业计算了哪些成本项目。当创业者预测企业的启动资金时,创业者已经对这些成本项目有所了解。表6-1列出了企业常见的成本项目。

表 6-1　企业常见的成本项目

租金	工资和职工福利
保险费	广告费
营业执照费	律师和会计事务费
水、电、气费	燃料费
维修费	折旧费
银行收费	电话费
材料费	办公文具和邮费

2.固定资产折旧

固定资产折旧是指固定资产在使用过程中因损耗不断贬值而产生的一种成本,例如设备、工具和车辆等。为了保证再生产的正常进行,企业必须在产品销售以后,把该部分已经转移到新产品中去的固定资产的价值以货币形式提取并积累起来,以便若干年后即在固定资产价值全部转移完毕时用于更新固定资产。这种按固定资产的损耗程度进行补偿的方法就称为折旧。

表 6-2 是我国税法规定的适用于大多数小企业的固定资产折旧率。

表 6-2　固定资产折旧率

固定资产类型	每年折旧率
工具和设备	20%
机动车辆	10%
办公家具	20%
店铺	5%
工厂建筑	20%
土地	无

折旧虽然不是企业的现金支出,但仍然是一种成本。因此,创业者只需计算固定资产(有较高价值和有较长使用寿命的资产)的折旧价值。在大多数小企业里,能够作为固定资产计提折旧的物品数量并不多。

张伟和王军的创业历程(31)

张伟和王军可以进行折旧的固定资产实在不多,就是新买的小货车、电脑和桌椅、服装展示架等。因为使用寿命不一样,这几种东西的折旧率也不一样。他们认为小货车拉货又拉物,损耗快,估计大约 10 年就得换辆新车。因而小货车应该按 10 年(120 个月)折旧。电脑、打印机、固定电话等设备损耗快,共价值 5 190 元,估计大约 5 年(60 个月)报废。桌椅、展示架、办公用品、面料样品等共价值3 810元,也是大约5年(60个月)要更新。店铺装修共4 800元,不出5年(60个月)也要重新装修。听说前期开办费950元也能照这种方法摊进成本,于是他们定为自开业后到年底(9个月后)回收。

机动车辆折旧费 = 21 600元 ÷ 120月 = 180(元/月)

工具设备和办公家具折旧费 = (5 190元 + 3 810元) ÷ 60月 = 9 000元 ÷ 60月 = 150(元/月)

店铺装修待摊费 = 4 200元 ÷ 60月 = 70(元/月)

前期开办费摊销 = 900元 ÷ 9月 = 100(元/月)

这样算下来,第一年每个月提留固定资产折旧费和开办费、装修费摊销共500元。这是他们根据实际情况定的折旧期。可自己定得比较贴近实际的折旧期,税务部门能同意吗?他们决定到税务所去咨询。

3. 计算单位产品或服务的成本价格

通过了解企业的成本构成和计算固定资产折旧,算出一个月的总成本,再除以当月的产品数量,就能得出产品或服务的单价。

张伟和王军的创业历程(32)

张伟和王军知道,预测出产品的单位成本是一项很重要的任务。他们设计和制作了一些样品来确定每件牛仔服的工时和材料消耗,推算出批量生产时的成本。他们还对别人的产品成本进行了分析比较。经计算,张伟和王军得出一个月生产100件牛仔服的总成本如下:

单位:元

项目	金额
店铺租金	3 000
借款利息	200
汽油费	100
市场营销和促销费	100
电话费、水电费、办公费	100
折旧及开办、装修费用待摊	500
加工厂工时费(10元/件,加工牛仔服按件收费)	1 000
张伟和王军的工资(每人工资底薪500元/月;设计费 = 100件/月 × 5元/件 = 500元/月)	2 000
布料(10元/米,一件牛仔服需1米)	1 000
月成本总计	8 000

通过计算，牛仔服单位成本＝当月总成本÷牛仔服产量＝8 000÷100＝80元。

因为他们的布料成本很低，所以张伟和王军的牛仔服成本价也不高。张伟和王军按照预测的4个月达到收支平衡的前提，决定按成本加利润25%的办法制定销售价。

不含增值税的零售单价＝80×(1＋25%)＝100(元)

含增值税的零售单价＝100×(1＋6%)＝106(元)

当初他们把售价定位在100元时没有考虑增值税的因素，但和现在算出来的含税零售价出入不大。

(二)竞争价格法

竞争价格法是制定销售价格的另外一种方法。在定价时，除了考虑成本外，还要了解一下当地同类商品或服务的价格，以确定销售定价是否具有竞争力。如果企业定的价格比竞争者低，则要考虑经营成本是否具备实施条件。如果企业定的价格比竞争者高，则要保证自己的产品能更好地满足顾客的需要。

在企业的实际运营中，可以同时用成本加价法和竞争价格法这两种方法来制定销售价格。一方面，要严格核算产品成本，以保证定价高于成本。另一方面，应随时观察竞争者的价格，并与之比较，以保持产品的价格有竞争力。

记住：不要拿制造商的销售价和商店的零售价进行比较。要比较同类竞争者的价格。

张伟和王军的创业历程(33)

张伟和王军做的可定制的牛仔服的价格要有竞争力才好卖。他们进行市场调查时了解到类似产品绝大部分的零售价在100—250元间。含增值税的零售价定在106元左右比较容易进入市场。而他们预计生产的牛仔服的式样比对手的新颖，布料的选择性比竞争对手多。如果一件牛仔服卖106元，以成本价80元推算，他们还有24.53%的毛利(毛利计算：(106－80)÷106≈24.53%)。如果卖贵一点则毛利更大。他们使用竞争价格法和成本加价法分别测算出的结果基本是吻合的。

制定销售价格是整个经营管理中至关重要的环节。但对于新企业而言，在制定价格时，竞争对手对你这家新生企业的反应是难以预料的。有时，当一家新企业进入市场时，竞争对手的反应是很激烈的。特别是一些大型平价商店，它们也许会压低价格，进行价格战，使新企业难以立足。所以，即使创业企业的计划做得很完备，也总会面临一些意外的风险。

> **做练习**
>
> 记录一家电器超市的某种产品或服务的销售价格,然后将结果列出清单。

二、预测销售收入

预测销售收入是指在计划创办新企业时,结合对市场未来需求的调查,通过预测产品销售收入,计算一定量的销售能给企业带来多少收入。通过销售预测可以加强企业的计划性、减少盲目性、取得较好的经济效益。预测销售收入时,应采取以下步骤:

- 确定预测对象。列出创业企业推出的所有产品或产品系列,或所有服务项目。
- 明确预测时间。对第一年里每个月的每项产品数量销售期望进行预测,它来自于创业者所做的市场调查。
- 制定销售价格。为企业计划销售的每项产品制定价格。
- 计算销售收入。用销售价格乘以月销售量来计算每项产品的月销售额。

在做市场调查时,创业者已经对销售额做了预测。现在可能需要对该预测再核实一遍,检查当时提出的数字是否切合实际。

张伟和王军的创业历程(34)

张伟和王军打算于4月份开办企业。他们计划正常月份每月生产100件牛仔服。但在前3个月他们计划的销售量要小一些,预计每月分别销售50件、70件和80件。当然这个计划也有水分,因为马上就要进入夏季,牛仔服的需求量小,要靠大力促销才能完成计划。他们的牛仔服每件售价106元(含增值税)。下面是他们对当年销售收入的预测:

项目	4月	5月	6月	7月	8月	9月	10月	11月	12月
销售数(件)	50	60	70	100	100	100	100	100	100
产品单价(元)	106	106	106	106	106	106	106	106	106
含税销售收入(元)	5 300	6 360	7 420	10 600	10 600	10 600	10 600	10 600	10 600

预测销售量和销售收入是准备创业计划中最重要和最困难的部分。大多数创业者都会过高地估计自己的销售量,因此,创业者在预测销售量时不要太乐观,要力求实际。千万要记住,在开办企业的头几个月里,企业的销售收入不会太高。

第四节 利润计划

一、制订销售和成本计划

编制销售成本计划不仅可以使创业者明白创业项目的利润情况,而且这也是投资者或者贷款者据以判断项目是否可行,决定是否投资或贷款的重要依据。当计划开办一家新企业时,创业者应该预测第一年中每个月的利润。

张伟和王军的创业历程(35)

张伟和王军用自己的成本预测和销售收入预测来制订当年的销售和成本计划,从而制订利润计划。他们降低了计划中前3个月的原材料成本和产品加工成本,因为生产和销售预计量将低于100件。并且,他们还计划在前3个月里不拿工资。他们的销售和成本计划如下:

单位:元

	项目	4月	5月	6月	7月	8月	9月	10月	11月	12月	合计
销售	含税销售收入	5 300	6 360	7 420	10 600	10 600	10 600	10 600	10 600	10 600	82 680
	增值税	300	360	420	600	600	600	600	600	600	4 680
	销售净收入	5 000	6 000	7 000	10 000	10 000	10 000	10 000	10 000	10 000	78 000
成本	工资				2 000	2 000	2 000	2 000	2 000	2 000	12 000
	营销和促销	100	100	100	100	100	100	100	100	100	900
	店铺租金	3 000	3 000	3 000	3 000	3 000	3 000	3 000	3 000	3 000	27 000
	借款利息	200	200	200	200	200	200	200	200	200	1 800
	汽油费	100	100	100	100	100	100	100	100	100	900
	电话费、水电费、办公费	100	100	100	100	100	100	100	100	100	900
	折旧及开办装修费用待摊	500	500	500	500	500	500	500	500	500	4 500
	加工厂工时费(10元/件)	500	600	700	1 000	1 000	1 000	1 000	1 000	1 000	7 800
	原材料	500	600	700	1 000	1 000	1 000	1 000	1 000	1 000	7 800
	总成本	5 000	5 200	5 400	8 000	8 000	8 000	8 000	8 000	8 000	63 600
	利润	0	800	1 600	2 000	2 000	2 000	2 000	2 000	2 000	14 400
税费	纳税基数										26 400
	个人所得税										5 280
	附加税费										187.2
	净收入										20 932.8

张伟和王军很高兴,看来他们从第二个月开始企业就有了利润。为了使流动资金更宽裕,他们决定头三个月不领工资(他们已经预留了前三个月的生活费,生活不用发愁),但工资必须打入成本,以便计算出准确的利润。

- 含税销售收入 = 含税销售金额(单价)×销售件数

如4月份的销售收入为5 300元,即106元/件(含税单价)×50件=5 300元,其余类推。

- 利润 = 含税销售收入 − 增值税及附加费 − 总成本
- 增值税 = 不含税销售金额(单价)×0.06×销售件数

如4月份的增值税为300元,即100元/价(单价)×0.06×50件=300元,其余类推。

- 应纳增值税额 = 净销售收入×6%
- 应纳城市维护建设税和教育附加费 = 应纳增值税额×(1%+3%)
- 个人所得税纳税基数 = 业主工资+利润
- 应纳个人收入所得税额 = (工资+利润)×累进税率(5%—35%)

根据《中华人民共和国个人所得税法》中关于"个体工商户的生产、经营所得和对企事业单位的承包经营、承租经营所得"适用的个人所得税税率的规定,张伟和王军适用20%的税率,因为他们的年收入(工资+利润)虽然超过10 000元但不足30 000元。

做练习

制订一家咖啡馆的销售和成本计划,并测算出第一年每个月的利润,列出表格。

二、制订现金流量计划

制订现金流量计划是经营企业极为重要且不可替代的任务。现金流量计划集中反映了企业在某个时期从事各种业务活动或发生其他实际现金流入和流出的情况,以及现金变动的结果。

现金是指库存现金,是可以随时用于支付的存款和现金等价物。企业经营活动所产生的现金流量包括购销商品、提供和接受劳务、经营性租赁、缴纳税款、支付劳动报酬、支付经营费用等活动形成的现金流入和流出。由于商业信用的大量存在,营业收入与现金流收入可能存在较大差异,能否真正实现收益,还取决于企业的收现能力。

制订现金流量计划可以帮助创业企业保持充足的动力,使企业在任何时候都不会出现现金短缺的问题。

张伟和王军的创业历程(36)

张伟和王军制订了销售成本计划,预测销售定制牛仔服的利润很可观。为了保证企业经营活动正常运行,管理企业现金流量,他们决定制订现金流量计划。他们发现,制订现金流量计划绝非易事,下列原因为制订现金流量计划带来困难:

- 有时候采购会赊账,这会使现金流量计划的制订变得很复杂。作为一个新企业,他们决定不赊账采购。
- 加工厂工时费他们也决定不赊账,按期交货付款。
- 有些销售需要赊账,赊销通常在几个月后才能收回现金。由于张伟和王军面对的顾客都是具有一定购买能力的年轻人,因此他们的销售不存在赊账现象,他们也没有采取赊销政策,而是采用现销政策。
- 企业里的折旧费不包括在现金流量计划里。但是,当设备折旧期一过,就必须用现金购买新设备。张伟和王军意识到,如果没有考虑到这个因素,备足现金,将会给企业正常运转带来麻烦。

张伟和王军从4月份正式开始营业,但是前期的现金进出也应归入现金流量计划中来。经过仔细的计算,张伟和王军制订了现金流量计划,如下表所示。

项目		月份 金额	3	4	5	6	7	8	9	10	11	12	合计
现金流入	月初现金		0	20 600	21 400	23 060	25 580	28 680	31 780	34 880	37 980	41 080	—
	现金销售		0	5 300	6 360	7 420	10 600	10 600	10 600	10 600	10 600	10 600	82 680
	贷款		60 000	0	0	0	0	0	0	0	0	0	60 000
	业主投资		0	0	0	0	0	0	0	0	0	0	0
	可支配现金		60 000	25 900	27 760	30 480	36 180	39 280	42 380	45 480	48 580	51 680	—
现金流出	原材料现金采购		0	500	600	700	1 000	1 000	1 000	1 000	1 000	1 000	7 800
	工资		0	0	0	0	2 000	2 000	2 000	2 000	2 000	2 000	12 000
	加工厂工时费		0	500	600	700	1 000	1 000	1 000	1 000	1 000	1 000	7 800
	促销		100	100	100	100	100	100	100	100	100	100	1 000
	电话、水电、办公费		300	100	100	100	100	100	100	100	100	100	1 200
	汽油费		100	100	100	100	100	100	100	100	100	100	1 000
	租金		3 000	3 000	3 000	3 000	3 000	3 000	3 000	3 000	3 000	3 000	30 000
	借款利息		200	200	200	200	200	200	200	200	200	200	2000
	开办费		900	0	0	0	0	0	0	0	0	0	900
	店铺装修费		4 200	0	0	0	0	0	0	0	0	0	4 200
	设备购买		5 190	0	0	0	0	0	0	0	0	0	5 190
	办公家具、面料样品购买		3 810	0	0	0	0	0	0	0	0	0	3 810
	机动车购买		21 600	0	0	0	0	0	0	0	0	0	21 600
	增值税		0	—	—	—	—	—	—	—	—	—	4 680
	附加税费		0	—	—	—	—	—	—	—	—	—	187.2
	个人所得税		0	—	—	—	—	—	—	—	—	—	5 280
	现金总支出		39 400	4 500	4 700	4 900	7 500	7 500	7 500	7 500	7 500	7 500	98 500
	月底现金		20 600	21 400	23 060	25 580	28 680	31 780	34 880	37 980	41 080	44 180	—

张伟和王军计划在3月份的筹备期购买设备、购买汽车和办公用品等,并对租下的店铺进行装修。他们在筹备期和开业后的前3个月共计4个月都不拿工资。

张伟和王军通过制订现金流量计划发现每个月的现金还算充裕,主要是他们前期启动投资和流动资金预算做得好,又获得了6万元的贷款,因此在企业经营过程中的现金支出上没有出现短缺现象。但由于开业前几个月销售水平不高,因此可用现金不多。另外,从上表中看,年底有现金44 180元,但不全都是利润。其中含有前4个月两人未领的工资5 800元(包括筹备期底薪1 000元及前3个月每个月底薪和设计提成4 800元),以及来年年初应缴纳的税金10 147.2元(=增值税4 680元+附加税费187.2元+个人所得税5 280元),共计15 947.2元。

通过制订现金流量计划,创业者会时常确定自己的流动资金需求。现金流量计划有助于确保创业企业在任何时候都不会出现资金链断裂、无现金经营的窘境。

任务训练

任务训练一:测算创业所需资金

赵亮想开办一家彩民茶社,为众多的彩民"谈彩论经"提供一处适宜的场所。这不仅为交流投彩经验的彩民和社会办了一件好事,也能给自己带来可观的收入。

于是通过考察,赵亮租到一处50平方米的房屋,月租金为4 000元左右(季付);并进行了简单的装修,共花费5 000元;购买桌、椅、茶具等设备共花费3 000元;购置彩票书籍、模拟摇奖机及茶叶等存货共花费3 000元;办理营业执照等经营手续共花费600元;订阅一年的有关彩票的杂志和报纸等共花费1 200元。另外,赵亮还雇用了两名帮工,月工资共1 600元;他给自己定的工资是2 000元/月。他又认真地估算了其他的费用,包括水电费500元/月,电话费50元/月。

根据以上资料,请你计算一下赵亮开办彩民茶社需要多少创业资金便可以"剪彩迎民"了。赵亮在现有2万元存款的情况下,还需向银行贷款多少元?(贷款利率为12%。)

1. 估算启动投资

项　　目	总费用(元)

2. 估算流动资金(开业两个月达到盈亏平衡)

项　　目	开业前两个月总费用(元)

3. 计算创业资金总额和贷款额

项　　目	计算公式	总额(元)

任务训练二：估算销售收入与成本

李磊想开一家相机专卖店，为众多的摄影爱好者提供一处休闲购物的场所。这不仅为喜爱摄影的人办了一件好事，也能给自己带来可观的收入。

通过考察，李磊租到一处100平方米的房屋，月租金为5 000元左右(季付)；进行了一般的装修,共花费10 000元;购买展示柜、桌、椅等设备共花费3 000元;购买单反相机、卡片数码相机等存货共花费200 000元;办理营业执照等经营手续共花费600元。另外,李磊没有雇人,他给自己定的工资是2 000元/月。他又认真地估算了其他的费用,包括水电费200元/月,电话费100元/月。

根据以上资料,请你计算一下李磊开办相机店的销售成本是多少,销售收入是多少。

1. 估算销售成本

单位:元

项　　目	金额
月成本总计	

2. 估算销售收入

项目	月份	月份	月份	月份
销售数(件)				
产品单价(元)				
销售收入(含税)(元)				

任务训练三:制订利润计划

张彤非常喜欢烘焙,自己在大学又学习了营养学专业。大学毕业后,她想开一家甜品店。这不仅符合自己的兴趣,还能学以致用,为自己带来可观收入。

张彤经过仔细测算、考察,在一处比较高档的小区租下了一套200平方米的底商,月租金为10 000元左右(季付);进行了精致的装修,共花费30 000元;购买各种烘焙和制作甜点原材料、模具等存货共花费20 000元;办理营业执照等经营手续共花费600元。另外,张彤还雇用了一个职员,工资2 500元/月,她给自己定的工资是3 000元/月。她又认真地估算了其他的费用,包括水电费500元/月,电话费100元/月。张彤从街道无息贷款50 000元,要求3年还清,同时,又跟父母借了20 000元。张彤的甜品店主要以售卖各种蛋糕、甜品为主要业务。

根据以上资料,请制订张彤的利润计划。

1. 制订利润计划

单位:元

项目	月份	月份	月份	合计
销售				
成本				
利润				
税费				

第七章

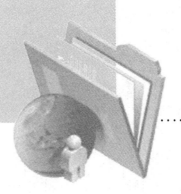

制订创业计划

创业情境 7

张伟和王军的创业历程(37)

张伟和王军决定先把他们的创业构思写下来,以便进一步审视创业过程,思考创业中存在的风险和需要进一步明确的经营任务。之后,他们根据创业构思完成了创业计划书。

第一节　创业计划书的构思与构成

一、创业计划书的构思

创业计划是创业者在创业前的一次纸上模拟,是对创业操作过程的一次综合思考。同时,一份创业计划书也可以作为向银行贷款的程序中所要求的商业计划,或者从其他渠道借助资源所进行的商业说明和展示。因此,创业计划应该按照实战来构思。一般情况下,创业计划书是按照实际创业准备过程和企业开办手续所需的步骤和程序来构思的。一份创业计划书应该清楚明了、真实可信、操作性强,具有内在的逻辑性和一致性。

一个微型或小型企业的创业计划不必长篇累牍,而应尽量实用和清晰明了。在构思阶段,创业者应该在纸上描述一些基本事实和数字,帮助其了解创业的过程,看清创业面临的问题。所描述的内容通常包括:

- 个人简介(一般不超过200字);
- 所面临的市场情况,包括竞争对手概况;
- 能够调动的技术、客户、社会关系、资金等资源情况或工作经历;
- 产品或项目的优势;
- 如何开展产品或项目服务;
- 长期目标和计划;
- 预计营业额和利润。

二、创业计划书的构成

(一)创业目的和目标

创业目的和目标包括:为什么而创业?如何创业?通过创业希望获得什么,并且实现哪些理想?创业能满足创业者什么愿望?

(二)企业的基本情况

企业的基本情况包括:企业名称;企业地址及邮编;代表企业文化的徽标、口号或愿景文字;企业主要经营范围;企业规模;选择企业的法律形态;企业的愿景和责任等。

(三) 创业者的基本情况

创业者的基本情况包括:创业者的教育背景;创业者的社会经历;创业者的资金情况;创业者的个体优势等。

(四) 市场基本情况

市场基本情况包括:所在行业情况;市场容量;竞争程度;经营的优势和劣势;预测市场占有率;了解目标顾客等。

(五) 市场营销计划

市场营销计划包括:市场竞争战略;目标顾客定位战略;产品或项目战略;定价方案;渠道方案;促销方案等。

(六) 组织计划

组织计划包括:组织结构;团队建设;人员分工;绩效方案等。

(七) 财务计划

财务计划包括:启动资金预测;运营资金预测;薪酬计划;销售收入预测;销售和成本计划;现金流量计划;申请贷款等。

(八) 未来规划

未来规划包括:产品服务项目规划;市场规划;人员规划;财务规划等。

第二节　创业计划书的编写案例

一、创业计划书案例

表 7-1 是一个创业计划书编写范本,对该创业者所要创办的公司内外部情况、实现目标以及运营风险和财务状况进行全面阐述。

表 7-1　创业计划书编写范本

创业计划
企业名称:迷你秀生活奇品店 创业者姓名:范君　宋玮 日期:2008 年 6 月 8 日
一、企业概况 主要经营范围 　　小家电、工艺礼品、日用百货、儿童礼品等的出租 兼营 　　通信电力用穿线管 　　□生产制造　　□零售　　□批发　　□服务 　　□农业　　　　□新型产业　□传统产业　□其他
二、创业者个人情况简介 以往的相关经验 　　1997—1999 年,张家口市第二塑料厂供销科,期间调任驻保定办事处经理。

(续表)

2000—2002年,张家口市国林塑料有限公司任经理、执行董事。
教育背景
　　1995—1997年,河北省经贸大学(东校区)学习市场营销专业。
三、市场评估
目标客户描述
　　1. 散户:工资收入中等、追求现代时尚的中青年、关心健康、享受健康的中老年以及关心下一代健康成长的年轻妈妈。
　　2. 团购:(1) 工商企业的促销品;
　　　　　　(2) 行政事业单位的福利品、奖品、赠品、纪念品。
市场容量/本企业预计市场占有率
　　市场容量为每年1万台小家电;
　　本企业现在每年仅销售2 000台小家电,市场占有率20%。
市场容量的变化趋势
　　1. 中国小家电市场成长非常快,新产品功能全,方便快捷,备受消费者青睐;
　　2. 在买方市场的今天,企业对促销品的需求量也在逐年上升;
　　3. 行政事业单位、人性化管理企业的节日纪念品、赠品也会推陈出新。
竞争对手的主要优势
　　1. 进入市场早,有大件商品卖场的支持;
　　2. 有一定的知名度和客户群;
　　3. 人员训练有素。
竞争对手的主要劣势
　　1. 大件家电知名度高,但小家电问津者少,尚无行业领头羊;
　　2. 工艺礼品店、促销品游商多,后续服务难以跟进,且品种单一。
相对于竞争对手的主要优势
　　1. 统一的CI形象品牌、文化理念;
　　2. 完善的销售技巧、有强烈视觉冲击的卖场演示操作;
　　3. 完整的销售队伍,点对点的客户沟通,特别是团购;
　　4. 完美的后续服务,如建立客户档案跟踪卡、实行客户积分制;
　　5. 完全的营销方式,集演示、展销、试用、观摩、出租等立体化消费模式于一体。
相对于竞争对手的主要劣势
　　1. 刚进入市场,没有现成的渠道和客户;
　　2. 资金短缺,启动资金比较高;
　　3. 人员需要培训。
四、市场营销计划
产品

产品(产品系列)/服务	主要特征
料理机	榨果汁、磨豆浆、磨籽粉,均衡调配人体营养
蒸汽枪	立式熨斗,方便快捷
微型缝纫机	电动、手动均可,小巧美观不占位置,方便取用

(续表)

价格

产品(产品系列)/服务	成本价(元/台)	销售价(元/台)	竞争对手的价格(元/台)
料理机	140	299	178—400
蒸汽枪	80	150	尚无
微型缝纫机	70	120	尚无
将给予10%—20%的折扣			
将给予赊销			

地点

地址	面积(平方米)	租金或建筑成本(元/月)
张家口市桥东区一路迎宾馆旁	15—20	2 000

选取该地址的主要理由
1. 附近有工人文化馆、迎宾馆、张家口宾馆、高校、电子市场、人民银行、电力公司、科技馆等,有利于打响知名度;
2. 房租价格适中;
3. 接近准顾客群,有利于广告促销。

分销方式
1. 产品将卖给:
   □终端消费者　　　□零售商　　　□批发商
2. 选择该分销方式的理由:
   (1) 突出感性消费,奇品店的开架卖场给顾客以强烈的视觉冲击,导购人员的现场演示及解说增强了与顾客的沟通,沟通消费是销售模式的一大亮点;
   (2) 变更买卖关系,不仅让消费者获得所需商品的使用价值,更重要的是把一种消费理念、价值观、文化融入前卫的消费方式中;
   (3) 让口碑铸造品牌,通过顾客购买产品,及导购先生、导购小姐的解说,进而使一种文化理念、健康理念在购买者及其朋友、同事、亲戚中传播,加之报纸、电视等媒体的通力配合,使企业的知名度、美誉度迅速提升;
   (4) 易于广告的传播与接受,每周在《张家口市广播电视报》上刊登的促销广告让消费者感受到一种新的都市消费方式。

促销

人员推销	4人(2人店面,2人团体)	成本预测(元/月)	2 000
广告	《张家口市广播电视报》	成本预测(元/月)	300
公共关系	—	成本预测(元/月)	—
营业推广	联合厂家,展销会推广	成本预测(元/月)	200

五、企业组织结构

企业将注册成为
□个人独资企业　　　□个体工商户　　　□合伙企业　　　□中外合资企业
□股份有限责任公司　　　□有限责任公司　　　□其他

拟议的公司名称
迷你秀生活奇品店

（续表）

公司员工

职务	月薪(元)
业主	800
营业员	300 + 提成

公司将获得的经营执照、许可证、经营证

类型	费用预测(元)

公司的责任(保险、税)

类型	费用预测(元)

六、固定资产

工具和设备

根据预测的销售量,假设达到100%的生产能力,企业需要购买以下设备:

设备描述	数量	单价(元)	总费用(元)
精品展示架			2 000

供应商名称	地址	电话或传真
北京玉国公司张家口直销处	张家口市西河沿街33号	0313 - 2160637

企业的交通工具

根据交通及营销活动的需要,拟购置以下交通工具:

描述	数量	单价(元)	总费用(元)

供应商名称	地址	电话或传真

(续表)

办公设备

办公室需要配备以下设备：

设备描述	数量	单价(元)	总费用(元)
办公桌	1	170	170
椅子	2	35	70

供应商名称	地址	电话或传真
园井家具城	张家口市东河沿街	

固定资产、折旧明细

资产	价值(元)	年折旧(元)
工具设备	2 000	400
交通工具		
办公设备	240	48
零售店面		
工厂厂房		
土地		
装修		
总计	2 240	448

原材料、包装材料

材料描述	数量(台)	单价(元)	每月总费用(元)
料理机	30	140	4 200
微型缝纫机	30	70	2 100
蒸汽机	30	80	2 400
氧吧	30	80	2 400

供应商名称	地址	电话或传真

七、其他经营费用（不包括折旧费用和贷款利息）

其他费用	月费用(元)	说明
业主工资	1 600	
雇员工资	2 000	
租金	2 000	24 000元/年
营销费用	800	
电费	20	
电话费	200	
维修费	—	
保险费		
公司注册费	240	
其他必备品	—	
总计	6 860	

（续表）

八、销售收入预测（12个月）

单位：元

产品		5	6	7	8	9	月 份 10	11	12	1	2	3	4	总数
料理机	销售数量	30	40	50	50	50	40	30	20	20	20	20	30	400
	平均单价	299	299	299	299	299	299	299	299	299	299	299	299	
	月销售收入	8 970	11 960	14 950	14 950	14 950	11 960	8 970	5 980	5 980	5 980	5 980	8 970	119 600
微型缝纫机	销售数量	30	30	30	30	30	30	30	30	30	30	30	30	360
	平均单价	120	120	120	120	120	120	120	120	120	120	120	120	
	月销售收入	3 600	3 600	3 600	3 600	3 600	3 600	3 600	3 600	3 600	3 600	3 600	3 600	43 200
氧吧	销售数量	10	20	30	30	30	30	30	30	30	30	20	20	310
	平均单价	150	150	150	150	150	150	150	150	150	150	150	150	
	月销售收入	1 500	3 000	4 500	4 500	4 500	4 500	4 500	4 500	4 500	4 500	3 000	3 000	46 500
蒸汽枪	销售数量	30	30	30	40	40	40	40	40	40	40	20	20	410
	平均单价	150	150	150	150	150	150	150	150	150	150	150	150	
	月销售收入	4 500	4 500	4 500	6 000	6 000	6 000	6 000	6 000	6 000	6 000	3 000	3 000	61 500
总计	销售总收入	18 570	23 060	27 550	29 050	29 050	26 060	23 070	20 080	20 080	20 080	15 580	18 570	270 800

九、销售和成本计划

(续表)

单位:元

项目		5	6	7	8	9	10	11	12	1	2	3	4	总数
销售收入	含流转税销售收入	18 570	23 060	27 550	29 050	29 050	26 060	23 070	20 080	20 080	20 080	15 580	18 570	270 800
	流转税(增值税)	1 051.13	1 305.28	1 559.44	1 644.34	1 644.34	1 475.10	1 305.85	1 136.61	1 136.61	1 136.61	655.47	824.72	15 328.30
	销售收入	17 518.87	21 754.72	25 770.56	27 405.66	24 584.90	21 764.15	18 943.39	18 943.39	18 943.39	18 943.39	14 924.53	17 745.28	255 471.70
经营费用	业主工资	1 600	1 600	1 600	1 600	1 600	1 600	1 600	1 600	1 600	1 600	1 600	1 600	19 200
	员工工资	2 000	2 000	2 000	2 000	2 000	2 000	2 000	2 000	2 000	2 000	2 000	2 000	24 000
	租金	2 000	2 000	2 000	2 000	2 000	2 000	2 000	2 000	2 000	2 000	2 000	2 000	24 000
	营销费用	1 600	1 600	1 600	1 600	1 600	1 600	1 600	1 600	1 600	1 600	1 600	1 600	19 200
	电费	2 000	2 000	2 000	2 000	2 000	2 000	2 000	2 000	2 000	2 000	2 000	2 000	24 000
	电话费	1 600	1 600	1 600	1 600	1 600	1 600	1 600	1 600	1 600	1 600	1 600	1 600	19 200
	维修费	—	—	—	—	—	—	—	—	—	—	—	—	—
经营成本	折旧	37.33	37.33	37.33	37.33	37.33	37.33	37.33	37.33	37.33	37.33	37.33	37.33	448
	利息	133.33	133.33	133.33	133.33	133.33	133.33	133.33	133.33	133.33	133.33	133.33	133.33	1 600
	保险	—	—	—	—	—	—	—	—	—	—	—	—	—
	注册费	240	240	240	240	240	240	240	240	240	240			2 400
	料理机	4 200	5 600	7 000	7 000	7 000	5 600	4 200	2 800	2 800	2 800	2 800	4 200	56 000
	微型缝切机	2 100	2 100	2 100	2 100	2 100	2 100	2 100	2 100	2 100	2 100	2 100	2 100	25 200
	蒸汽枪	2 400	2 400	2 400	2 400	2 400	2 400	2 400	3 200	3 200	3 200	1 600	1 600	32 800
	氧吧	800	800	2 400	2 400	2 400	2 400	2 400	2 400	2 400	2 400	1 600	1 600	24 000
	总经营费用	16 530.66	17 930.66	20 930.66	21 730.66	21 730.66	20 330.66	18 930.66	17 530.66	17 530.66	17 530.66	14 890.66	16 290.66	237 088
	税前利润	998.21	3 824.06	5 059.90	5 675.00	5 675.00	4 254.24	2 833.49	1 412.73	1 412.73	1 412.73	33.87	1 454.62	34 046.58
税费	企业所得税	118.76	204.54	302.08	337.09	407.08	226.05	195.01	123.97	123.97	123.97	105.03	126.06	2 393.61
	个人所得税	—	—	—	—	—	—	—	—	—	—	—	—	—
	其他税	42.05	52.21	62.38	65.77	65.77	59.00	52.23	45.46	45.46	45.46	26.21	32.98	594.98
	净利润(税后)	710.09	2 633.98	4 477.21	5 138.82	6 468.82	3 795.86	2 452.92	1 109.97	1 109.97	1 109.97	769.30	1 162.25	30 939.16

十、现金流量计划

（续表）

单位：元

	产品	5	6	7	8	9	10	11	12	1	2	3	4	总数
	月初现金		−6 041.00	−16 959.09	−27 887.78	−34 688.38	19 982.29	28 973.43	36 711.62	42 836.36	46 483.65	50 130.94	55 912.33	
现金流入	业主投资	25 000												25 000
	现金销收入	1 750	18 570	23 060	27 550	29 050	29 050	26 060	23 070	20 080	20 080	20 080	15 580	253 980
	赊销收入													
	贷款	20 000												20 000
	其他流入													
	可支配现金	46 750.00	12 529.00	6 100.91	−337.78	−5 638.33	49 022.29	55 038.43	59 781.62	62 916.36	66 563.65	70 210.94	71 492.23	494 429.32
	现金采购	4 200	5 600	7 000	7 000	7 000	5 600	4 200	2 800	2 800	2 800	2 800	4 200	56 000
	缝纫机	2 100	2 100	2 400	2 100	2 100	2 100	2 100	2 100	2 100	2 100	2 100	2 100	25 200
	蒸汽枪	2 400	2 400	2 400	3 200	3 200	3 200	3 200	3 200	3 200	3 200	2 100	1 600	32 800
	氧吧	800	800	2 400	2 400	2 400	2 400	2 400	2 400	2 400	2 400	1 600	1 600	24 000
	赊购支出	9 500	11 700	13 900	13 900	14 700	13 300	11 900	10 500	10 500	10 500	8 100	9 500	138 000
	业主工资	1 600	1 600	1 600	1 600	1 600	1 600	1 600	1 600	1 600	1 600	1 600	1 600	19 200
	员工工资	2 000	2 000	2 000	2 000	2 000	2 000	2 000	2 000	2 000	2 000	2 000	2 000	24 000
	租金	24 000												24 000
现金流出	营销费用	1 600	1 600	1 600	1 600	1 600	1 600	1 600	1 600	1 600	1 600	1 600	1 600	19 200
	电费	2 000	2 000	2 000	2 000	2 000	2 000	2 000	2 000	2 000	2 000	2 000	2 000	24 000
	电话费	1 600	1 600	1 600	1 600	1 600	1 600	1 600	1 600	1 600	1 600	1 600	1 600	19 200
	维修费													
	担保费	531												531
	贷款利息		265.50			265.50			265.50			265.50		1 062
	偿还贷款本金												20 000	20 000
	保险													
	注册费	2 400												2 400
	设备费	2 240												2 240
	其他	1 051.13	1 305.28	1 559.44	1 644.34	1 644.34	1 475.1	1 305.85	1 136.61	1 136.61	1 136.61	655.47		14 050.78
	销增值税	42.05	52.21	62.38	65.77	65.77	59.00	52.23	45.46	45.46	45.46	26.21		561.91
	个人所得税	109.40	211.20	308.75	343.73	413.75	372.71	201.68	130.64	130.64	130.64	111.69		2 464.84
	现金总支出	52 791.00	29 488.09	33 988.69	34 350.57	21 639.36	20 043.86	18 326.81	16 945.26	16 432.71	16 432.71	14 298.21	34 913.37	309 650.64
	月底现金	−6 041.00	−16 959.09	−27 887.70	−34 688.35	−27 887.70	19 972.29	28 978.43	36 711.62	42 836.36	46 483.65	50 130.94	59 912.73	236 029.24
													36 579.36	

资料来源：劳动和社会保障部培训就业司、中国就业培训技术指导中心，《就业·创业——创业案例实践篇》，中国劳动社会保障出版社，2005。

第三节 创业计划书的编写说明

一、创业计划书的编写步骤

（一）准备阶段

创业计划书的编写涉及的内容较多，因而编写创业计划前必须进行周密安排。主要有以下一些准备工作：(1) 确定创业计划书的目的与宗旨；(2) 组成创业计划书编写小组；(3) 制订创业计划书的编写计划；(4) 确定创业计划书的种类与总体框架；(5) 制定创业计划书编写的日程安排与人员分工。

（二）资料收集阶段

以创业计划书总体框架为指导，针对创业目的与宗旨，搜寻内部与外部资料，包括创业企业所在行业的发展趋势、产品市场信息、竞争对手信息、同类企业组织机构状况、行业同类企业财务报表等。资料调查可以分为实地调查与收集二手资料两种方法。实地调查可以得到创业所需的一手真实资料，但时间及费用耗费较大；收集二手资料较容易，但可靠性有时相对较弱。创业者可根据实际情况选择资料调查方法。

（三）形成阶段

创业计划书形成阶段要完成以下几项任务：(1) 拟定创业计划纲要；(2) 草拟初步创业计划；(3) 修改完善阶段；(4) 创业计划定稿。

二、创业计划书制定的注意事项

那些既不能给投资者以充分的信息也不能使投资者产生投资想法的创业计划书，其最终结果只能是被扔进垃圾箱里。为了确保创业计划书能"击中目标"，编写创业计划书时应注意以下几个方面：

（一）重点突出，注重时效

每一份创业计划都应有自己的特点，要突出创业项目的独特优势及竞争力。另外，要注意创业计划书中所使用资料的时效，制订周期长的创业计划应及时更新有关资料。

（二）语言要规范、专业、清晰

创业计划书的语言要简练、规范、专业；财务分析要形象直观，尽可能采用图表描述；创业计划书要有索引和目录，使投资者可以很容易地查阅各个章节。

（三）计划摘要应引人入胜

创业计划书中的计划摘要非常重要，相当于封面，投资者首先会看它。计划摘要应写得引人入胜。

（四）注意分工协作

创业计划书中包含的内容多、涉及面广，因此，创业小组要分工协作，最后由组长统一协调定稿，以免出现创业计划零散、不连贯、风格不一致等问题。

第四节　创业计划书的评估

一、创业计划书的评估

投资机构在进行投资前会对创业计划书进行科学、严谨的评估,因此创业计划书能否顺利通过评估是能否获得投资的关键所在。创业计划书评估指标如表7-2所示。创业者可按照表7-2中的每个评估指标为自己的创业计划书打分,然后对计划书进行修改和完善。

表 7-2　创业计划书评估表

评估指标	指标内涵	满分	实际得分	说　明
1. 市场需求	充分调查市场需求,产品或服务有明显需求	15		
2. 竞争分析	清楚地了解竞争对手,自身具有明显竞争优势	15		
3. 市场营销计划	市场营销计划合理	20		
4. 财务分析	项目收支预算合理,有防风险能力,预计净利润较高	20		
5. 创业者的个人情况	创业者具有社会实践活动经历,并取得成效	15		
6. 管理团队	管理团队分工合理、优势互补	15		
合　计		100		

任务训练

任务训练一:构思创业计划书

1. 个人简介(一般不超过200字)

(续表)

2. 所面临的市场情况（包括竞争对手概况）

3. 你能够调动的技术、客户、社会关系、资金等资源情况或工作经历

4. 你的产品或项目优势

5. 如何开展产品或项目服务

6. 长期目标和计划

（续表）

7. 预计营业额和利润

单位：元

项目	月份 金额	1	2	3	4	5	6	合计
销售	含税销售收入							
	增值税							
	销售净收入							
成本	工资							
	营销和促销							
	店铺租金							
	总成本							
	利润							
税费	纳税基数							
	个人所得税							
	附加税费							
	净收入							

任务训练二：编写创业计划书

请编写自己的创业计划书，内容包括以下十个部分。

1. 企业概况

（续表）

2. 创业者的个人情况

3. 市场评估

4. 市场营销计划

（续表）

5. 企业组织结构

6. 固定资产

7. 流动资金

(续表)

8. 销售收入预测(12个月)

单位:元

产品	项目	月份												总计
		1	2	3	4	5	6	7	8	9	10	11	12	
	销售数量													
	平均单价													
	月销售收入													
	销售数量													
	平均单价													
	月销售收入													
	销售数量													
	平均单价													
	月销售收入													
	销售数量													
	平均单价													
	月销售收入													
总计	销售总收入													

(续表)

9. 销售和成本计划

单位:元

产　品		月　份												总计
		1	2	3	4	5	6	7	8	9	10	11	12	
销售收入	含流转税销售收入													
	流转税(增值税)													
	销售收入													
经营成本	工资													
	租金													
	营销费用													
	水电办公费													
	折旧													
	利息													
	保险													
	注册费													
	原材料													
总经营费用														
税前利润														
税费	企业所得税													
	个人所得税													
	其他税													
净利润(税后)														

(续表)

10. 现金流量计划　　　　　　　　　　　　　　　　　　　　　　　　　　　　　　单位：元

产品		月份											总数
		1	2	3	4	5	6	7	8	9	10	11	
现金流入	月初现金												
	业主投资												
	现金收入												
	贷款												
	其他流进												
	可支配现金												
现金流出	现金采购												
	工资												
	租金												
	营销费用												
	水电办公费												
	贷款利息												
	保险												
	其他增值税												
	税金												
	个人所得税												
	现金总支出												
	月底现金												

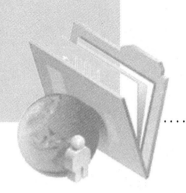

第八章

开办企业

创业情境8

张伟和王军的创业历程(38)

张伟和王军制订好创业计划后,下一步开始着手开办企业。他们必须首先弄清楚如何申请企业名称、办理工商和税务登记手续。同时,他们还需订立合伙协议,界定双方的权益和责任。

第一节 办理工商登记

企业要想获得一个合法的身份从事生产经营活动,必须办理注册登记手续。企业的登记机关是各级工商行政管理部门。依法设立的企业,由企业登记机关颁发营业执照。营业执照的签发日期为企业的成立日期。

一、注册成立有限责任公司

(一)注册成立有限责任公司的程序

设立有限责任公司,一般要经过以下步骤,如图8-1所示。

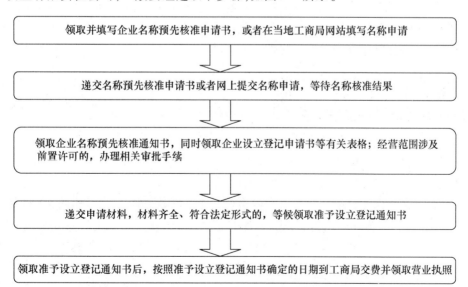

图8-1 有限责任公司、合伙企业、个人独资企业注册成立步骤

（二）注册成立有限责任公司应提交的材料

有限责任公司设立登记应提交以下文件、证件：

（1）企业名称预先核准通知书。企业名称应当由行政区划、字号、行业（经营特点）、组织形式依次组成，法律法规另有规定的除外。例如：北京晨旭腾龙科技有限公司，"北京"为行政区划；"晨旭腾龙"为字号；"科技"为行业（经营特点）；"有限公司"为组织形式。

企业名称有效期为自名称核准之日起6个月，可在届满前30日内向名称核准机关申请一次名称延期，延期最长6个月，只能延期一次。预先核准的企业名称在有效期内，不得用于从事经营活动，不得转让，但可以进行企业的设立行为。名称预先核准申请书示例见附件1。

（2）企业设立登记申请书。由法定代表人亲笔签署。公司设立登记申请书示例见附件2。

（3）公司章程。公司章程应由全体股东一致同意共同制定，全体股东应当在公司章程上亲笔签字；有法人股东的，要加盖该法人单位公章。公司章程示例见附件3。

（4）股东资格证明。自然人股东提交身份证复印件，企业法人股东提交加盖公章的营业执照复印件。

（5）指定（委托）书。应由全体股东共同签署。指定（委托）书示例见附件4。

（6）住所使用证明。产权人签字或盖章的房产证复印件。产权人为自然人的应亲笔签字，产权人为单位的应加盖公章。如果是租赁用房，还需提供不短于6个月的房屋租赁合同和租赁费发票。

（7）许可项目审批文件。仅限经营项目涉及前置许可的情况，如餐饮、住宿等。

（8）企业联系人登记表。示例见附件5。

（9）补充信息登记表。示例见附件6。

二、注册成立合伙企业

（一）注册成立合伙企业的程序

设立合伙企业的步骤与设立有限责任公司相近，如图8-1所示。

（二）注册成立合伙企业应提交的资料

合伙企业设立登记应提交以下文件、证件：

（1）企业名称预先核准通知书。合伙企业的企业名称结构与公司相同，也是由行政区划、字号、行业（经营特点）、组织形式依次组成，法律法规另有规定的除外。但组织形式不得申请为"有限公司（有限责任公司）"，可以申请用"厂"、"店"、"部"、"中心"、"工作室"等作为企业名称的组织形式，例如"北京×××食品厂"、"北京××商店"、"北京××技术开发中心"。

企业名称的有效期及延期规定与有限责任公司相同，名称预先核准申请书示例见附件1。

（2）合伙企业设立登记申请书。由全体合伙人签署，合伙企业设立登记申请书示例见附件7。

（3）合伙协议。合伙协议应由全体合伙人一致同意共同制定，全体合伙人应当在合伙协议上亲笔签字。示例见附件8。

（4）全体合伙人的身份证明或主体资格证明。合伙人为自然人的提交身份证复印件，合伙人为企业法人的提交加盖公章的营业执照复印件，特殊普通合伙企业还应提交合伙人的职业资格证明。

（5）指定（委托）书。应由全体合伙人共同签署，指定（委托）书示例见附件4。

（6）住所使用证明。产权人签字或盖章的房产证复印件。产权人为自然人的应亲笔签字，产权人为单位的应加盖公章。如果是租赁用房，还需提供不短于6个月的房屋租赁合同和租赁费发票。

（7）许可项目审批文件。仅限经营项目涉及前置许可的情况，如餐饮、住宿等。

（8）企业联系人登记表。示例见附件5。

（9）补充信息登记表。示例见附件6。

三、注册成立个人独资企业

（一）注册成立个人独资企业的程序

设立个人独资企业的步骤与设立有限责任公司、合伙企业相同，如图8-1所示。

（二）注册成立个人独资企业应提交的资料

个人独资企业设立登记应提交以下文件、证件：

（1）企业名称预先核准通知书。个人独资企业名称命名规则、有效期等法律规定与合伙企业相同，名称预先核准申请书示例见附件1。

（2）个人独资企业设立登记申请书。由投资人亲笔签署，个人独资企业设立登记申请书示例见附件9。

（3）投资人的身份证明。一般应为投资人的身份证复印件。

（4）指定（委托）书。指定（委托）书示例见附件4。投资人自己办理的，不必提交指定（委托）书。

（5）住所使用证明。产权人签字或盖章的房产证复印件。产权人为自然人的应亲笔签字，产权人为单位的应加盖公章。如果是租赁用房，还需提供不短于6个月的房屋租赁合同和租赁费发票。

（6）许可项目审批文件。仅限经营项目涉及前置许可的情况，如餐饮、住宿等。

（7）企业联系人登记表。示例见附件5。

（8）补充信息登记表。示例见附件6。

四、注册个体工商户

（一）注册个体工商户的程序

设立个体工商户，一般要经过以下步骤，如图8-2所示。

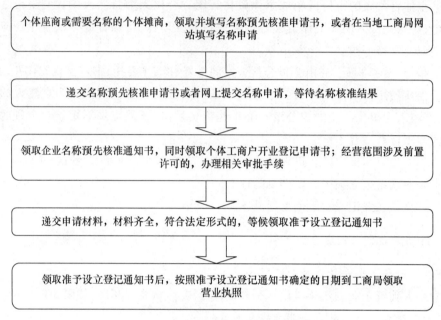

图8-2　个体工商户设立步骤

（二）注册设立个体工商户应提交的材料

个体工商户设立登记应提交以下文件、证件：

（1）名称预先核准通知书。个体工商户的命名原则相对简单，与个人独资企业类似。未取字号名称的个体摊商不提交该材料。名称预先核准申请书示例见附件1。

（2）个体工商户开业登记申请书。个人经营的，由经营者亲笔签署；家庭经营的，由主持经营者亲笔签署。个体工商户开业登记申请书示例见附件10。

（3）经营者资格证明。经营者身份证明复印件；如家庭经营的，应提交能证明亲属关系的文件。

（4）指定（委托）书。指定（委托）书示例见附件4。个人经营的，由经营者亲笔签署；家庭经营的，由全体经营者共同签署。

（5）住所使用证明。产权人签字或盖章的房产证复印件。产权人为自然人的应亲笔签字，产权人为单位的应加盖公章。如果是租赁用房，还需提供不短于6个月的房屋租赁合同和租赁费发票。

（6）许可项目审批文件。仅限经营项目涉及前置许可的情况，如餐饮、住宿等。

（7）补充信息登记表。示例见附件6。

> **张伟和王军的创业历程(39)**
>
> 张伟和王军在了解了合伙企业的设立程序和应提交的材料后,就开始着手准备。第一,关于企业名称。他们想好了一个有他们两人名字的企业名称:"北京军伟服装定制工作室",当然他们还另外准备了三个备选的名称。第二,关于企业住所。他们花费6 000元租了一个临街的店面,签订了房屋租赁合同。第三,关于出资。张伟以银行存款4 000元出资,王军以一台价值4 000元的电脑出资。第四,关于经营范围。由于他们是服装定制企业,不涉及前置许可,所以不需要办理审批手续。另外,他们还共同起草了合伙协议,在合伙协议中约定平均分配利润和分担损失。他们决定第二天就去申请企业名称,然后依次办理其他登记手续。

第二节 办理税务登记

企业领取《营业执照》后,可凭《营业执照》刻制印章,申请税务登记。办理税务登记是纳税人必须依法履行的义务。从事生产、经营的纳税人应当自领取营业执照之日起30日内,到税务机关领取或税务机关网站下载税务登记表,填写完整后提交税务机关,办理税务登记。

县以上国家税务局(分局)、地方税务局(分局)是税务登记的主管税务机关。国家税务局(分局)、地方税务局(分局)按照国务院规定的税收征收管理范围,实施属地管理,采取联合登记的方式办理税务登记。纳税人可自愿选择向国税局(分局)或地税局(分局)任一主管税务机关申报办理设立登记。由受理税务机关核发一份代表国税局(分局)和地税局(分局)共同实施税务登记管理的税务登记证件。

一、单位纳税人、个人独资企业、一人有限公司办理税务登记

单位纳税人、个人独资企业、一人有限公司申请办理设立税务登记手续,需要填制《税务登记表(适用单位纳税人)》(见附件11)、《房屋、土地情况登记表》(见附件12),并附送以下材料(原件核实后退还申请人):

(1) 工商营业执照或其他执业证件、批准成立证书(原件或副本原件、复印件)。

(2) 注册地址及生产、经营地址证明包括产权证、房屋无偿使用证明、租赁协议等:① 自有房产,提供产权证或买卖契约等合法的产权证明(原件、复印件);② 租赁场所,提供租赁协议(原件、复印件),出租人为自然人的还须提供产权证明(复印件)或其他合法证明;③ 生产、经营地址与注册地址不一致,分别提供相应合法证明;④ 无偿使用的,提供房屋无偿使用证明。

(3) 组织机构统一代码证书副本(原件、复印件)。

(4) 有关合同、章程或协议书（复印件）。

(5) 法定代表人（负责人）居民身份证、护照（含翻译件）或其他证明身份的合法证件（原件、复印件）。

纳税人跨区县设立的分支机构办理税务登记时，还须提供总机构的税务登记证（国、地税）副本（复印件）。

改组改制企业还须提供有关改组改制的批文（原件、复印件）。

汽油、柴油消费税纳税人还需提供：

(1) 企业基本情况表；

(2) 生产装置及工艺路线的简要说明；

(3) 企业生产的所有油品名称、产品标准及用途。

外商投资企业还需提供商务部门批复的设立证书（原件、复印件）。

张伟和王军的创业历程(40)

张伟和王军查询了本市的创业优惠政策。他们发现企业成立后，由于他们设立的是合伙企业，最多可以申请金额为16万元的贷款。另外，如果他们去所在区就业服务机构办理登记手续，取得《北京市城镇失业人员求职证》，则每年可参加一次免费职业技能培训或创业培训。他们决定一人参加创业培训，另一人参加计算机专业技能培训，以提高他们的计算机技能和创业能力。企业创立初期，他们暂时不需要申请贷款。一旦企业取得较好效益，需要扩大规模时便可以利用贷款优惠政策向银行申请贷款。

二、个体工商户、个人合伙企业办理税务登记

个体经营的纳税人申请办理设立税务登记手续，需要填制《税务登记表（适用个体经营）》（见附件13）、《房屋、土地情况登记表》（见附件12），并附送以下材料（原件核实后退还申请人）：

(1) 工商营业执照或其他执业证件、批准成立文件（原件或副本原件、复印件）；

(2) 业主身份证明（原件、复印件）；

(3) 房产证明包括产权证、房屋无偿使用证明、租赁协议等：① 自有房产，提供产权证或买卖契约等合法的产权证明（原件、复印件）；② 租赁场所，提供租赁协议（原件、复印件），出租人为自然人的还须提供产权证明（复印件）；③ 无偿使用的，提供房屋无偿使用证明。

第三节　购买商业保险

为了防止企业在遭受自然灾害和意外事故时陷入停业、停产的困境,创业者还要考虑购买商业保险——企业财产保险。企业财产保险是以企事业单位和机关团体存放在固定地点的固定资产和流动资产及有关利益等为保险标的,保险人对因保险合同约定的自然灾害、意外事故造成的保险标的损失承担赔偿责任的财产损失保险。

一、企业财产保险的基本特征和种类

企业财产保险以团体为投保单位,保险标的是陆地上处于相对静止状态的财产,而且承保财产地址不得随意变动。

企业财产保险有许多种类,其中以企业财产基本险和综合险两个险种最为常见。

二、企业财产保险的保险责任

（一）企业财产保险基本险的保险责任

（1）列明的保险责任:火灾、雷击、爆炸、飞行物体及其他空中运行物体坠落造成的在产品和贮藏物品等保险标的的损坏。

（2）"三停"损失:被保险人拥有财产所有权并自己使用的供电、供水、供气设备因保险事故停电、停水、停气造成的在产品和贮藏物品等保险标的的损坏。

（3）施救损失:被保险人因施救、抢救而造成保险标的的损失。

（4）施救费用:当发生保险范围的灾害事故时,被保险人为减少保险财产损失,对保险财产采取施救、保护、整理措施而支付的必要的合理的费用,由保险人负责赔偿。

（二）企业财产保险综合险的保险责任

在企业财产保险综合险中,保险人的责任比基本险有所扩展,除了承保基本险的责任以外,还需要负责赔偿因暴雨、洪水、台风、暴风、龙卷风、雪灾、雹灾、冰凌、泥石流、崖崩、突发性滑坡、地面突然塌陷等原因造成的保险标的的损失。

企业财产保险综合险的投保单示例见附件14。

任务训练

任务训练一：填写工商登记表格

1. 如果你设立的是有限责任公司，请参照附件1、2、3、4、5、6，填写名称预先核准申请书、企业设立登记申请书，制定公司章程，填写指定（委托）书、企业联系人登记表、补充信息登记表。

2. 如果你设立的是合伙企业，请参照附件1、4、5、6、7、8，填写名称预先核准申请书、企业设立登记申请书，制定合伙协议，填写指定（委托）书、企业联系人登记表、补充信息登记表。

3. 如果你设立的是个人独资企业，请参照附件1、9、4、5、6，填写名称预先核准申请书、企业设立登记申请书、指定（委托）书、企业联系人登记表、补充信息登记表。

4. 如果你设立的是个体工商户，请参照附件1、10、4、6，填写名称预先核准申请书、个体工商户开业登记申请书、指定（委托）书、补充信息登记表。

任务训练二：填写税务登记表格

请根据设立企业的情况，参照附件11—13，填写税务登记表、房屋、土地情况登记表。

任务训练三：填写投保单

请根据设立企业的财产情况，参照附件14，填写企业财产保险投保单。

附件 1

M01

名称预先核准申请书

敬 告

1. 请您认真阅读本表内容和有关注解事项。在申办登记过程中如有疑问,请您登录"北京工商"网站(www.BAIC.gov.cn)—"网上办事"—"登记注册"模块查询相关内容,或直接到工商部门现场咨询。
2. 提交申请前,请您了解相关法律、法规,确知所享有的权利和应承担的义务。
3. 请您如实反映情况,确保申请材料的真实性。
4. 本申请书的电子版可通过上述网址获取。
5. 本申请书请使用正楷字体手填或打印填写。选择手工填写的,请您使用蓝黑或黑色墨水,保持字迹工整,避免涂改。选择打印填写的,请您填好后使用 A4 纸打印,按申请书完整页码顺序装订成册。

北京市工商行政管理局
BEIJING ADMINISTRATION FOR INDUSTRY AND COMMERCE

(2013 年第一版)

本人_____,接受投资人（合伙人）委托,现向登记机关申请名称预先核准,并郑重承诺:如实向登记机关提交有关材料,反映真实情况,并对申请材料实质内容的真实性负责。

委托人（投资人或合伙人之一）①   **申请人（被委托人）**②
     （签字或盖章）   （签字）

申请人身份证明复印件粘贴处

（身份证明包括：中华人民共和国公民身份证（正反面）、护照（限外籍人士）、长期居留证明（限外籍人士）、港澳永久性居民身份证或特别行政区护照、台湾地区永久性居民身份证或护照、台胞证、军官退休证等）

联系电话：_____ 邮政编码：_____

通信地址：_____

申请日期： 年 月 日

注：① 委托人可以是本申请书第3页"投资人（合伙人）名录"表中载明的任一投资人（合伙人）。委托人是自然人的,由本人亲笔签字;委托人为非自然人的,加盖其公章;委托人为外方非自然人的,由其法定代表人签字。

② 申请人（被委托人）是指受投资人委托到登记机关办理名称预先核准的自然人,也可以是投资人（合伙人）中的自然人,由后者亲自办理的,无需委托人签字。

名称预先核准申请表

申请名称				
备选字号	1		4	
	2		5	
	3		6	
主营业务①				
企业类型②	内资： 　　公司制：□有限责任公司　　　□股份有限公司 　　非公司制：□全民所有制企业　□集体所有制企业　□股份合作 　　　　　　　□合伙企业（□普通合伙　□有限合伙　□特殊普通合伙） 　　　　　　　□个人独资企业　　□农民专业合作组织　□个体工商户 外资：□外资企业（全部由外国投资者投资）　□合资经营企业 　　　□合作经营企业　　□股份有限公司 　　　□合伙企业（□普通合伙　□有限合伙　□特殊普通合伙） 　　　□港澳台个体工商户 □分支机构			
字号许可方式 （无此项可不填写）	□投资人字号/姓名许可 □商标授权许可 □非投资人字号许可		许可方名称（姓名） 及证照或证件号码	
注明资本（金）或 资金数额或出资额 （营运资金）	（小写）_____万元（如为外币请注明币种）_____			
备注说明				

注：① "主营业务"是指企业所从事的主要经营项目。例如：信息咨询、科技开发等。企业名称中的行业用语表述应当与其"主营业务"一致。主营业务包括两项及以上的，以第一项主营业务确定行业用语。
② 填写"企业类型"栏目时，请在相应选项对应的"□"内打"√"。
　"√"选"分支机构"类型的，请对其所从属企业的类型也进行"√"选。例如：北京华达贸易有限公司分公司的"企业类型"请选择有限责任公司和分支机构两种类型。
③ 本申请表中所称企业均包括个体工商户。
④ 本页填写不下的可另复印填写。

投资人(合伙人)名录①

序号	投资人②③ (合伙人) 名称或姓名	投资人(合伙人) 证照或身份证件号码	投资人④ (合伙人)类型	拟投资额 (出资额) (万元)	国别⑤ (地区) 或省市(县)
1					
2					
3					
4					
5					
6					
7					
8					
9					
10					
11					
12					

注:① 请您认真阅读《投资办照通用指南及风险提示》中有关投资人资格的说明,避免后期更换投资人给您带来不便。
② 投资人(合伙人)名称或姓名应当与资格证明文件上的名称或身份证明文件的姓名一致,境外投资人(合伙人)名称或姓名应翻译成中文,填写准确无误。
③ 申请设立分支机构,请在"投资人(合伙人)名称或姓名"栏目中填写所隶属企业名称。
④ "投资人(合伙人)类型"栏,填自然人、企业法人、事业法人、社团法人或其他经济组织。
⑤ "国别(地区)或省市(县)"栏内,外资企业的投资人(合伙人)填写其所在国别(地区),内资企业投资人(合伙人)填写证照核发机关所在省、市(县)。
⑥ 本页填写不下的可另复印填写。

第 3 页,共 4 页

一次性告知记录

附页1：

　　　　请您认真阅读第　　　　　号《一次性告知单》、《投资办照通用指南及风险提示》的相关内容，按照规定办理登记手续。

申请人：　　　　　受理人：　　　　　　　　　　　　　　年　月　日

　　　　您提交的文件、证件还需要进一步修改或补充，请您按照第　　　　　号《一次性告知单》中"应提交文件、证件"部分的　　　　　项内容准备相应文件，此外，还应提交下列文件：

申请人：　　　　　受理人：　　　　　　　　　　　　　　年　月　日

附件 2

K01

内资公司设立登记申请书

公司名称: _____

敬　　告

1. 请您认真阅读本表内容和有关注解事项。在申办登记过程中如有疑问,请您登录"北京工商"网站(www.BAIC.gov.cn)—"网上办事"—"登记注册"模块查询相关内容,或直接到工商部门现场咨询。
2. 提交申请前,请您了解相关法律、法规,确知所享有的权利和应承担的义务。
3. 请您如实反映情况,确保申请材料的真实性。
4. 本申请书的电子版可通过上述网址获取。
5. 本申请书请使用正楷字体手填或打印填写。选择手工填写的,请您使用蓝黑或黑色墨水,保持字迹工整,避免涂改。选择打印填写的,请您填好后使用 A4 纸打印,按申请书完整页码顺序装订成册。

北京市工商行政管理局
BEIJING ADMINISTRATION FOR INDUSTRY AND COMMERCE

(2014 版)

郑 重 承 诺

本人_____拟任_____(公司名称)的法定代表人,现向登记机关提出公司设立申请,并就如下内容郑重承诺:

1. 如实向登记机关提交有关材料,反映真实情况,并对申请材料实质内容的真实性负责。

2. 本人出任公司法定代表人,具有完全民事行为能力,且不存在以下情况:

(1)无民事行为能力或者限制民事行为能力。

(2)正在被执行刑罚或者正在被执行刑事强制措施。

(3)正在被公安机关或者国家安全机关通缉。

(4)因犯有贪污贿赂罪、侵犯财产罪或者破坏社会主义市场经济秩序罪,被判处刑罚,执行期满未逾五年;因犯有其他罪,被判处刑罚,执行期满未逾三年,或者因犯罪被判处剥夺政治权利,执行期满未逾五年。

(5)担任因经营不善破产清算的企业的法定代表人或者董事、经理,并对该企业的破产负有个人责任,企业破产清算完结后未逾三年。

(6)担任因违法被吊销营业执照的企业的法定代表人,并对该企业违法行为负有个人责任,企业被吊销营业执照后未逾三年。

(7)个人负债数额较大,到期未清偿。

(8)法律和国务院规定不得担任法定代表人的其他情形。

法定代表人签字:

年　月　日

登记基本信息表

公司名称	
住　所①	北京市　　　区(县)　　　　　　　　　　　　　　(门牌号)
法定代表人②	注册资本③　　　　　　　　万元
公司类型	
经营范围	
营业期限	长期/　　　年　　申请副本数④　　　_____份

注：① 填写住所时请列明详细地址，精确到门牌号或房间号，如"北京市××区××路(街)××号××室"。

② 公司"法定代表人"指依据章程确定的董事长(执行董事或经理)。

③ "注册资本"有限责任公司为在公司登记机关登记的全体股东认缴的出资额；发起设立的股份有限公司为在公司登记机关登记的全体发起人认购的股本总额；募集设立的股份有限公司为在公司登记机关登记的实收股本总额。

④ 企业根据需要可以向登记机关申请核发若干执照副本，请注明申领份数。

自然人股东（发起人）名录

姓名	性别	民族	户籍登记住址	证件名称及号码	是否为发起人

注：本表不够填的，可复印续填。

非自然人股东（发起人）名录①

名　称	住　所②	法定代表人③（投资人、执行事务合伙人或委派代表）	营业执照注册号④	是否为发起人

注：① 本表不够填的，可复印续填。
② "住所"栏只需填写省、市（县）名称即可。
③ "法定代表人姓名（投资人、执行事务合伙人或委派代表）"栏，投资人为合伙人、投资者为全民所有制、集体所有制（股份合作）、公司制企业法人的，填写其法定代表人；投资者为合伙企业的，填写其执行事务代表；投资者为个人独资企业的，填写其投资人。
④ 股东为企业的，请在"营业执照注册号"栏填写其注册号，非企业股东不必填写。

法定代表人、董事、经理、监事信息表①

股东在本表的盖章或签字视为对下列人员职务的确认。如另行提交下列人员的任职文件,则无需股东在本表盖章或签字。

姓 名	民 族	现 居 所②	职 务 信 息		任职期限	产生方式⑤
			职 务③	是否为法定代表人④		

全体股东盖章(签字)⑥:

注:① 本页不够填的,可复印续填。
② "现居所"栏,中国公民填写户籍登记住址,非中国公民填写居住地址。
③ "职务"栏填写(执行董事)副董事长、董事、经理、监事会主席、监事。上市股份有限公司设置独立董事的应在"职务"栏内注明。
④ 担任公司法定代表人的人员,请在对应的"是否为法定代表人"栏内填"√",其他人员勿填此栏。
⑤ "产生方式"按照公司章程规定填写,董事、监事一般应为"选举";经理一般应为"聘任"或"委派";股东为非自然人的,由股东签字;股东为自然人的,加盖股东单位公章。不能在此页盖章(签字)的,应另行提交有关选举、聘用的证明文件。
⑥ "全体股东盖章(签字)"处:股东为自然人的,加盖股东单位公章。不能在此页盖章(签字)的,应另行提交有关选举、聘用的证明文件。

请将董事、经理、监事人员的身份证件复印件粘贴在本页，本页如不够粘贴可复印使用。

姓名：_____ 身份证件类型：_____ 身份证件号码：_____ 职务：_____

董事、经理、监事身份证件复印件粘贴处
（请正反面粘贴）

姓名：_____ 身份证件类型：_____ 身份证件号码：_____ 职务：_____

董事、经理、监事身份证件复印件粘贴处
（请正反面粘贴）

姓名：_____ 身份证件类型：_____ 身份证件号码：_____ 职务：_____

董事、经理、监事身份证件复印件粘贴处
（请正反面粘贴）

住 所 证 明

公司名称	
住　　所①	北京市　　　　区(县)　　　　　　　　　　(门牌号)
产权人证明②	同意将上述地址房屋提供给该公司使用。 产权人盖章(签字)： 　　　　　　　　　　　　　　　　　　　　　年　　月　　日
需要证明情况③	上述住所产权人为＿＿＿＿＿＿＿＿＿＿＿＿＿＿＿,房屋用途为＿＿＿＿＿＿＿＿＿＿＿＿＿＿＿。 特此证明。 证明单位公章： 证明单位负责人签字： 　　　　　　　　　　　　　　　　　　　　　年　　月　　日

注：① 请在"住所"一栏写清详细地址，精确到门牌号或房间号，如"北京市××区××路(街)××号××室"。

② 产权人为单位的，应在"产权人证明"一栏内加盖公章；产权人为自然人的，由产权人亲笔签字。同时需提交由产权人盖章或签字的《房屋所有权证》复印件。

③ 若住所暂未取得《房屋所有权证》，可由有关部门在"需要证明情况"一栏盖章，视为对该房屋权属、用途合法性的确认。具体可出证的情况请参见《投资办照通用指南及风险提示》。

核发营业执照情况

发照人员签字		发照日期	年　月　日
领执照情况	本人领取了执照正本一份，副本　　份。 签字：　　　　　　　　　　　　　年　月　日		
备注			

一次性告知记录

您提交的文件、证件还需要进一步修改或补充，请您按照第_____号一次性告知单中的提示部分准备相应文件，此外，还应提交下列文件：

被委托人：　　　　　　　受理人：　　　　　　　年　月　日

一次性告知记录

您提交的文件、证件还需要进一步修改或补充,请您按照第_____号一次性告知单中的提示部分准备相应文件,此外,还应提交下列文件:

被委托人:　　　　　　　　　受理人:　　　　　　　　　　年　月　日

您提交的文件、证件还需要进一步修改或补充,请您按照第_____号一次性告知单中的提示部分准备相应文件,此外,还应提交下列文件:

被委托人:　　　　　　　　　受理人:　　　　　　　　　　年　月　日

附件 3

制定有限责任公司章程须知

一、为方便投资人，北京市工商行政管理局制作了有限责任公司（包括一人有限公司）章程参考格式。股东可以参照章程参考格式制定章程，也可以根据实际情况自行制定，但章程中必须记载本须知第二条所列事项。

二、根据《中华人民共和国公司法》第二十五条规定，有限责任公司章程应当载明下列事项：

（一）公司名称和住所；

（二）公司经营范围；

（三）公司注册资本；

（四）股东的姓名或者名称；

（五）股东的出资方式、出资额和出资时间；

（六）公司的机构及其产生办法、职权、议事规则；

（七）公司法定代表人；

（八）股东会会议认为需要规定的其他事项。

三、章程中应当载明"本章程与法律法规不符的，以法律法规的规定为准"。经营范围条款中应当注明"以工商行政管理机关核定的经营范围为准"。

四、股东应当在公司章程上签名、盖章。

五、公司章程应提交原件，并应使用 A4 规格纸张打印。

附：《有限责任公司章程》参考格式

北京市工商行政管理局
BEIJING ADMINISTRATION FOR INDUSTRY AND COMMERCE

（2014 年第一版）

_____有限(责任)公司章程

(参考格式)

第一章 总　则

第一条　依据《中华人民共和国公司法》(以下简称《公司法》)及有关法律、法规的规定,由_____等_____方共同出资,设立_____有限(责任)公司(以下简称公司),特制定本章程。

第二条　本章程中的各项条款与法律、法规、规章不符的,以法律、法规、规章的规定为准。

第二章 公司名称和住所

第三条　公司名称:_____。

第四条　住所:_____。

第三章 公司经营范围

第五条　公司经营范围:(注:根据实际情况具体填写。最后应注明"以工商行政管理机关核定的经营范围为准"。)

第四章 公司注册资本及股东的姓名(名称)、
出资额、出资时间、出资方式

第六条　公司注册资本:_____万元人民币。

第七条　股东的姓名(名称)、认缴的出资额、出资时间、出资方式如下:

股东姓名或名称	认缴情况		
	认缴出资额	出资时间	出资方式
合计			

第五章 公司的机构及其产生办法、职权、议事规则

第八条 股东会由全体股东组成,是公司的权力机构,行使下列职权:

(一)决定公司的经营方针和投资计划;

(二)选举和更换非由职工代表担任的董事、监事,决定有关董事、监事的报酬事项;

(三)审议批准董事会(或执行董事)的报告;

(四)审议批准监事会(或监事)的报告;

(五)审议批准公司的年度财务预算方案、决算方案;

(六)审议批准公司的利润分配方案和弥补亏损的方案;

(七)对公司增加或者减少注册资本作出决议;

(八)对发行公司债券作出决议;

(九)对公司合并、分立、解散、清算或者变更公司形式作出决议;

(十)修改公司章程;

(十一)其他职权。(注:由股东自行确定,如股东不作具体规定应将此条删除)

第九条 股东会的首次会议由出资最多的股东召集和主持。

第十条 股东会会议由股东按照出资比例行使表决权。(注:此条可由股东自行确定按照何种方式行使表决权)

第十一条 股东会会议分为定期会议和临时会议。

召开股东会会议,应当于会议召开十五日以前通知全体股东。(注:此条可由股东自行确定时间)

定期会议按(注:由股东自行确定)定时召开。代表十分之一以上表决权的股东,三分之一以上的董事,监事会或者监事(不设监事会时)提议召开临时会议的,应当召开临时会议。

第十二条 股东会会议由董事会召集,董事长主持;董事长不能履行职务或者不履行职务的,由副董事长主持;副董事长不能履行职务或者不履行职务的,由半数以上董事共同推举一名董事主持。

(注:有限责任公司不设董事会的,股东会会议由执行董事召集和主持。)

董事会或者执行董事不能履行或者不履行召集股东会会议职责的,由监事会或者不设监事会的公司的监事召集和主持;监事会或者监事不召集和主持的,代表十分之一以上表决权的股东可以自行召集和主持。

第十三条 股东会会议作出修改公司章程、增加或者减少注册资本的决议,以及公司合并、分立、解散或者变更公司形式的决议,必须经代表三分之二以上表决权的股东通过。(注:股东会的其他议事方式和表决程序可由股东自行确定)

第十四条　公司设董事会,成员为_____人,由_____产生。董事任期_____年(注:每届不得超过三年),任期届满,可连选连任。

董事会设董事长一人,副董事长_____人,由_____产生。(注:股东自行确定董事长、副董事长的产生方式)

(注:有限公司不设董事会的,此条应改为:公司不设董事会,设执行董事一人,由股东会选举产生。执行董事任期_____年,任期届满,可连选连任。)

第十五条　董事会行使下列职权:

(一)负责召集股东会,并向股东会议报告工作;

(二)执行股东会的决议;

(三)审定公司的经营计划和投资方案;

(四)制订公司的年度财务预算方案、决算方案;

(五)制订公司的利润分配方案和弥补亏损方案;

(六)制订公司增加或者减少注册资本以及发行公司债券的方案;

(七)制订公司合并、分立、变更公司形式、解散的方案;

(八)决定公司内部管理机构的设置;

(九)决定聘任或者解聘公司经理及其报酬事项,并根据经理的提名决定聘任或者解聘公司副经理、财务负责人及其报酬事项;

(十)制定公司的基本管理制度;

(十一)其他职权。(注:由股东自行确定,如股东不作具体规定应将此条删除)

(注:股东人数较少或者规模较小的有限责任公司,可以设一名执行董事,不设董事会。执行董事的职权由股东自行确定。)

第十六条　董事会会议由董事长召集和主持;董事长不能履行职务或者不履行职务的,由副董事长召集和主持;副董事长不能履行职务或者不履行职务的,由半数以上董事共同推举一名董事召集和主持。

第十七条　董事会决议的表决,实行一人一票。

董事会的议事方式和表决程序。(注:由股东自行确定)

第十八条　公司设经理,由董事会决定聘任或者解聘。经理对董事会负责,行使下列职权:

(一)主持公司的生产经营管理工作,组织实施董事会决议;

(二)组织实施公司年度经营计划和投资方案;

(三)拟订公司内部管理机构设置方案;

(四)拟订公司的基本管理制度;

(五)制定公司的具体规章;

（六）提请聘任或者解聘公司副经理、财务负责人；

（七）决定聘任或者解聘除应由董事会决定聘任或者解聘以外的负责管理人员；

（八）董事会授予的其他职权。

（注：以上内容也可由股东自行确定）

经理列席董事会会议。

第十九条　公司设监事会，成员＿＿＿＿＿＿＿人，监事会设主席一人，由全体监事过半数选举产生。监事会中股东代表监事与职工代表监事的比例为＿＿＿＿：＿＿＿＿。（注：由股东自行确定，但其中职工代表的比例不得低于三分之一）

监事的任期每届为三年，任期届满，可连选连任。

（注：股东人数较少规格较小的公司可以设一至二名监事，此条应改为：公司不设监事会，设监事＿＿＿＿＿＿＿人，由股东会选举产生。监事的任期每届为三年，任期届满，可连选连任。）

第二十条　监事会或者监事行使下列职权：

（一）检查公司财务；

（二）对董事、高级管理人员执行公司职务的行为进行监督，对违反法律、行政法规、公司章程或者股东会决议的董事、高级管理人员提出罢免的建议；

（三）当董事、高级管理人员的行为损害公司的利益时，要求董事、高级管理人员予以纠正；

（四）提议召开临时股东会会议，在董事会不履行本法规定的召集和主持股东会会议职责时召集和主持股东会会议；

（五）向股东会会议提出提案；

（六）依照《公司法》第一百五十二条的规定，对董事、高级管理人员提起诉讼；

（七）其他职权。（注：由股东自行确定，如股东不作具体规定应将此条删除）

监事可以列席董事会会议。

第二十一条　监事会每年度至少召开一次会议，监事可以提议召开临时监事会会议。

第二十二条　监事会决议应当经半数以上监事通过。

监事会的议事方式和表决程序。（注：由股东自行确定）

第六章　公司的法定代表人

第二十三条　董事长为公司的法定代表人（注：也可是执行董事或经理，由股东自行确定）

第七章　股东会会议认为需要规定的其他事项

第二十四条　股东之间可以相互转让其部分或全部出资。

第二十五条　股东向股东以外的人转让股权,应当经其他股东过半数同意。股东应就其股权转让事项书面通知其他股东征求同意,其他股东自接到书面通知之日起满三十日未答复的,视为同意转让。其他股东半数以上不同意转让的,不同意的股东应当购买该转让的股权;不购买的,视为同意转让。

经股东同意转让的股权,在同等条件下,其他股东有优先购买权。两个以上股东主张行使优先购买权的,协商确定各自的购买比例;协商不成的,按照转让时各自的出资比例行使优先购买权。

(注:以上内容亦可由股东另行确定股权转让的办法。)

第二十六条　公司的营业期限_____年,自公司营业执照签发之日起计算。

第二十七条　有下列情形之一的,公司清算组应当自公司清算结束之日起三十日内向原公司登记机关申请注销登记:

(一)公司被依法宣告破产;

(二)公司章程规定的营业期限届满或者公司章程规定的其他解散事由出现,但公司通过修改公司章程而存续的除外;

(三)股东会决议解散或者一人有限责任公司的股东决议解散;

(四)依法被吊销营业执照、责令关闭或者被撤销;

(五)人民法院依法予以解散;

(六)法律、行政法规规定的其他解散情形。

(注:本章节内容除上述条款外,股东可根据《公司法》的有关规定,将认为需要记载的其他内容一并列明。)

第八章　附　　则

第二十八条　公司登记事项以公司登记机关核定的为准。

第二十九条　本章程一式_____份,并报公司登记机关一份。

全体股东亲笔签字、盖公章:

年　　月　　日

附件 4

指 定（委 托）书

兹指定（委托）＿＿＿＿＿＿＿＿＿＿＿＿（代表或代理人姓名①②③）向工商行政管理机关办理＿＿＿＿＿＿＿＿＿＿＿＿＿＿＿（单位名称）的登记注册（备案）手续。

委托期限自＿＿＿＿年＿＿＿月＿＿＿日至＿＿＿＿年＿＿＿月＿＿＿日。

委托事项：（请在以下选项□划"√"）

□报送登记文件　□领取营业执照和有关文书　□其他事项：＿＿＿＿＿＿

请确认代表或代理人更正下列内容的权限：（请在以下选项□内划"√"）

1. 修改文件材料中的文字错误：　　　　　　　　同意□　不同意□
2. 修改表格的填写错误：　　　　　　　　　　　同意□　不同意□

指定（委托）人签字或加盖公章④：＿＿＿＿＿＿＿＿＿＿＿＿＿＿＿＿＿

＿＿＿＿＿＿＿＿＿＿＿＿＿＿＿＿＿＿＿＿＿＿＿＿＿＿＿＿＿＿＿＿＿＿

代表或代理人郑重承诺：本人了解办理工商登记的相关法律、政策及规定，确认本次申请中所提交申请材料真实，有关证件、签字、盖章属实，不存在协助申请人伪造或出具虚假文件、证件，提供非法垫资等违法行为，否则将依法承担相应责任。

代表或代理人签字：＿＿＿＿＿＿＿＿＿＿

年　　月　　日

北京市工商行政管理局

BEIJING ADMINISTRATION FOR INDUSTRY AND COMMERCE

(2013 年第一版)

```
┌─────────────────────────────────────────────────────────────┐
│                                                             │
│                                                             │
│                                                             │
│              代表或代理人身份证复印件(正、反面)粘贴处          │
│            (外国企业常驻代表机构登记注册手续的代表或代理人应粘贴 │
│                 本人代表证或在有效期内的雇员证复印件)          │
│                                                             │
│                                                             │
│                                                             │
└─────────────────────────────────────────────────────────────┘
```

注意事项:

(1) 代表或代理人是指受企业委托或者投资人指定(委托)到工商机关办理企业登记注册手续的自然人。

(2) 办理设立登记时,代表或代理人应属以下人员之一:
　① 自然人股东(自然人投资人、合伙人);
　② 非自然人股东(或投资单位)的职工;
　③ 拟任董事、经理、监事;
　④ 设立分支机构的,应是分支机构或所从属企业的职工;
　⑤ 设立外国企业常驻代表机构的,应是机构代表。

(3) 办理变更、注销登记或备案时,代表或代理人应是本企业的职工,外国企业常驻代表机构应是机构代表或雇员。

(4) "**指定(委托)人签字或加盖公章**"处,按以下要求填写:
　① 办理**内资企业(股份有限公司除外)**设立登记的,由全体股东(投资人、合伙人)签字或盖章,其中自然人股东(自然人投资者、合伙人)由本人签字,法人股东(法人投资者)加盖本单位公章。
　② 办理**股份有限公司**设立登记的,由董事会成员签字。
　③ 办理**外商投资企业**设立的,自然人投资者由本人签字,中方法人投资者加盖单位公章,外方法人投资者由其法定代表人签字。
　④ 办理**外国企业常驻代表机构**设立的,由首席代表签字。
　⑤ 办理**各类企业分支机构**设立的,加盖所属企业公章。
　⑥ 办理**变更登记、注销登记或申请备案**的,可加盖本企业公章或由法定代表人(投资人、执行事务合伙人或委派代表)亲笔签字。

(5) 委托登记注册代理机构办理登记注册的,不使用本委托书,应提交代理机构专用委托书。

附件5

<table>
<tr><td colspan="5" align="center">**企业联系人登记表**</td></tr>
<tr><td>企业名称</td><td colspan="4"></td></tr>
<tr><td>联系人姓名</td><td></td><td>身份证件类型</td><td colspan="2"></td></tr>
<tr><td>身份证件号码</td><td colspan="4"></td></tr>
<tr><td>联系人地址</td><td></td><td>邮政编码</td><td colspan="2"></td></tr>
<tr><td>固定电话</td><td></td><td>移动电话</td><td colspan="2"></td></tr>
<tr><td>电子邮件</td><td></td><td>传真电话</td><td colspan="2"></td></tr>
<tr><td colspan="3" rowspan="2" align="center">联系人身份证件复印件（正反面）粘贴处</td><td colspan="2">本人担任企业联系人，对所填写内容予以确认，并承诺认真履行联系人职责。</td></tr>
<tr><td colspan="2">签字：

年　月　日</td></tr>
</table>

敬请留意：

1. 联系人职责：及时转达工商行政管理部门对企业主要负责人传达的信息及相关的法律、法规、规章及政策性意见；向工商行政管理部门反映企业的需求或意见；保证工商行政管理部门与企业联系的及时畅通；接受工商行政管理部门的约见。

2. 担任企业联系人的人员应是：A 本企业正式工作人员；B 企业聘请的常年法律顾问；C 本企业的法定代表人（负责人、执行合伙企业事务的合伙人、投资人）或代表机构首席代表。（外国地区企业常驻代表机构的联系人应由首席代表或本机构聘用的雇员担任；合伙企业执行事务合伙人是法人或其他组织的，联系人应是其委派的代表。）

3. 以上栏目敬请如实填写。企业联系人一经确认应当保持相对稳定。发生变化的，可以在企业年度检验时向所在地工商所提交。特殊情况有变化的，应当在决定之日起20个工作日内向所在地工商所提交《企业联系人登记表》。

4. 请据实填写联系方式所列内容，其中"固定电话"和"移动电话"、"邮政编码"为必填项。

5. 此表格需提交一式两份，可以复印。

附件6

补 充 信 息 登 记 表

尊敬的申请人,请您如实填写本登记表相关内容,并对本表所填写内容的真实性负责。

企业(个体工商户)名称:＿＿＿＿＿＿＿＿＿＿＿＿＿＿＿＿＿＿＿＿＿＿
名称预核准号或营业执照注册号:＿＿＿＿＿＿＿＿＿＿＿＿＿＿＿＿＿＿

一、联系方式:
联系电话:＿＿＿＿＿＿＿＿＿＿　　邮政编码:＿＿＿＿＿＿＿＿＿＿
传真电话:＿＿＿＿＿＿＿＿＿＿　　电子邮件地址:＿＿＿＿＿＿＿＿＿
住所使用面积＿＿＿＿＿ m^2,提供方式＿＿＿＿＿,使用期限＿＿＿＿＿年。

二、党员(预备党员)人数: ＿＿＿＿＿人
法定代表人(负责人、执行合伙事务人、投资人)是否是党员: □是　□否
(注:"法定代表人"指代表企业法人行使职权的主要负责人,公司为依据章程确定的董事长(执行董事或经理);全民、集体企业的厂长(经理);集体所有制(股份合作)企业的董(理)事长(执行董事);"负责人"指各类企业分支机构的负责人;"执行事务合伙人"指合伙企业的执行事务合伙人;"投资人"指个人独资企业的投资人)
是否建立党组织: □是　□否（选择"是"请继续填写下列党建情况）
党组织建制:　　□党委　　　□党总支　　　□党支部　　　□其他
党组织组建方式:　□单独组建　□联合组建　　□挂靠　　　　□其他
党组织是否本年度组建: □是　　□否
法定代表人(负责人、执行合伙事务人、投资人、经营者)是否担任党组织书记:
　　□是　　□否

三、是否建立团组织: □是　　□否　　团员人数:＿＿＿＿＿＿＿人
　　是否建立工会组织: □是　　□否　　工会会员人数:＿＿＿＿＿＿人

四、从业人数: ＿＿＿＿＿＿人:
其中,本市人数:＿＿＿＿＿人　　外地人数:＿＿＿＿＿人
安置下岗失业人数:＿＿＿＿＿人　　女性从业人数:＿＿＿＿＿人

五、投资人中是否有本年度应届高校毕业生:
□否 □是(选择"是"请继续填写:该毕业生是否为北京生源:□是 □否)

六、仅外商投资企业填写:
项目类型:□研发中心 □地区总部 □投资人为上一年度世界500强企业
　　　　　□其他

七、外国(地区)企业在中国境内从事生产经营活动企业填写:
境外住所:＿＿＿＿＿＿＿＿＿＿＿＿＿＿＿＿＿＿＿＿＿＿＿
境外注册资本:＿＿＿＿＿＿＿＿＿＿万美元(折合)
境外经营范围:＿＿＿＿＿＿＿＿＿＿＿＿＿＿＿＿＿＿＿＿＿

八、投资人中是否有中央在京单位或驻京部队:□否 □是(选择"是"请继续填写:该投资人性质:□中央企业 □中央在京事业单位 □驻京部队 □其他)

九、个体工商户填写:
城乡标志:□城镇　　　□农村　　　□其他
开业类别:□本辖区内人员　　　□市内其他辖区人员
　　　　　□外省市人员　　　　□其他

附件 7

K03

合伙企业设立登记申请书
（分支机构设立登记申请书）

企业名称：＿＿＿＿＿＿＿＿＿＿＿＿＿＿＿＿＿＿＿＿＿＿＿

敬　　告

1. 请您认真阅读本表内容和有关注解事项。在申办登记过程中如有疑问，请您登录"北京工商"网站（www.BAIC.gov.cn）—"网上办事"—"登记注册"模块查询相关内容，或直接到工商部门现场咨询。
2. 提交申请前，请您了解相关法律、法规，确知所享有的权利和应承担的义务。
3. 请您如实反映情况，确保申请材料的真实性。
4. 本申请书的电子版可通过上述网址获取。
5. 本申请书请使用正楷字体手填或打印填写。选择手工填写的，请您使用蓝黑或黑色墨水，保持字迹工整，避免涂改。选择打印填写的，请您填好后使用 A4 纸打印，按申请书完整页码顺序装订成册。

北京市工商行政管理局
BEIJING ADMINISTRATION FOR INDUSTRY AND COMMERCE
(2013 年第一版)

郑 重 承 诺

经全体合伙人一致决定,向登记机关提出合伙企业(分支机构)的设立申请,并就如下内容郑重承诺:

1. 如实向登记机关提交有关材料,反映真实情况,并对申请材料实质内容的真实性负责。

2. 本申请书所列全部内容均为全体合伙人的共同决定和真实意思表示。

全体合伙人签字:

年　月　日

企业登记基本信息表

企业名称	
主要经营场所① （经营场所）	北京市　　　　区(县)　　　　　　　　　　（门牌号）

执行事务合伙人② （负责人）		委派代表 （中　文）	

企业类型③	认缴出资额	万元
	实缴出资额	万元
	币　种④	

经营范围	

合伙期限	长期/_____年	申请副本数⑤	_____份

注：① 填写经营场所时请列明详细地址，精确到门牌号或房间号，如"北京市××区××路（街）××号××室"。

② "执行事务合伙人（负责人）"栏填写依据合伙协议确定的执行事务合伙人。执行事务合伙人是法人或其他组织的，还应当填写其委派代表的中文姓名。如申请合伙企业分支机构设立的，应在此栏填写负责人的中文姓名。

③ "企业类型"根据合伙企业的实际情况，填写为"普通合伙企业"或"有限合伙企业"。

④ "币种"一栏仅外资合伙企业填写。

⑤ 企业根据需要可以向登记机关申请核发若干执照副本，请注明申领份数。

⑥ 合伙企业分支机构无需填写"委派代表"、"企业类型"、"认缴出资额"、"实缴出资额"以及"合伙期限"。

自然人合伙人名录①

姓　名② (中文)	国籍	性别	民族③	住所④	证件名称及号码	承担责任方式⑤

注：① 合伙企业分支机构无需填写此页。本表不够填的，可复印续填。
②外籍人员需在"姓名(中文)"栏内填写经本人确认的中文姓名或中文译名。
③外籍人员无需填写"民族"一栏。
④"住所"为自然人合伙人身份证件上载明的户籍所在地的详细地址，外籍人员填写其在中国居住地址。
⑤"承担责任方式"栏内有限合伙人应填写"有限责任"，普通合伙人应填写"无限责任"。

非自然人合伙人名录①

	名　称	住　所②	法定代表人姓名③ （投资人、执行事务 合伙人或委派代表）	营业执照注册号④	承担责任 方式⑤
中方					
外方					

注：① 合伙企业分支机构无需填写此页。本表不够填的，可复印续填。
②"住所"栏只需填写省、市（县）名称即可。
③"法定代表人姓名（投资人、执行事务合伙人）"栏，投资者为全民所有制、集体所有制、集体所有制（股份合作）、公司制企业法人的，填写其法定代表人；投资者为合伙企业的，填写其执行事务合伙人（或委派代表）；投资者为个人独资企业的，填写其投资人。
④ 合伙人为企业的，请在"营业执照注册号"栏填写其注册号；非企业合伙人不必填写。
⑤"承担责任方式"栏内有限合伙人应填写"有限责任"，普通合伙人应填写"无限责任"。

执行事务合伙人(委派代表)信息登记表[1]
分支机构负责人信息登记表[2]

姓 名 (中文)		性 别		民 族[3]	
政治面貌[3]		联系电话		国 籍	
身份证件 类 型		身份证件 号 码			

——身份证件复印件粘贴处(请正反面粘贴)——

注:① 申请合伙企业设立的,如执行事务合伙人为自然人,本页填写执行事务合伙人的信息;如执行事务合伙人为法人或其他组织,本页填写该法人或组织所委派代表的信息。
② 申请合伙企业分支机构设立的,本页填写分支机构负责人信息。
③ 委派代表为外籍人员的,无需填写政治面貌、民族。

主要经营场所证明

企业名称	
主要经营场所① （经营场所）	北京市　　　　区(县)　　　　　　　　　　　（门牌号）
产权人证明②	同意将上述地址房屋提供给该企业使用。 产权人盖章(签字)： 　　　　　　　　　　　　　　　　　年　　月　　日
需　要 证　明 情　况③	上述经营场所产权人为＿＿＿＿＿＿＿＿＿＿＿，房屋用途为＿＿ ＿＿＿＿＿＿＿＿＿＿＿。 特此证明。 　　　　　　　　　　　　　　　　证明单位公章： 　　　　　　　　　　　　　　　证明单位负责人签字： 　　　　　　　　　　　　　　　　　　　　年　　月　　日

注：① 请在"主要经营场所(经营场所)"一栏写清详细地址,精确到门牌号或房间号,如"北京市××区××路(街)××号××室"。

② 产权人为单位的,应在"产权人证明"一栏内加盖公章;产权人为自然人的,由产权人亲笔签字。同时需提交由产权人盖章或签字的《房屋所有权证》复印件。

③ 若住所暂未取得《房屋所有权证》,可由有关部门在"需要证明情况"一栏盖章,视为对该房屋权属、用途合法性的确认。具体可出证的情况请参见《投资办照通用指南及风险提示》。

核发营业执照情况

发照人员签字		发照日期	年　月　日
领执照情况	本人领取了执照正本一份,副本　　份。 签字：　　　　　　　　　　　　　年　月　日		
备　注			

一次性告知记录

　　您提交的文件、证件还需要进一步修改或补充,请您按照第_____号一次性告知单中的提示部分准备相应文件,此外,还应提交下列文件：

被委托人：　　　　　　　　受理人：　　　　　　　年　月　日

一次性告知记录

您提交的文件、证件还需要进一步修改或补充,请您按照第_____号一次性告知单中的提示部分准备相应文件,此外,还应提交下列文件:

被委托人:　　　　　　　　　受理人:　　　　　　　　　年　月　日

您提交的文件、证件还需要进一步修改或补充,请您按照第_____号一次性告知单中的提示部分准备相应文件,此外,还应提交下列文件:

被委托人:　　　　　　　　　受理人:　　　　　　　　　年　月　日

附件 8

制定合伙企业协议须知

一、为方便企业,北京市工商行政管理局制作了合伙协议参考格式。合伙人可以参照参考格式制定合伙协议,也可以根据实际情况自行制定,但合伙协议中必须具备本须知第二条所列的事项。

二、根据《中华人民共和国合伙企业法》第十三条规定,合伙协议应当载明下列事项:

(一)合伙企业的名称和主要经营场所的地点;

(二)合伙目的和合伙企业的经营范围;

(三)合伙人的姓名及其住所;

(四)合伙人出资的方式、数额和缴付出资的期限;

(五)利润分配和亏损分担办法;

(六)合伙企业事务的执行;

(七)入伙与退伙;

(八)合伙企业的解散与清算;

(九)违约责任。

三、全体合伙人应当在协议上签名。

四、合伙协议应提交原件,并应使用 A4 规格纸打印。

附:《合伙协议》参考格式

北京市工商行政管理局

BEIJING ADMINISTRATION FOR INDUSTRY AND COMMERCE

(2006 年第一版)

合 伙 协 议

（参考格式）

第一条 根据《民法通则》和《中华人民共和国合伙企业法》及《中华人民共和国合伙企业登记管理办法》的有关规定，经协商一致订立协议。

第二条 本企业为合伙企业，是根据协议自愿组成的共同经营体。合伙人愿意遵守国家有关的法律、法规、规章，依法纳税，守法经营。

第三条 企业的名称：

第四条 合伙人姓名：

第五条 合伙人共出资：

第六条 本协议中的各项条款与法律、法规、规章不符的，以法律、法规、规章的规定为准。

第七条 企业经营场所：

第八条 合伙目的：

第九条 经营范围：（注：根据实际情况具体填写）

第十条 合伙人姓名及其住所

姓　　名	住　　所

第十一条 合伙人的出资方式、数额和缴付出资的期限

合伙人	出资方式	出资数额（万元）	出资权属证明	缴付出资期限	占出资总额比例

第十二条 利润分配和亏损分担办法

1. 企业的利润和亏损,由合伙人依照以下比例分配和分担:(合伙协议未约定利润分配和亏损分担比例的,由合伙人平均分配和分担。)

2. 合伙企业存续期间,合伙人依据合伙协议的约定或者经全体合伙人决定,可以增加对合伙企业的出资,用于扩大经营规模或者弥补亏损。

3. 企业年度的或者一定时期的利润分配或亏损分担的具体方案,由全体合伙人协商决定或者按照合伙协议约定的办法决定。

第十三条 合伙企业事务执行

1. 执行合伙企业事务的合伙人对外代表企业。委托合伙人_____为执行合伙企业事务的合伙人,其他合伙人不再执行合伙企业事务。不参加执行事务的合伙人有权监督执行事务的合伙人,检查其执行合伙企业事务的情况,并依照约定向其他不参加执行事务的合伙人报告事务执行情况以及合伙企业的经营状况和财务状况,收益归全体合伙人,所产生的亏损或者民事责任,由全体合伙人承担。

2. 合伙协议约定或者经全体合伙人决定,合伙人分别执行合伙企业事务时,合伙人可以对其他合伙人执行的事务提出异议,暂停该事务的执行。如果发生争议由全体合伙人共同决定。被委托执行合伙企业事务的合伙人不按照合伙协议或者全体合伙人的决定执行事务的,其他合伙人可以决定撤销该委托。

第十四条 入伙、退伙

1. 新合伙人入伙时,经全体合伙人同意,并依法订立书面协议。订立书面协议时,原合伙人向新合伙人告知合伙企业的经营状况和财物状况。

2. 新合伙人与原合伙人享有同等权利,承担同等责任。新合伙人对入伙前合伙企业债务承担连带责任。

3. 协议约定合伙企业经营期限的,有下列情形之一时,合伙人可以退伙:

① 合伙协议约定的退伙事由出现;

② 经全体合伙人同意退伙;

③ 发生合伙人难以继续参加合伙企业的事由;

④ 其他合伙人严重违反合伙协议约定的义务。

协议未约定合伙企业经营期限的,合伙人在不给合伙企业事务执行造成不利影响的情况下,可以退伙,但应当提前三十日通知其他合伙人。擅自退伙的,应当赔偿由此给其他合伙人造成的损失。

第十五条 解散与清算

1. 本企业发生了法律规定的解散事由,致使合伙企业无法存续、合伙协议终止,合伙人的合伙关系消灭。

2. 企业解散、经营资格终止,不得从事经营活动,只可从事一些与清算活动相关的活动。

3. 企业解散后,由清算人对企业的财产债权债务进行清理和结算,处理所有尚未了结的事务,还应当通知和公告债权人。

4. 清算人主要职责:

① 清理企业财产,分别编制资产负债表和财产清单;

② 处理与清算有关的合伙企业未了结的事务;

③ 清缴所欠税款;

④ 清理债权、债务;

⑤ 处理合伙企业清偿债务后的剩余财产;

⑥ 代表企业参与民事活动。

清算结束后,编制清算报告,经全体合伙人签字、盖章,在十五日内向企业登记机关报送清算报告,办理企业注销登记。

第十六条 违约责任

1. 合伙人违反合伙协议的,依法承担违约责任;

2. 合伙人履行合伙协议发生争议,通过协商或者调解解决,合伙人不愿通过协商、调解解决或者协商、调解不成的,可以依据合伙协议中的仲裁条款或者事后达成的书面仲裁协议,向仲裁机构申请仲裁。当事人没有在合伙协议中订立仲裁条款,事后又没有达成书面仲裁协议的,可以向人民法院起诉。

全体合伙人签字:

年　　月　　日

附件 9

K04

个人独资企业设立登记申请书
（分支机构设立登记申请书）

企业名称：_____

敬　　告

1. 请您认真阅读本表内容和有关注解事项。在申办登记过程中如有疑问，请您登录"北京工商"网站（www.BAIC.gov.cn）—"网上办事"—"登记注册"模块查询相关内容，或直接到工商部门现场咨询。
2. 提交申请前，请您了解相关法律、法规，确知所享有的权利和应承担的义务。
3. 请您如实反映情况，确保申请材料的真实性。
4. 本申请书的电子版可通过上述网址获取。
5. 本申请书请使用正楷字体手填或打印填写。选择手工填写的，请您使用蓝黑或黑色墨水，保持字迹工整，避免涂改。选择打印填写的，请您填好后使用 A4 纸打印，按申请书完整页码顺序装订成册。

北京市工商行政管理局
BEIJING ADMINISTRATION FOR INDUSTRY AND COMMERCE

（2013 年第一版）

郑 重 承 诺

本人_____系_____（企业名称）的投资人，现向登记机关提出企业（分支机构）设立申请，并就如下内容郑重承诺：

1. 本企业如实向登记机关提交有关材料，反映真实情况，并对申请材料实质内容的真实性负责。

2. 本申请书中"登记基本信息表"及"投资人信息登记表（负责人任职信息表）"的全部内容均为本人的决定和真实意思表示。

投资人签字：

年　月　日

登记基本信息表

企业名称				
住　所① (经营场所)	北京市　　　区(县)　　　　　　　　　　　　(门牌号)			
投资人(或 负责人)姓名		出资额②		万元
		出资方式③		
经营范围				
所从属企业名称④				
所从属企业注册号④				
申请副本数⑤	_____份			

注：① 填写经营场所时请列明详细地址，精确到门牌号或房间号，如"北京市××区××路（街）××号××室"。

② "出资额"为在公司登记机关登记的投资人申报的出资数额；

③ "出资方式"应注明个人独资企业的投资人以个人财产或以其家庭共有财产作为出资。

④ "所从属企业名称"及"所从属企业注册号"栏，仅分支机构填写。

⑤ 企业根据需要可以向登记机关申请核发若干执照副本，请注明申领份数。

个人独资企业投资人信息登记表①
（分支机构负责人任职信息表）

姓　　名		政治面貌		联系电话	
住　　址②					
身份证件 类　　型		身份证件 号　　码			

身份证件复印件粘贴处
（请正反面粘贴）

谨此确认：
　　本"个人独资企业分支机构负责人任职信息表"中所列负责人，由个人独资企业投资人委派。

注：① 个人独资企业设立时此页填写投资人的基本信息，个人独资企业分支机构设立时此页填写分支机构负责人的基本信息。
　　② "住所"一栏应填写投资人（负责人）身份证件载明的户籍地址。

住 所 证 明

企业名称	
住　所① （经营场所）	北京市　　　　区（县）　　　　　　　　　　　（门牌号）
产权人证明②	同意将上述地址房屋提供给该企业使用。 　　　　　　　　　　　　　　　产权人盖章（签字）： 　　　　　　　　　　　　　　　　　　　　　年　　月　　日
需　要 证　明 情　况③	上述住所产权人为＿＿＿＿＿＿＿＿＿＿，房屋用途为＿＿＿＿＿＿ ＿＿＿＿＿＿＿＿＿＿＿＿。 特此证明。 　　　　　　　　　　　　　　证明单位公章： 　　　　　　　　　　　　　　证明单位负责人签字： 　　　　　　　　　　　　　　　　　　　　　年　　月　　日

注：① 请在"住所（经营场所）"一栏写清详细地址，精确到门牌号或房间号，如"北京市××区××路（街）××号××室"。

② 产权人为单位的，应在"产权人证明"一栏内加盖公章；产权人为自然人的，由产权人亲笔签字。同时需提交由产权人盖章或签字的《房屋所有权证》复印件。

③ 若住所暂未取得《房屋所有权证》，可由有关部门在"需要证明情况"一栏盖章，视为对该房屋权属、用途合法性的确认。具体可出证的情况请参见《投资办照通用指南及风险提示》。

核发营业执照情况

发照人员签字		发照日期	年　月　日
领执照情况	本人领取了执照正本一份,副本　　份。 签字:　　　　　　　　　　　　　　　　年　月　日		
备　　注			

一次性告知记录

您提交的文件、证件还需要进一步修改或补充,请您按照第_____号一次性告知单中的提示部分准备相应文件,此外,还应提交下列文件:

被委托人:　　　　　　　　受理人:　　　　　　　　年　月　日

一次性告知记录

您提交的文件、证件还需要进一步修改或补充,请您按照第_____号一次性告知单中的提示部分准备相应文件,此外,还应提交下列文件:

被委托人: 　　　　　　　受理人: 　　　　　　　年　月　日

您提交的文件、证件还需要进一步修改或补充,请您按照第_____号一次性告知单中的提示部分准备相应文件,此外,还应提交下列文件:

被委托人: 　　　　　　　受理人: 　　　　　　　年　月　日

附件 10

K09

个体工商户开业登记申请书

个体工商户名称: _____

敬　　告

1. 请您认真阅读本表内容和有关注解事项。在申办登记过程中如有疑问，请您登录"北京工商"网站（www.BAIC.gov.cn）—"网上办事"—"登记注册"模块查询相关内容，或直接到工商部门现场咨询。
2. 提交申请前，请您了解相关法律、法规，确知所享有的权利和应承担的义务。
3. 请您如实反映情况，确保申请材料的真实性。
4. 本申请书的电子版可通过上述网址获取。
5. 本申请书请使用正楷字体手填或打印填写。选择手工填写的，请您使用蓝黑或黑色墨水，保持字迹工整，避免涂改。选择打印填写的，请您填好后使用 A4 纸打印，按申请书完整页码顺序装订成册。

北京市工商行政管理局
BEIJING ADMINISTRATION FOR INDUSTRY AND COMMERCE
（2013 年第一版）

开业登记申请表

名　称①	
经营场所②	北京市　　　　区(县)　　　　　　　　　　(门牌号)
经营者(主持经营者)姓名	
经营范围	
组成形式	个人经营(　　)
	家庭经营(　　)　　参加经营的家庭成员姓名及身份证件号码
申请副本数③	_____份

经营者承诺

1. 如实向登记机关提交有关材料,反映真实情况,并对申请材料实质内容的真实性负责。
2. 本个体工商户的经营者(主持经营者)具有完全民事行为能力,且不存在国家法律法规规定的不得作为个体工商户经营者的各种情形。

经营者签字:
(如家庭经营的请全体经营者签字)

年　　月　　日

注:① 个体工商户未申请名称的,"名称"栏无需填写。
② 请列明详细地址,精确到门牌号或房间号,如"北京市××区××路(街)××号××室"。
③ 个体工商户根据需要可以向登记机关申请核发若干执照副本,请注明申领份数。

经营者信息登记表[1]

姓　　名		出生日期		政治面貌	
文化程度		民　　族		人员类型[2]	
住　　所[3]				联系电话	
身份证件类型及号码				健康状况[4]	

身份证件复印件粘贴处
（请分别粘贴正、反面）

外地来京人员居住证明复印件粘贴处[5]

注：① 家庭经营的，本页应填写主持经营者的情况。
② 人员类型可填写：外地来京人员、待业人员、农村村民、下岗人员、退休或退职人员、高校毕业生、退伍军人、刑事解教人员或其他人员（请具体注明）。
③ "住所"应填写经营者身份证件载明的户籍所在地的详细地址。
④ 健康状况可填写：健康、残疾或其他（请具体注明）。
⑤ 经营者为外地来京人员的，粘贴外地来京人员居住证明复印件。

经营场所证明

名　　称①	
经营场所②	北京市　　　　区(县)　　　　　　　　　　　　(门牌号)
产权人证明③	同意将上述地址房屋提供给该个体工商户使用。 产权人盖章(签字)： 　　　　　　　　　　　　　　　　　　年　　月　　日
需要 证明 情况④	上述经营场所产权人为＿＿＿＿＿＿,房屋用途为＿＿ ＿＿＿＿＿＿＿＿＿＿＿＿。 　　特此证明。 证明单位公章： 证明单位负责人签字： 年　　月　　日

注：① 个体工商户未申请名称的，"名称"栏无须填写。
　　② 请在"经营场所"一栏写清详细地址，精确到门牌号或房间号，如"北京市××区××路(街)××号××室"。
　　③ 产权人为单位的，应在"产权人证明"一栏内加盖公章；产权人为自然人的，由产权人亲笔签字。同时需提交由产权人盖章或签字的《房屋所有权证》复印件。
　　④ 若住所暂未取得《房屋所有权证》，可由有关部门在"需要证明情况"一栏盖章，视为对该房屋权属、用途合法性的确认。具体可出证的情况请参见《投资办照通用指南及风险提示》。

核发营业执照情况

发照人员签字		发照日期	年　月　日
领执照情况	本人领取了执照正本一份,副本　　份。 签字：　　　　　　　　　　　　　　年　月　日		
备　注			

一次性告知记录

　　您提交的文件、证件还需要进一步修改或补充,请您按照第_____号一次性告知单中的提示部分准备相应文件,此外,还应提交下列文件：

被委托人：　　　　　　　　　受理人：　　　　　　　　年　月　日

一次性告知记录

　　您提交的文件、证件还需要进一步修改或补充,请您按照第_____号一次性告知单中的提示部分准备相应文件,此外,还应提交下列文件:

被委托人:　　　　　　　　　受理人:　　　　　　　　　年　　月　　日

　　您提交的文件、证件还需要进一步修改或补充,请您按照第_____号一次性告知单中的提示部分准备相应文件,此外,还应提交下列文件:

被委托人:　　　　　　　　　受理人:　　　　　　　　　年　　月　　日

附件 11

税务登记表
（适用单位纳税人）

国税档案号：　　　　　　　地税档案号：　　　　　　　填表日期：

纳税人名称				纳税人识别号			
登记注册类型				批准设立机关			
组织机构代码				批准设立证明或文件号			
开业（设立）日期		生产经营期限		证照名称		证照号码	
注册地址				邮政编码		联系电话	
生产经营地址				邮政编码		联系电话	
核算方式	请选择对应项目打"√"　□独立核算　□非独立核算				从业人数____其中外籍人数____		
单位性质	请选择对应项目打"√"　□企业　□事业单位　□社会团体　□民办非企业单位　□其他						
网站网址				国标行业	□□ □□ □□ □□		
适用会计制度	请选择对应项目打"√" □企业会计制度　□小企业会计制度　□金融企业会计制度　□行政事业单位会计制度						
经营范围				请将法定代表人(负责人)身份证件复印件粘贴在此处。			

项目 内容 联系人	姓　名	身份证件		固定电话	移动电话	电子邮箱
		种类	号码			
法定代表人(负责人)						
财务负责人						
办税人						
税务代理人名称		纳税人识别号		联系电话		电子邮箱

注册资本或投资总额		币种	金额	币种	金额	币种	金额

投资方名称	投资方经济性质	投资比例	证件种类	证件号码	国籍或地址

自然人投资比例		外资投资比例		国有投资比例	

第1页，共6页

(续表)

分支机构名称		注册地址		纳税人识别号	

总机构名称			纳税人识别号	
注册地址			经营范围	
法定代表人姓名		联系电话		注册地址邮政编码	

代扣代缴、代收代缴税款业务情况	代扣代缴、代收代缴税款业务内容	代扣代缴、代收代缴税种

附报资料：

经办人签章：	法定代表人（负责人）签章：	纳税人公章：
＿＿＿年＿＿＿月＿＿＿日	＿＿＿年＿＿＿月＿＿＿日	＿＿＿年＿＿＿月＿＿＿日

以下由税务机关填写：

纳税人所处街乡			隶属关系	
国税主管税务局		国税主管税务所（科）	是否属于国税、地税共管户	
地税主管税务局		地税主管税务所（科）		

经办人(签章)： 国税经办人：＿＿＿＿＿＿ 地税经办人：＿＿＿＿＿＿ 受理日期： ＿＿＿年＿＿＿月＿＿＿日	国家税务登记机关 （税务登记专用章）： 核准日期： ＿＿＿年＿＿＿月＿＿＿日 国税主管税务机关：	地方税务登记机关 （税务登记专用章）： 核准日期： ＿＿＿年＿＿＿月＿＿＿日 地税主管税务机关：

国税核发《税务登记证副本》数量：	本	发证日期：＿＿＿年＿＿＿月＿＿＿日
地税核发《税务登记证副本》数量：	本	发证日期：＿＿＿年＿＿＿月＿＿＿日

国家税务总局监制

填 表 说 明

一、本表适用于各类单位纳税人填用。

二、从事生产、经营的纳税人应当自领取营业执照,或者自有关部门批准设立之日起30日内,或者自纳税义务发生之日起30日内,到税务机关领取税务登记表,填写完整后提交税务机关,办理税务登记。

三、办理税务登记应当出示、提供以下证件资料:

1. 工商营业执照或其他执业证件、批准成立证书(原件或副本原件、复印件);

2. 注册地址及生产、经营地址证明包括产权证、房屋无偿使用证明、租赁协议等:① 自有房产,提供产权证或买卖契约等合法的产权证明(原件、复印件);② 租赁场所,提供租赁协议(原件、复印件),出租人为自然人的还须提供产权证明(复印件)或其他合法证明;③ 生产、经营地址与注册地址不一致,分别提供相应合法证明;④ 无偿使用的,提供房屋无偿使用证明。

3. 组织机构统一代码证书副本(原件、复印件);

4. 有关合同、章程或协议书(复印件);

5. 法定代表人(负责人)居民身份证、护照(含翻译件)或其他证明身份的合法证件(原件、复印件);

6. 纳税人跨区县设立的分支机构办理税务登记时,还须提供总机构的税务登记证(国、地税)副本(复印件);

7. 改组改制企业还须提供有关改组改制的批文(原件、复印件);

8. 汽油、柴油消费税纳税人还需提供:(1) 企业基本情况表;(2) 生产装置及工艺路线的简要说明;(3) 企业生产的所有油品名称、产品标准及用途;

9. 外商投资企业还需提供商务部门批复设立证书(原件、复印件);

10. 税务机关要求提供的其他证件资料。

四、纳税人应向税务机关申报办理税务登记。完整、真实、准确、按时地填写此表。

五、使用碳素或蓝墨水的钢笔填写本表。

六、本表一式二份。税务机关留存一份,退回纳税人一份(纳税人应妥善保管,验换证时需携带查验)。

七、纳税人在新办或者换发税务登记时应报送房产、土地和车船有关证件,包括:房屋产权证、土地使用证、机动车行驶证等证件的复印件。

八、表中有关栏目的填写说明:

1. "纳税人名称"栏:指《企业法人营业执照》或《营业执照》或有关核准执业证书

上的"名称";

2. "身份证件名称"栏:一般填写"居民身份证",如无身份证,则填写"军官证"、"士兵证"、"护照"等有效身份证件;

3. "注册地址"栏:指工商营业执照或其他有关核准开业证照上的地址。

4. "生产经营地址"栏:填办理税务登记的机构生产经营地地址。

5. "国籍或地址"栏:外国投资者填国籍,中国投资者填地址。

6. "登记注册类型"栏:即经济类型,按营业执照的内容填写;不需要领取营业执照的,选择"非企业单位"或者"港、澳、台商企业常驻代表机构及其他"、"外国企业";如为分支机构,按总机构的经济类型填写。

分类标准:

110 国有企业	120 集体企业	130 股份合作企业
141 国有联营企业	142 集体联营企业	143 国有与集体联营企业
149 其他联营企业	151 国有独资公司	159 其他有限责任公司
160 股份有限公司	171 私营独资企业	172 私营合伙企业
173 私营有限责任公司	174 私营股份有限公司	190 其他企业
210 合资经营企业(港或澳、台资)		220 合作经营企业(港或澳、台资)
230 港、澳、台商独资经营企业		240 港、澳、台商独资股份有限公司
310 中外合资经营企业		320 中外合作经营企业
330 外资企业		340 外商投资股份有限公司
400 港、澳、台商企业常驻代表机构及其他	500 外国企业	600 非企业单位

7. "投资方经济性质"栏:单位投资的,按其登记注册类型填写;个人投资的,填写自然人。

8. "证件种类"栏:单位投资的,填写其组织机构代码证;个人投资的,填写其身份证件名称。

9. "国标行业"栏:按纳税人从事生产经营行业的主次顺序填写,其中第一个行业填写纳税人的主行业。

国民经济行业分类标准(GB/T 4754－2002)。

A——农、林、牧、渔业

01——农业　　02——林业　　03——畜牧业　　04——渔业　　05——农、林、牧、渔服务业

B——采矿业

06——煤炭开采和洗选业　　07——石油和天然气开采业　　08——黑色金属矿采选业　　09——有色金属矿采选业　　10——非金属矿采选业　　11——其他采矿业

C—制造业

13—农副食品加工业　　　　　　14—食品制造业

15—饮料制造业　　　　　　　　16—烟草制品业

17—纺织业　　　　　　　　　　18—纺织服装、鞋、帽制造业

19—皮革、毛皮、羽毛（绒）及其制品业　　20—木材加工及木、竹、藤、棕、草制品业

21—家具制造业　　　　　　　　22—造纸及纸制品业

23—印刷业和记录媒介的复制　　24—文教体育用品制造业

25—石油加工、炼焦及核燃料加工业　　26—化学原料及化学制品制造业

27—医药制造业　　　　　　　　28—化学纤维制造业

29—橡胶制品业　　　　　　　　30—塑料制品业

31—非金属矿物制品业　　　　　32—黑色金属冶炼及压延加工业

33—有色金属冶炼及压延加工业　　34—金属制品业

35—普通机械制造业　　　　　　36—专用设备制造业

37—交通运输设备制造业　　　　39—电气机械及器材制造业

40—通信设备、计算机及其他电子设备制造业

41—仪器仪表及文化、办公用机械制造业　　42—工艺品及其他制造业

43—废弃资源和废旧材料回收加工业

D—电力、燃气及水的生产和供应业

44—电力、燃气及水的生产和供应业　　45—燃气生产和供应业

46—水的生产和供应业

E—建筑业

47—房屋和土木工程建筑业　　　48—建筑安装业

49—建筑装饰业　　　　　　　　50—其他建筑业

F—交通运输、仓储和邮政业

51—铁路运输业　　　　　　　　52—道路运输业

53—城市公共交通业　　　　　　54—水上运输业

55—航空运输业　　　　　　　　56—管道运输业

57—装卸搬运及其他运输服务业　　58—仓储业

59—邮政业

G—信息传输、计算机服务和软件业

60—电信和其他信息传输服务业　　61—计算机服务业

62—软件业

H—批发和零售业

63—批发业　　　　　　　　　　65—零售业

I—住宿和餐饮业

66 —住宿业　　　　　　　　　67 —餐饮业

J—金融业

68 —银行业　　　　　　　　　69 —证券业

70 —保险业　　　　　　　　　71 —其他金融活动

K—房地产业

72 —房地产业

L—租赁和商务服务业

73 —租赁业　　　　　　　　　74 —商务服务业

M—科学研究、技术服务和地质勘查业

75 —研究与试验发展　　　　　76 —专业技术服务业

77 —科技交流和推广服务业　　78 —地质勘查业

N—水利、环境和公共设施管理业

79 —水利管理业　　　　　　　80 —环境管理业

81 —公共设施管理业

O—居民服务和其他服务业

82 —居民服务业　　　　　　　83 —其他服务业

P—教 育

84 —教育

Q—卫生、社会保障和社会福利业

85 —卫生　　　　　　　　　　86 —社会保障业

87 —社会福利业

R—文化、体育和娱乐业

88 —新闻出版业　　　　　　　89 —广播、电视、电影和音像业

90 —文化艺术业　　　　　　　91 —体育

92 —娱乐业

S—公共管理与社会组织

93 —中国共产党机关　　　　　94 —国家机构

95 —人民政协和民主党派　　　96 —群众社团、社会团体和宗教组织

97 —基层群众自治组织

T—国际组织

98 —国际组织

附件 12

房屋、土地情况登记表

税务计算机代码：　　　　纳税人名称：　　　　纳税人识别号：　　　　填表日期：　年　月　日

单位：元、平方米

	房屋坐落	产权证书号	房产原值	税务机关估值	其中免税原值	其中应税原值	年应纳税额	是否代徵	备注
自用房屋									
小计									

	房屋坐落	产权证书号	年租金收入			年应纳税额		备注
出租房屋								
小计								

	出租人名称	证件类型	出租人证件号码	承租房屋坐落			年租金	备注
承租房屋								

第 1 页，共 4 页

（续表）

	土地坐落	土地证书号	土地面积	其中免税面积	其中应税面积	每平方米税额	年应纳税额	是否代缴	备注
自用土地									
小计									

	土地坐落	土地证书号	土地面积	其中免税面积	其中应税面积	每平方米税额	年应纳税额		备注
出租土地									
小计									

	出租人名称	证件类型	出租人证件号码	承租土地坐落	土地面积				备注
承租土地									

填表人：盖章（签字）

填 表 说 明

1. 填表范围:凡初次到税务机关办理税务登记证(含换发税务登记证),在办理房屋、土地登记时填写此表。(房地产开发企业开发用地不在登记范围)

2. 自用房屋:凡缴纳房产(城市房地产)税纳税人的房屋情况填写此栏,包含自用房屋、出租房屋、租用他人房屋。

3. 出租房屋:是指出租房屋后,并按租金收入缴纳房产税情况的填写此栏。

4. 承租房屋、土地:是指纳税人租用的他人的房屋、土地,且由出租人缴纳房产(城市房地产)税和城镇土地使用税的填写此栏。

5. 自用土地:具有土地使用权的单位,且应缴纳城镇土地使用土块情况的填写此表,包含自用土地和租用他人土地。

6. 出租土地:具有土地使用权的单位,将土地出租给他人使用的,且由出租人缴纳城镇土地使用税情况的填写此表。

7. 房屋、土地坐落:根据房屋产权证书、土地证书登记的相应项目填写,其中,房屋产权证书是指房屋管理部门核发的房屋所有权(产权)证书,土地证书是指土地管理部门核发的《国有土地使用证》、《集体土地使用证》、《集体土地所有证》。没有上述证书的,按房屋、土地实际坐落地填写。

8. 房产原值、税务机关估值(二者填其一):填写按现行房产(城市房地产)税有关规定应计入财务账簿"固定资产"科目中的自用房屋、出租房屋、无租使用他人房屋的(含单独核算的与房屋不可分割的附属设备设施)原价。对无房产原值的或账簿中记载房产原值明显不合理,经税务机关核定或调整的,在税务机关估值中填写数据。

9. 免税原值:只填写在条例和细则中明确减免范围并不需要到税务机关办理备案和审批手续的房产(城市房地产)税对应的房屋原值。

法定减免房产范围:(非本范围的减免税房产在《房屋、土地变更情况登记表》中填写)

房产税:(1)国家机关、人民团体、军队自用的房产。(2)由国家财政部门拨付事业经费的单位自用的房产。(3)宗教寺庙、公园、名胜古迹自用的房产。(4)个人所有非营业用的房产。(5)经有关主管部门批准由企业、事业单位和个人自办的各类学校、图书馆、幼儿园、托儿所、哺乳室、医院、医务室、诊所等占用的房产。(6)火葬场、殡仪馆、公墓的房产。

城市房地产税:(1)军政机关及人民团体自有自用之房地。(2)公立及已立案之私立学校自有自用之房地。(3)公园、名胜、古迹及公共使用之房地。(4)清真寺、喇嘛庙本身使用之房地。(5)省(市)以上人民政府核准免税之其他宗教寺庙本身使用之房地。

10. 其中应税原值:等于房产原值减去免税原值。

11. 房屋年应纳税额:

按房产原值缴纳房产(城市房地产)税的年应纳税额 = 应税原值 × (1 − 30%) × 1.2%

按税务机关估值缴纳房产(城市房地产)税的年应纳税额 = 税务机关估值 × 1.2%

按租金收入缴纳房产税的年应纳税额 = 年租金收入 × 12%

12. 租用他人房屋和土地,且代缴房产(城市房地产)税和城镇土地使用税的,在是否代缴栏中划"√"。

13. 土地面积:填写土地证书中土地使用权面积,无土地证书的填写实际占地面积。

14. 其中免税面积:只填写在条例和细则中明确减免范围并不需要到税务机关办理备案和审批手续的城镇土地使用税对应的土地面积。

法定减免土地:(非本范围的减免税土地在《房屋、土地变更情况登记表》中填写)

(1)国家机关、人民团体、军队自用的土地。(2)由国家财政部门拨付事业经费的单位自用的土地。(3)宗教寺庙、公园、名胜古迹自用的土地。(4)市政街道、广场、绿化地带等公共用地。(5)直接用于农、林、牧、渔业的生产用地。(6)经批准开山填海整治的土地和改造的废弃土地。(7)由财政部另行规定免税的能源、交通、水利设施用地和其他用地。

15. 其中应税面积:等于土地面积减去其中免税面积。

16. 每平方米税额:填写城镇土地使用税等级对应的单位税额。

17. 年应纳税额:等于应税面积 × 对应的土地等级税额。其中,一至六级土地每平方米年税额分别为30元、24元、18元、12元、3元、1.5元。

18. 出租人名称、证件类型、证件号码:填写出租人名称和有效身份证件类型和号码。代码类型优先级别:单位先填写计算机代码,次之组织机构代码,个人为有效身份证件。

19. 缴纳城镇土地使用税的外商投资企业和外国企业在填报《房屋、土地情况登记表》时,还应在自用土地及承租土地的"备注栏"填写"是否缴纳外商投资企业土地使用费"。

附件 13

税务登记表
（适用个体经营）

纳税人名称			纳税人识别号		
登记注册类型	请选择对应项目打"√"		☐ 个体工商户		☐ 个人合伙
开业（设立）日期			批准设立机关		
生产经营期限		证照名称		证照号码	
注册地址		邮政编码		联系电话	
生产经营地址		邮政编码		联系电话	
合伙人数		雇工人数		其中固定工人数	
网站网址			国标行业	☐☐☐☐☐☐	
业主姓名	国籍或户籍地		固定电话	移动电话	电子邮箱
身份证件名称			证件号码		
经营范围	请将业主身份证或其他合法身份证件复印件粘贴此处				

分店情况	分店名称	纳税人识别号	地址	电话

合伙人投资情况	合伙人姓名	国籍或地址	身份证件名称	身份证件号码	投资金额（万元）	投资比例	分配比例

代扣代缴、代收代缴税款业务情况	代扣代缴、代收代缴税款业务内容		代扣代缴、代收代缴税种

第1页，共3页

附报资料	
经办人签章： _____年_____月_____日	业主签章： _____年_____月_____日

国税档案号：　　　　　　　　　地税档案号：　　　　　　　　填表日期：

以下由税务机关填写：

纳税人所处街乡		隶属关系	
国税主管税务局	国税主管税务所（科）	是否属于国税、地税共管户	
地税主管税务局	地税主管税务所（科）		
经办人（签章）： 国税经办人：_____ 地税经办人：_____ 受理日期： 　　_____年_____月_____日	国家税务登记机关 （税务登记专用章）： 核准日期： 　　_____年_____月_____日 国税主管税务机关：	地方税务登记机关 （税务登记专用章）： 核准日期： 　　_____年_____月_____日 地税主管税务机关：	
国税核发《税务登记证副本》数量：　　　本　　　　　　发证日期：_____年_____月_____日			
地税核发《税务登记证副本》数量：　　　本　　　　　　发证日期：_____年_____月_____日			

国家税务总局监制

填 表 说 明

一、本表适用于个体工商户、个人合伙企业填用。

二、从事生产、经营的纳税人应当自领取营业执照,或者有关部门批准设立之日起30日内,或者自纳税义务发生之日起30日内,到税务机关领取税务登记表,填写完整后提交税务机关,办理税务登记。

三、办理税务登记应出示、提供以下证件资料:

1. 工商营业执照或其他执业证件、批准成立文件(原件或副本原件、复印件);

2. 业主身份证明(原件、复印件);

3. 房产证明包括产权证、房屋无偿使用证明、租赁协议等:① 自有房产,提供产权证或买卖契约等合法的产权证明(原件、复印件);② 租赁场所,提供租赁协议(原件、复印件),出租人为自然人的还须提供产权证明(复印件);③ 无偿使用的,提供房屋无偿使用证明。

4. 个体工商户、个人合伙企业需要提供的其他有关证件、资料,由省、自治区、直辖市税务机关确定。

四、纳税人应向税务机关申报办理税务登记。完整、真实、准确、按时地填写此表,并承担相关法律责任。

五、使用碳素或蓝墨水的钢笔填写本表。

六、本表一式二份。税务机关留存一份,退回纳税人一份(纳税人应妥善保管,验换证时需携带查验)。

七、纳税人在新办或者换发税务登记时应报送房产、土地和车船有关证件,包括:房屋产权证、土地使用证、机动车行驶证等证件的复印件。

八、表中有关栏目的填写说明:

1. "纳税人名称"栏:指《营业执照》或有关核准执业证书上的"名称";

2. "身份证件名称"栏:一般填写"居民身份证",如无身份证,则填写"军官证"、"士兵证"、"护照"及有效身份证件等;

3. "注册地址"栏:指工商营业执照或其他有关核准开业证照上的地址;

4. "生产经营地址"栏:填办理税务登记的机构生产经营地地址;

5. 合伙人投资情况中的"国籍和地址"栏:外国投资者填国籍,中国合伙人填地址;

6. 国标行业:按纳税人从事生产经营行业的主次顺序填写,其中第一个行业填写纳税人的主行业。

附件14

中国人民财产保险股份有限公司
PICC PROPERTY AND CASUALTY COMPANY LIMITED

中国人民财产保险股份有限公司财产综合险(2009版)投保单

投保单号码：

投保人	单位名称				
	通讯地址			邮编：	
	组织机构代码		联系人	联系电话	
被保险人	单位名称				
	通讯地址			邮编：	
	组织机构代码		联系人	联系电话	

行业类别：　　　　　　行业代码：

保险标的地址个数：共　　个，详见《财产综合险(2009版)投保标的项目清单》

保险标的地址：　　　　　　　　　　　　　　　　邮编：

被保险人资产及营业额状况
注册资本：　　　　　总资产：　　　　　上一年度实际营业额：

投保主险险种：　　□基本险　　□综合险　　□一切险

有关保险标的投保信息，请见《财产综合险(2009版)投保标的项目清单》;有关附加险条款投保信息，请见《财产综合险(2009版)附加险条款投保清单》。上述投保清单为本投保单的组成部分。

除另有约定本保险合同的每次事故免赔额为　　元,或损失金额的　　%,二者以高者为准

是否有其他有关保险合同：　　□有　　□无
如有,请说明标的项目、保险金额、免赔额、保险公司名称以及其他相关信息：

是否为续保合同　　　　　□是　　　　□否

总保险金额：人民币(大写)　　　　　　　　　　(小写)：

保险期间：　　月,自　　年　　月　　日零时起至　　年　　月　　日二十四时止

总保险费：　人民币(大写)：　　　　　　　　　(小写)：

保险费交付时间：　　年　　月　　日

保险合同争议解决方式：　□诉讼　　□提交　　　　　仲裁委员会仲裁

特别约定：

投保人声明	保险人已向本人提供并详细介绍了《中国人民财产保险股份有限公司综合险条款(2009版)》及其附加险条款(若投保附加险)内容,并对其中免除保险人责任的条款(包括但不限于责任免除、投保人被保险人义务、赔偿处理、其他事项等),以及本保险合同中付费约定和特别约定的内容向本人做了明确说明,本人已充分理解并接受上述内容,同意以此作为订立保险合同的依据,自愿投保本保险。 投保人签章： 　　年　　月　　日

(以下公司内部作业栏,客户无须填写)

初审情况	业务来源： 　□直接业务　□个人代理 　□专业代理　□兼业代理 　□经纪人　　□网上业务 代理(经纪)人名称： 业务员签字： 　　年　　月　　日	核保意见	核保人签字： 　　年　　月　　日

中国人民财产保险股份有限公司
PICC PROPERTY AND CASUALTY COMPANY LIMITED

中国人民财产保险股份有限公司财产综合险(2009版)投保标的项目清单

本清单为财产综合险(2009版)投保单的有效组成部分。

投保单号码：　　　　　　　　　　　　　　　　共　　页　第　　页

1. 保险标的地址：				邮编：		
2. 保险标的地址内被保险人所从事的生产经营活动的简要描述： _____						
*国民经济行业分类代码：_____（此信息由保险人填写）						
3. 保险标的项目投保信息						
序号	保险标的名称	单位	数量	保险金额/赔偿限额	以何种方式确定保险价值	备注
1						
2						
3						
4						
5						
6						
7						
8						
9						
10						
11						
12						
13						

注：投保标的为特约标的时，请在备注栏中注明"特约"字样。

投保人(盖章)
年　　月　　日

第九章

创业企业管理

创业情境9

> **张伟和王军的创业历程(41)**
>
> 办理创业手续后,张伟和王军还要为企业制订人员计划,组织员工去实现企业的生产销售计划。他们必须知道企业有哪些工作要做,并且要雇用合适的人去做这些工作。如何能雇用到合适的人员?张伟和王军请教了有实践经验的人力资源管理课老师,从而了解到先要设置企业的岗位,明确员工的岗位职责,确定企业各岗位员工所需的素质、技能,再按照员工招聘的程序选择适合的员工,才能合理安置员工,做到"人岗匹配"。同时,还需制定相应的企业管理制度,保证企业的正常运营。

办理创业手续后,企业的经营是要靠人来进行的。创业者需要为新企业制订人员计划,组织企业员工实现生产销售计划。为了使新企业顺利而成功地运行起来,创业者必须很好地选拔人员、安排人员,知道企业有哪些工作要做,并且要雇用合适的人去做这些工作。一个有效的企业,必须有一支具备知识和技能的员工队伍。每个员工都对企业的成功发挥着作用。创业者要认真对待雇用员工的问题,要考虑员工的职责,懂得如何安排他们的工作。通过本章的学习,你要确定以下几个方面:

- 企业的人员组成。
- 企业的岗位设置和员工的岗位职责。
- 企业的各岗位员工所需的素质或技能。
- 如何进行员工招聘?
- 如何安置员工?
- 企业的管理制度和各岗位工作流程。

第一节 组织构建和管理

创业企业的组织构建与管理过程通常包括确定企业人员组成、岗位设置、工作分析、员工招聘与选拔、员工安置等环节,如图9-1所示。

一、确定企业人员组成及岗位设置

(一)人员组成

大多数微小企业雇员不多,组织结构简单。规模更大一些或复杂一些的企业可能需要建立若干部门。如果创业企业是微小企业,规模不大,一般可以由以下人员组成:企业

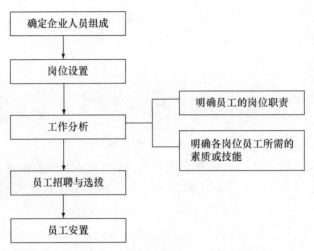

图 9-1　企业组织构建与管理流程

主,即创业者本人;企业合伙人;员工;企业顾问。

1. 企业主

在大多数微小企业中,企业主就是经理。在计划创办企业、制订企业计划时,创业者要考虑自己的经营能力,明确哪些工作可以由自己去做,哪些工作是自己既没有能力,也没有时间去做的。如果企业需要一个经理,就要考虑他应具备的能力和经历。

企业主(经理)可以行使以下职责:

- 开发创意,制定目标,制订行动计划。
- 组织和调动员工实施行动计划。
- 确保计划的执行,使企业达到预期的目标。

2. 企业合伙人

如果创业企业拥有不止一个业主,那么这些业主将以合伙人的身份,共享收益、共担风险。他们将决定彼此如何分工合作,例如一个人负责销售,另一个人负责采购。

要管理好一个合伙制企业,合伙人之间的交流一定要透明和诚恳。合伙人之间的意见不一致往往导致企业的失败。因此有必要准备一份书面合作协议,明文规定各自的责任和义务。

3. 员工

如果创业者没有时间或能力把全部工作都做下来,就要雇用人员。最小的企业可能只需雇用1—2名员工就可以了。为了雇到合适的员工,创业者要考虑以下几点:

- 根据企业构思,把该做的工作列出来。
- 明确哪些工作自己做不了。
- 雇用员工来做这些工作,并明确岗位职责和所需的素质或技能,以及其他要求。
- 确定完成每项工作需要的人数。
- 要向员工(包括企业主)支付薪酬。

4. 企业顾问

听取各种咨询意见对所有企业主都有意义。因为企业主不可能是所有企业事务方面的专家。

认准那些对企业有过帮助且将来还可能对企业有帮助的行业专家,包括专业协会会员、会计师、银行信贷员、律师、咨询顾问等。创业者可以考虑从一些企业、贸易和教育机构获得帮助、信息、咨询意见和培训。

(二) 岗位设置

创业企业是微小企业,人员不多,岗位数量可能会比人员数量多,即一人兼任多职。例如一个企业需要由经理负责管理,会计、出纳负责财务,还要有人负责采购、销售、产品设计开发、生产等工作。具体的岗位设置需要根据企业计划等因素来确定。

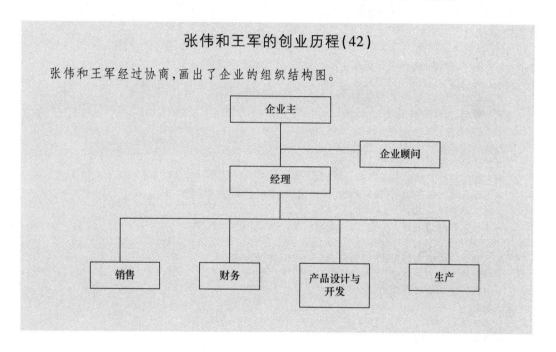

张伟和王军的创业历程(42)

张伟和王军经过协商,画出了企业的组织结构图。

二、工作分析

工作分析是对组织中所有为实现组织目标所做的工作进行分析,以确定每一个工作的任务和职责,以及完成工作所需的知识、技能、能力和其他要求的过程。工作分析对于人员招聘与管理具有非常重要的意义。通过工作分析可以明确:

- 工作任务是什么?在人力资源管理中,对工作任务、工作职责、职位等都有明确而规范的界定。
- 工作职责是什么?
- 该工作应何时完成?
- 该工作在何处完成?

- 员工如何完成工作任务?
- 为完成工作任务员工应该具备何种知识、技能和其他资格?

工作分析这项工作的最后成果是工作说明书。工作说明书包括:岗位职责和员工所需的知识、技能与能力,如表9-1所示。

表9-1　工作说明书

工作说明书

工作说明书编写人:×××　　　　　　编写时间:×年×月×日

职位名称:销售人员
工作代码:×××-×××

应具备完成以下职责和任务的能力和技巧:

职责和任务

1. 了解/反馈市场信息
   - 了解/反馈客户对本公司的反应
   - 了解/反馈竞争对手的信息
   - 了解/反馈本公司的市场占有率
   - 了解/反馈政府有关政策
2. 拜访现有客户
   - 制订拜访客户计划
   - 了解客户需求
   - 了解客户经营状况
   - 执行公司的信用政策、理赔政策、促销政策、客户政策、价格政策
   - 协助陈列产品
   - 填写客户拜访记录
3. 开发新客户
   - 了解客户的销售能力、市场影响、财务状况、关键决定
   - 提出选择客户的建议
   - 协助经理预签经销商协议
4. 实现销售
   - 了解客户库存
   - 争取、执行、跟踪订单
   - 督促客户完成指标
   - 合理使用信用额度
   - 按期收回货款
5. 完成售后服务
   - 接受客户投诉
   - 协调质量理赔

知识和技能的要求

基本财务知识、法律知识(合同法、经济法、税法)、收款技巧、时间管理能力、谈判技巧、沟通技巧、说服力、解决问题能力、预测力、分析判断力

特征要求

影响力、吃苦耐劳、承受压力/挫折、自我约束力、进取心、创新、应变能力、思维敏捷、重信誉、自信、团队合作、对公司忠诚、职业道德

张伟和王军的创业历程(43)

张伟和王军经过协商,列出了一张简单的人员配备表。

岗位	岗位职责	所需素质与技能	岗位人员
经理	制订计划、制定目标、监督实施、协调内部关系、与工商税务等单位打交道	诚信、认真、计划制订与实施能力、善于与人交往、善于应变、较好的自我反省能力、成本控制能力、团队合作能力	张伟
财务管理	出纳、收款、记账、管理现金、盘点库存	诚信、认真、有条理	王军
销售管理	市场调查、与顾客建立和保持良好的关系、接订单、销售预测、制定价格、提出促销方案、发货送货、采购原料	诚信、认真、善于与人交往、掌握一定的沟通技巧、团队合作能力、自我反省能力	张伟
产品设计开发	跟踪市场需求动态、收集样品、设计制作样品	信息收集与分析、有美术和文化修养、有创造性、懂工艺、自我反省能力	王军
生产管理	寻找、确定加工企业,负责提供样式,与加工企业沟通,验收成品	认真、了解产品、懂技术、善于与人交往	王军 员工

三、员工招聘与选拔

员工招聘就是企业采取一些科学的方法寻找、吸引应聘者,并从中选出企业需要的人员予以录用的过程。

这一过程包括以下环节,如图9-2所示。

(一)确定招聘需求

确定招聘需求就是根据企业组织结构、人员配备来确定企业需要招多少人,招什么人。这些内容在本章前述部分中已经说明。

(二)制定招聘策略

招聘策略是为了实现招聘计划而采取的具体策略,具体包括招聘来源和方法的选择、招聘时间的选择、招聘预算等。

1. 招聘来源和方法的选择

招聘工作的成败很大程度上取决于有多少人来应聘和应聘者的素质。因此,企业需要有针对性地吸引更多目标群体来应聘。主要的方法有广告和亲朋推荐。

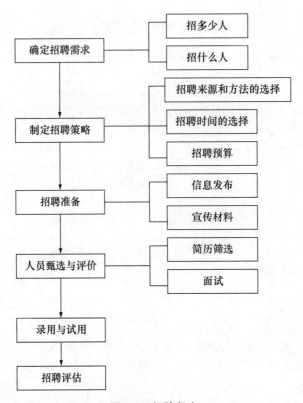

图 9-2　招聘程序

广告是通过网络、广播电视、报纸或行业出版物等媒体向公众传送企业的就业需求信息。广告是能够最广泛地通知潜在求职者工作空缺的办法。借助不同的媒体做广告会带来非常不同的效果。创业者可以采用网络广告的形式来进行招聘。即在网络上发布信息,或在网络上寻找符合要求的求职者。如果在网络上发布信息,内容应包括:本企业的基本情况;招聘是否经过有关部门的批准;空缺职位的情况;申请者必须具备的条件;报名的时间、地点和联系方式;需要的证件及材料等。职位的情况可以参照工作说明书来介绍,但应该把职位情况转换成读者的角度加以表述。

亲朋推荐是指亲朋从他们的朋友或相关的人中引荐求职者。这种招聘方法可以使企业和应聘者双方迅速了解,又节省招聘费用。推荐者通常会认为被推荐者的素质与他们自己有关,只有在保证其不会给自己带来负面的影响时才会主动推荐。因而,对于创业者来说,亲朋推荐是一种较好的招聘来源。

2. 招聘时间的选择

为保证新聘人员准时上岗,需要确定合适的招聘工作开始时间。一般来说,招聘日期的具体计算公式为:

$$招聘日期 = 用人日期 - 准备周期$$
$$= 用人日期 - 培训周期 - 招聘周期$$

上述公式中,培训周期是指新招员工进行上岗培训的时间;招聘周期指从开始报名、确定候选人名单、面试再到最后录用的全部时间。

3．招聘预算

在招聘过程中，一般都会有费用发生。如果企业想节省经费，则可采用亲朋推荐的方式。

（三）招聘准备

招聘准备环节需要发布招聘信息、准备宣传材料。

招聘信息应包括企业简介，需要招哪些岗位的人，招多少人，岗位所需的知识、技能与能力等方面的内容。

在招聘过程中，企业一方面需要吸引更多的有效应聘者，增加甄选的余地并且减轻工作负担，还要从人力资源战略管理的角度出发考虑员工的稳定性；另一方面还必须利用招聘的过程进行积极的企业形象或者声誉的宣传。为了在招聘中实现这些目标，企业不仅需要提供包括职位薪水、工作类型、工作安全感、晋升机会等与职位相关的信息，还要让求职者了解企业管理方式、工作条件、同事、工作时间等企业信息。只有准确、有效地传达了这些信息，求职者才会在评价自身的基础上思考自己是否适合这样的工作。这使得求职者在企业甄选之前先完成了一个自我甄选的过程。

（四）人员甄选和评价

甄选候选人是招聘过程的一个重要组成部分，其目的是将不合乎职位要求的求职者排除掉，最终选拔出最符合企业要求的人员。工作说明书是人员甄选的基础，也就是说，以工作说明书中所要求的知识和技能来判断候选人的资格。

人员甄选和评价主要做两件事：简历筛选和面试。

1．简历筛选

在大多数的招聘过程中，企业都要先从应聘者提供的简历中对应聘者做出初步的判断。查看应聘者的简历使企业有了第一次了解应聘者的机会，并能够简便、快捷地掌握应聘者的一些基本信息。所以，简历是整个甄选过程中不可缺少的一个部分，招聘人员要花费大量的时间和精力查看简历，将应聘者的数量缩小到能够应对的数目。

在简历筛选中需要甄选以下信息：

（1）工作经历。简历中的工作经历一栏对于企业招聘者的招聘决策是至关重要的。因为在工作经历中可以查找到与应聘职位相关的工作经验，应聘者拥有更多的相关信息无疑可以更快地适应工作职位的要求。想要知道应聘者是否有与应聘职位相关的工作经验，不能只是注意简历上所注明的各种工作头衔，更重要的是要看在每一个岗位上，应聘者具体负责什么样的工作。根据应聘者提供的信息和对应聘者所接触产品、从事的项目或是服务过的公司的了解来判断应聘者曾经是否将这份工作做得很出色。

（2）教育背景。教育背景资料可以提供关于受教育程度、教育类型、所学科目等信息。在教育类型中，最理想的情况是应聘者受到了综合的教育，既有理科方面，如化学、物理、生物等知识，又受到过文史哲方面的熏陶，这样的应聘者才会是一个具有广泛的兴趣和比较全面的知识的人。

(3）职业方面的进展。通常情况下,了解应聘者在过去的职业生涯中取得过哪些进展是很重要的。因为一个一直进步很快的人很可能在今后的工作中仍然保持这种状态。另一方面,这也可以说明他具有较好的自我激励措施、魄力和能力。

（4）应聘者身上的无形资产。应聘者来应聘这份工作的时候,会随身携带一些无形资产,如能力、经验、受到的培训、对事物的洞察力或者对相关产品的了解等。一般来讲,应聘者身上具备的这些财富越多,在进入新的工作岗位时,他需要的调整期就越短,就越能在短期内取得成绩。

（5）沟通的能力。简历还可以显示出应聘者与人沟通的能力,例如简历的组织结构、表达方式及设计等。简历中涉及的信息应该具体、真实,在列出成绩时应列出具体的事实和可以考证的数字。如果简历中的表述含混或过于概括,字迹不整,错误百出,则表明应聘者缺乏较好的沟通能力。

（6）应聘者态度的特征。从态度方面来看,一份成功的简历应该能够表现出应聘者有礼貌、观点专业、做事果敢、有人情味、思维有条理等特点。如果在阅读简历时,面试官对应聘者产生了任何一种不好的感觉,都应该对其进行注意,除非这种感觉纯粹来自个人的偏见。

2. 面试

面试是指在特定时间、地点所进行的,预先精心设计好的,有着明确的目的和程序的谈话,面试者通过与应聘者面对面的观察、交谈等,了解应聘者的个性特征、能力状况以及求职动机等方面情况的一种人员甄选与测评技术。通过面试,企业并不能获得被测评者的全部特征信息,但与其他方法相比,面试往往可以给被测评者更大的发挥空间,面试者也可以根据面试过程中的具体状况灵活决定某些问题的取舍与先后次序。

为了进行一次成功的面试,面试者需要认真地进行以下几个方面的工作,如图9-3所示。

（1）明确面试的目的

在面试过程中,许多主试者总是问一些漫无目的的问题,这是因为他对自己希望通过这次面试达到什么样的目的感到模糊。因此,面试者在面试之前一定要用一些时间想清楚面试的真正目的。除了最基本的考察应聘者是否具备成为企业员工的基本个人素质外,是否还想通过面试掌握应聘者从前工作的行业或企业信息,或者宣传企业的诸多优势,使对方了解企业和工作等其他面试目的。

（2）回顾工作说明书

对职位的描述和说明是在面试中判断一个候选人能否胜任该职位的依据,因此面试者在进行面试之前必须对职位说明了如指掌。在回顾工作说明书的时候,要侧重了解职位的主要职责,对任职者在知识、能力、经验、个性特征、职业兴趣取向等方面的要求,以及环境因素、晋升和发展机会、薪酬福利等要求。

面试者为了判断自己是否对工作说明书足够熟悉,可以通过向自己提问的方式来测验。例如,对判断应聘者身上应具备哪些重要的任职资格足够了解吗?能够将该职位的

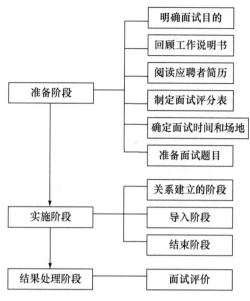

图 9-3 面试流程

职责清晰地向应聘者描述吗？能够回答应聘者提出的关于职位信息和公司信息的问题吗？

（3）阅读应聘者简历

在面试之前，一定要仔细阅读应聘者的应聘简历。这样做的原因主要有两点：一是熟悉应聘者的背景、经验和资格，并将其与职位要求和工作职责相对照，对应聘者的胜任程度作出初步的判断；二是发现在应聘者的应聘简历中的问题，供面试时讨论。对应聘者的应聘简历阅读的内容包括教育背景、工作经历、工作调换频率以及应聘者身上的无形资产等，对照在甄选简历时记录下来的疑问和重点，重新构思和整理在面试中需要从应聘者那里获得的信息。

（4）制定面试评分表

找到十全十美的应聘者是不可能的，有些应聘者在某些方面很强，但在其他方面却可能很弱。这就需要一种能对不同的应聘者进行比较的方法，这种方法就是面试评分表。面试评分表能够使面试者把精力集中到某一职位的具体要求上，然后再根据这些要求对每个应聘者进行测评并做出判断（即打分），如表 9-2 所示。这样就可以有效并客观地对应聘者进行评估。

表 9-2 销售职位的面试评分表

应聘者姓名	
面试时间	
评价指标	得分
人际关系能力（15 分）	

(续表)

沟通技巧(15分)	
团队合作(15分)	
承受压力/挫折的能力(15分)	
重信誉(15分)	
相关工作经验(10分)	
学历(10分)	
举止仪表(5分)	
合计	
评价：	
录用决策	录用□ 备用□ 不录用□

需要强调的是，面试评分表要把每个项目具体化，制定出不同的等级分数和每个等级的标准，以便详细地了解每个项目的含义。并根据每个项目的含义有针对性地准备问题，确保在面试中准确了解应聘者各个方面的状况。

(5) 确定面试时间和场地

面试双方必须事先约定好面试时间，约定的时间应该是双方都可以全身心地投入到面试中的时间。为此，面试者应该特别注意计划好自己的时间，避免面试与其他重要工作的时间发生冲突。

在场地的选择上，公司通常会选择办公室作为面试场所，但要注意的是不要让电话和意外的事情干扰面试的进行。面试的环境要舒适、安静、整洁，座椅摆放要合理，因为任何一点不恰当的摆设可能都会影响应聘者的心情，影响他们的发挥，影响面试的效果。另外，面试的场所也可以突出企业的特点，便于双方的交流。

(6) 准备面试题目

在面试中，面试者经常使用四种提问方式：直接式、开放式、澄清式和自我评价式。当然，还有行为型问题和测验型问题，但这两种都属于开放式问题的范畴。每一种提问方式在面试中都起到举足轻重的作用，只有掌握了各种提问方式的特点才能对面试驾轻就熟，掌握面试的节奏，保证面试的有效性。

① 直接式提问可以使应聘者把注意力集中在某一信息上，提供具体、直接的答案。答案一般是"是"、"不是"，或者是一些微小的信息和数据，如一个日期、数字等。

② 开放式提问是向应聘者提出一些没有固定答案的问题，允许应聘者在较大的范围内回答。这样面试者就可以从应聘者较多的话语中捕捉信息，从中观察其思考问题的方法和观点、某些决定或行为后面的逻辑推理以及某些解释过程。

③ 澄清式提问是为了问出更多的信息，或是为了使应聘者对其答案做出进一步的解释。当认为应聘者所给的答案不清楚或不完整时，可以使用澄清式提问。

④ 自我评价式提问是要让应聘者对他们自己及其行为、技能进行分析和评估，如"你认为你的最大长处和优势是什么？"

（7）实施面试

大多数面试的过程都包括四个阶段：关系建立阶段、导入阶段、核心阶段、结束阶段。每个阶段有各自不同的主要任务，在不同阶段，适用的面试题目类型也有所不同。

在开始面试之前，面试者应该努力营造一种轻松、友好的氛围，使双方能够消除紧张感，更加有效地沟通。通常的方式是讨论一些与工作无关的问题，如天气、交通等。这部分大致占整个面试2%的比重。这个阶段通常不采用基于关键胜任能力的行为性面试题目，而主要采用简短的直接性问题。

在这之后，面试者首先要问一些应聘者一般有所准备的比较熟悉的题目，如让应聘者自我介绍、介绍自己过去的工作等。导入阶段占整个面试的比重一般为8%，以开放式问题为主。提出这样的问题可以留给应聘者较大的自由度，可以使答复的内容很丰富。而这些内容不仅为面试者提供了谈话的素材，也使双方减少了紧张感，逐渐进入角色。

这时，面试者应该知道面试已经进入到了最为重要的核心阶段。在核心阶段，面试者应该通过引导应聘者讲述一些关于核心胜任力的事例来收集应聘者的核心胜任力的信息，并对这些信息作出基本的判断和评价。核心阶段占整个面试的比重为80%，主要通过直接式、开放式、澄清式以及自我评价式的问题和其他的面试技巧与应聘者进行交流，控制面试的节奏，有效获得应聘者的核心胜任能力的信息。

当面试接近尾声时，面试者应该检查自己是否有遗漏的问题和不能确认的信息需要在最后的阶段加以追问。由于面试者已经获得了应聘者关于职业目标的很多信息，在最后阶段如果已经初步认定应聘者合格，那么就可以向他"推销"一些空缺职位和公司的情况以及员工福利和与之有关的好处，以增加应聘者对公司的兴趣。如果面试者还无法肯定应聘者是否是企业所需要的人，结束时就要用一些感谢的话来表明对对方的友好和尊重。

（8）面试评价

这一阶段主要是在面试评分表上打分、写评价及录用决策，这些工作也可在面试过程中进行。

（五）录用与试用

对甄选合格的应聘者，应作出录用决策。可以通过电话或信函联系被录用者，联系时要讲清企业向被录用者提供的职位、工作职责和月薪等，并讲清楚报到时间、报到地点以及报到应注意的事项等。

对决定录用的人员,在签订劳动合同以后,要有 1—6 个月的试用期。[①] 如果试用合格,试用期满便按劳动合同规定享有正式合同工的权利和责任。

(六) 招聘评估

这是招聘工作的最后一项工作。一般来说,评估工作主要从人员的数量、质量、招聘效率等方面来进行,包括招聘成本与效益评估和招聘工作评估两项内容。研究表明,不同的招聘渠道和方法产生的招聘效果是很不同的。用不同的方法招聘进来的员工也可能表现出不同的工作绩效、不同的流失率、不同的缺勤率。如果对招聘工作进行及时评估,就可能找到招聘工作中可能存在的问题,从而适时地对招聘工作进行修整,提高下一轮招聘工作的质量。

四、员工安置

员工安置可分为三个阶段进行。

1. 帮助新员工认识和了解企业

新员工在开始正式工作之前,需要对企业和工作有全面的了解和认识。所以,帮助新员工了解企业是员工安置的一项重要工作。这项工作需要管理者向新员工介绍企业的业务范围、企业结构、工作流程等内容。

2. 帮助新员工熟悉工作

新员工开始工作后总是希望明确地知道他的工作任务和职责,了解企业对其工作业绩的要求。因此,管理者应该帮助新员工了解并熟悉工作,使新员工能够尽早独立地开展工作。这一阶段管理者需要与新员工不断沟通,帮助新员工明确他们的工作任务和职责以及企业对他们的业绩期望。这一过程是管理者和员工双向进行的,管理者要听取新员工的意见,以便制定有效的、切合实际的任务和业绩期望。

3. 帮助员工制定下一阶段的工作目标和计划

新员工工作一段时间后,管理者和新员工一起对该阶段的工作进行评估,即判断新员工是否能够适应企业和工作的要求,新员工对工作内容和形式有何看法和意见。通过评估,企业和新员工都在判断新员工是否适合组织,是否能够胜任工作。确实无法适应企业和工作的员工,企业将不再留用。

对于那些能够融入企业、适应工作的新员工来说,他们希望能够在企业中得到发展。所以管理者要与新员工沟通,了解他们对职业发展的想法,帮助他们分析工作中的优势、潜力和不足,与他们一起制定出下一阶段的工作目标并制订出相应的计划。

---

① 《劳动合同法》第十九条规定:劳动合同期限三个月以上不满一年的,试用期不得超过一个月;劳动合同期限一年以上不满三年的,试用期不得超过二个月;三年以上固定期限和无固定期限的劳动合同,试用期不得超过六个月。试用期包含在劳动合同期限内。

第二节 建立制度和工作流程

企业组织构建完成后,创业者需要完成相应的企业日常管理工作,在进行日常管理时需要有相应的企业制度和工作流程作为保障。

一、企业的日常工作

由于企业的类型不同,它们的日常业务工作也有差异:

(1)零售商店的日常工作主要是销售、采购存货、记账和管好店员。

(2)服务行业的日常工作主要是招揽生意,完成服务任务,管理员工,使他们的工作有成效,且保质保量。此外,企业还要采购材料,控制成本和为新业务定价。

(3)制造企业的日常业务要复杂得多,包括接订单,核实自身的生产能力,安排车间生产。这意味着企业要购进原材料,调配好工厂的设备,监控工人的工作质量,控制成本,销售产品等。

无论哪种类型的企业,以下工作都是必不可少的。

- 监督管理员工
- 采购存货、原材料或服务
- 生产管理
- 为顾客提供服务
- 掌握和控制成本
- 制定价格
- 业务记录
- 组织办公室的工作

(一)监督管理员工

企业的成功是由所有员工的整体业绩带来的。如果员工的技能不足、积极性不高、配合不当,即使你有一个好的企业构思,最终也无法成功。所以,企业要非常重视对员工的激励。

1. 建立团队意识

大多数员工喜欢集体配合工作。团队的工作一旦完成,每个成员都会受到鼓舞。这种方法的主要好处在于:

- 提高员工的工作积极性——他们能体会到团队的成绩里有他们各自的一份贡献。
- 提高工作质量标准——团队成员共同配合解决质量问题。
- 提高工作效率——团队工作比单干更能使员工各展其长。

2. 重视员工培训

员工培训可以采用企业外部和内部培训两种方式。虽然企业培训需要花钱,但员工能学到新的、更有效的工作方法;同时,员工能觉得企业关心他们,满意他们的工作。

（二）采购存货、原材料或服务

所有企业都买进卖出。零售商从批发商处买来商品，然后卖给顾客。批发商从制造商那里进货，然后卖给零售商。制造商从不同渠道采购原材料制成产品，然后卖给顾客。服务行业的经营者买来设备和材料，然后出售他们的服务。在这项工作中，慎重地采购原材料和选择服务可以为企业降低成本并提高利润。

（三）生产管理

生产管理是制造行业和服务行业的一项日常工作，通常要作出以下决策：

- 生产什么
- 何处生产
- 如何生产
- 生产数量
- 生产质量

这些工作的目的就是合理地组织企业生产活动，保质保量地为顾客提供产品。

（四）为顾客提供服务

如果没有顾客，任何企业都无法生存下去。如何招揽顾客是各企业非常重视的一项工作。促销可以使现有的和潜在的顾客了解企业的产品。以下是几种常见的促销手段：

- 在橱窗和公共场所做广告
- 散发传单或小册子
- 在报纸或杂志上做广告
- 利用广播和电视做广告

（五）掌握和控制成本

企业经营者要彻底了解生产成本或进货成本。这有助于经营者制定产品价格、赚取利润。为此，把成本维持在最低限度对企业来说是很关键的。

这方面的信息来自于企业的财务会计系统。即使是最简单的财务记录，也会为经营者提供计算企业成本的依据。

企业成本是企业资金支出的根源。因此，合理控制成本能提高企业的利润。

（六）制定价格

企业主要为企业生产的产品或服务制定合适的价格，使企业的产品或服务既能产生利润，又具有相当的竞争力。企业需要明白，只有销售收入大于产品或服务成本时，才会有利润。因此，制定价格之前，企业主必须先了解成本，否则将无从知道企业是在盈利还是在亏损。

（七）业务记录

企业主必须知道企业的经营状况。如果经营遇到困难，通过分析企业的业务记录，可以找出问题所在。如果企业运转良好，企业主也能利用这些记录进一步了解企业的优势所在，使企业更有竞争力。做好业务记录能帮助企业主做出有利的经营决策。

做好业务记录还有助于以下工作的开展:
- 控制现金
- 控制赊账
- 随时了解企业的负债情况
- 控制库存
- 了解员工动态
- 掌握固定资产状况
- 了解企业的经营情况
- 上缴税款
- 制订计划

大多数微小企业为节省开支而不雇用专职会计。所以,为了掌握现金流量,企业主需要自己学习简单的记账方法。虽然不同企业的记账方式有所不同,但一般都包括以下内容:
- 收入的现金
- 支出的现金
- 债权人
- 债务人
- 资产和库存
- 员工

(八) 组织办公室的工作

办公室是企业的信息中心。因此,办公室组织和领导得好坏对企业也会产生影响。企业需要购买办公设备及带醒目企业标志的办公文具,需要设立一个接待顾客和来访者的场所。

二、建立制度和工作流程

为了规范企业员工行为、利于管理,每家企业都需要建立自己的管理制度和工作流程。一般情况下,公司都要制定人力资源管理制度、绩效管理制度、薪酬管理制度等。制定制度的原则包括:有用、有效、客观、可操作。每项制度包括:基本规定、管理规定、规定的修订与批准等内容。

张伟和王军的创业历程(44)

张伟和王军经过商议,根据企业的需要,制定了人力资源管理制度、绩效管理制度和薪酬管理制度。

人力资源管理制度

一、基本规定

1. 人力资源管理的目的

通过对人员的聘任、使用、调配和激励等一系列管理活动支持和保障公司战略和发展目标的实现,并促进员工的全面发展。

2. 人力资源管理的任务

通过对人力资源的发展、调配、培训,确保公司的人力资源为公司带来竞争优势。其中包括确保公司各岗位配置数量适当的员工,并保证这些员工具备公司战略所需要的各种不同类型和不同层次的知识、技能、能力;建立起控制体系,确保员工的行为有利于推动公司目标的实现。

3. 本规定涉及的人力资源管理范畴

包括岗位说明书、人力资源规划、员工招聘计划与实施、员工培训计划与实施、绩效、薪酬福利的管理等。

二、管理规定

4. 制定人力资源规划

企业主应根据公司目标分别制定相应的人力资源规划,其中包括公司人力资源规模和结构以及人力资源管理基本政策等内容。

5. 进行工作分析

企业主应对各个岗位的工作信息进行收集、分析和综合,以确定特定的岗位的设置目的,主要职责、任务、权利、工作隶属关系,所需的知识、技能和能力等,为整个人力资源管理系统奠定基础和提高的依据。

6. 制订人力资源计划

人力资源部应根据公司战略和发展目标、人力资源规划、工作分析和公司各部门下一财年人力资源供需缺口制订人力资源计划,并据此制订员工招聘、员工培训和岗位调整等计划。

7. 进行员工招聘

根据员工招聘计划开展新员工招聘工作。

8. 进行员工培训

员工培训包括新员工培训和员工在职培训。

9. 员工绩效考核

员工绩效考核是员工薪资调整、奖金分配、岗位调整以及制订下一年度个人发展计划的依据。

10. 薪酬管理

包括有关薪酬政策的基本原则、指导方针、薪酬构成等。

三、本规定的修订与批准

11. 本规定的修订由经理负责,经企业主批准后生效执行。

绩效管理制度

一、基本规定

1. 绩效管理工作的目的

通过经理与员工之间就工作职责、工作绩效和员工发展等问题所作的持续的双向沟通,帮助经理和员工不断提高工作质量,促进员工发展,确保个人和公司绩效目标的实现。

2. 适用范围

适用于企业员工的绩效管理。

3. 绩效管理工作的主要环节

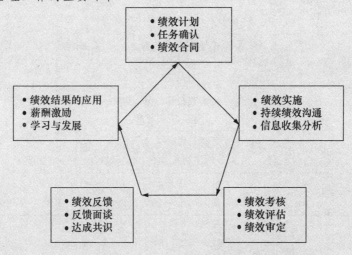

二、管理规定

4. 各环节的具体要求

4.1 制订工作计划

4.2 计划跟进与调整(时间:考核周期的全过程)

4.3 过程辅导与激励(时间:考核周期的全过程)

经理应跟进员工计划执行过程,就绩效问题与员工保持持续的沟通,并定期(建议至少每月一次)与员工一起就计划执行情况进行正式的回顾和沟通,帮助员工分析、解决计划执行中已经存在或潜在的问题。

4.4 绩效评定

公司要求的两次绩效评定时间为每年的×月份和×月份,至少保证半年一次。

4.4.1 员工自评(时间:考核周期末月结束前一周)

考核周期结束时,员工应对照《工作说明书》和期初制订的《工作业绩计划/考核表》,从工作业绩和核心胜任能力两个方面进行述职和自我评价,填写《绩效计划/考核表》中的相关内容,并提交给直接上级。

4.4.2 评定

经理应按照员工的《工作说明书》、《工作业绩计划/考核表》的要求,参考员工自评和参与评价者(合作伙伴、客户等)的意见,对员工本考核期的工作业绩和核心胜任能力进行评价。

绩效考核评分标准表

等级	分值	评 分 标 准
出色	90—100分	工作绩效始终超越本职位常规标准要求,能够在规定的时间之前完成任务,完成任务的质量显著超出规定的标准,能够得到高的评价。
优良	80—90分	工作绩效经常超越本职位常规标准要求,能够严格按规定的时间要求完成任务,在质量上超出规定的标准,得到工作对象的比较高的评价。
可接受	60—80分	工作绩效维持本职位常规标准要求,能够达到规定的时间、数量、质量等工作标准,工作对象满意。
需改进	50—60分	工作绩效基本维持或偶尔未达到本职位常规标准要求,有时在时间、数量、质量上达不到规定的工作标准,偶尔会有工作对象的投诉。
不良	小于50分	工作绩效显著低于本职位常规标准要求,工作中有大的失误,或在时间、数量、质量上达不到规定的工作标准,经常有工作对象的投诉。

4.5 绩效反馈

作出最终绩效评定结果后,经理应与员工进行绩效面谈,以肯定成绩,指出不足,提出改进意见和建议,帮助员工制定改进措施,与员工确认本考核期的评定结果和下半年《工作业绩计划/考核表》。

4.6 结果运用

业绩考核结果与年终奖金相关。

三、本文件的修订与批准

5. 本规定的修订由人力资源部负责,经公司总裁批准后生效执行。

四、本文件的附件

6. 本文件的附件包括:
- 附件一:《工作业绩计划/考核表》
- 附件二:《绩效面谈记录表》
- 附件三:《绩效改进计划》

附件一:工作业绩计划/考核表

姓名:_____   岗位:_____

考核期间:____年____月____日至____年____月____日

第一部分:工作业绩计划/考核表

重点工作项目	目标衡量标准	关键策略 (把重点工作按照时间 和关键节点进行展开)	权重 (%)	资源 支持 承诺	参与 评价者 评分	自评 得分	上级 评分
1.							
2.							
3.							
4.							
5.							
6.							
7.							
合计	评价得分=∑(评分×权重)		100%				

计划确认:本人_____　____年__月__日　　直接上级_____　____年__月__日

制订计划填写说明	1."重点工作"一般不超过6项,不能确定的用"上级临时交办的任务"表示,但权重不能超过10。 2."考核标准"要具体并能够衡量,一般从**数量、质量、时效性、所节约的资源和客户(含上级)的评价**等方面确定。 3."关键策略"要求把重点工作按照时间和关键节点进行展开,以制定具体的阶段性分目标,便于落实。 4."资源支持承诺"指为达成目标所需的资源和上级的支持,经双方确认后填写。
考核评分说明	评分标准: 100分——创造性地、完全超乎预期地达成目标;85分——明显超越目标; 70分——完成目标并有所超越;60分——基本达成目标,但有所不足; 40分——与目标存在明显差距;0分——未进行此项工作。

第二部分:核心胜任能力评价表

评价标准说明: 1分　偶尔表现出类似行为 2分　有时表现出类似行为 3分　经常表现出类似行为 4分　总是表现出类似行为	评分说明: 1.可以打以0.5结尾的分; 2.打4分和1分时,要在说明栏中写明具体事例。

评价指标	评价标准	自评得分	自评说明	经理评分	经理说明
服务客户	了解谁是本职的客户,包括公司外部的和公司内部的。				
	耐心倾听客户的要求,甚至是抱怨。				
	及时、快速地响应客户的问题,哪怕暂时没有合理的解决方案,并且不局限于8小时的工作时间内。				
	在自己独立工作范围内,有能力解决客户提出的业务问题,用客户能理解的语言向客户沟通专业技术。				
	在本职范围内,全力满足客户需求,同时关注客户的额外要求并能及时反馈给上级主管。				
精准求实	接受上级指派的任务,并明确对任务的期望和结果。				
	接受任务后,善于动脑筋,利用各种数据,分析市场和需求、成本(包括管理成本)和利益关系,再迅速采取行动。				
	对布置的任务或决定、公司的业务流程严格执行和落实,并能够独立主动地寻找完成任务所需要的资源,按时按质完成任务。				
	合理分配个人的时间和精力,分清主次,特别注重把握关键业务流程和细节,把80%的精力放在20%的重点工作中去。				
	对工作中遇到的问题,不仅敢于快速向上级反映,还能追根溯源直至找出解决方案,调整相应的规则流程。				
	关注并理解公司/本部门的利润指标,积极寻求节约成本的方法和途径。				
创业创新	在达到成本岗位工作目标的情况下,愿意承担更多的任务和挑战,并采取必要的行动。				
	不断审视目前的工作方法/流程,积极寻求更能满足客户真正需求、更高效、更低成本(包括管理成本)的做事方式。				
	善于总结经验教训,制定防范措施,并提醒他人,避免同类问题发生。				
	永不满足现状,对学习本领域内其他工作岗位的知识有浓厚兴趣,强调运用新知识来改进方案和解决问题。				
合作共享	明确自己的工作职责,了解本岗位在工作流程中的作用以及与其他合作人员的工作衔接点,并将自己的工作进度与共同工作的同事和上级主管分享。				
	对自己控制的公司资源负责,并从工作需要的角度主动与他人分享,同时能积极寻找资源来有效地完成自己的工作。				
	主动向他人介绍业务进程,沟通工作方法和分享经验(尤其是失败的经验和改进的方法),特别是在进行工作交接时。				
	在工作分工不明确、任务边界不清晰的情况下,仍主动承担工作并积极推进。				
	在跨部门合作项目中,能尊重其他部门的同事,并在共同的目标上达成一致。				
诚实守信	恪守公司的财务制度和价格制度。				
	不轻易承诺,但对承诺过的事情,保证兑现。				
	公开表明自己的个人意见,尤其当自己的意见与领导的意见不同时。				
	当工作进程中发生问题和疏漏时,不掩盖且及时通报,以避免损失或将损失减少到最小。				
合计					

附件二：绩效面谈记录表

岗位		时间	年 月 日
被考核人	姓名：	职位：	
直接上级	姓名：	职位：	

业绩讨论要点：

能力讨论要点：

给予员工的发展建议：

附件三：绩效改进计划

说明：本绩效改进计划可以在正式绩效面谈中使用，也可以运用于计划执行中。

岗位			时间	年　月　日
被考核人	姓名：		职位：	
直接上级	姓名：		职位：	

不良绩效描述（含业绩、行为表现和能力目标，请用数量、质量、时间、成本/费用、顾客满意度等标准进行描述）：

原因分析：

绩效改进措施/计划：

　　　　　　　　　　　　　直接上级：　　　　　被考核人：　　　　年　月　日

改进措施/计划实施记录：

　　　　　　　　　　　　　直接上级：　　　　　被考核人：　　　　年　月　日

期末评价：
□优秀：出色完成改进计划
□符合要求：完成改进计划
□尚待改进：与计划目标相比有差距

评价说明：

　　　　　　　　　　　　　经理：　　　　　　　被考核人：　　　　年　月　日

签字：被考核人＿＿＿＿＿＿　　直接上级＿＿＿＿＿＿

薪酬管理制度

一、基本规定

1. 设计思路

1.1 明确公司薪酬定位：将员工的薪酬收入控制在市场水平，保证公司现有人员队伍的稳定，充分调动员工的工作热情，并且形成一定的外部吸引力。

1.2 引入多元化的激励模式，充分利用薪酬杠杆调节，充分调动员工潜能与工作热情。完善公司福利制度，调整福利制度的灵活性，满足员工多元化的需要，将福利制度引导到增强员工归属感和忠诚度、促进其个人成长的道路上来。

1.3 依据企业中期经营效益以及市场薪资行情的变化等因素适时对薪酬体系进行调整，保持薪酬体系的动态涨跌，促使公司薪酬制度逐步实现市场化、企业化。

二、管理规定

2. 设计内容

2.1 薪酬定位

2.1.1 根据公司寻求快速的、高效的、稳定的市场化发展战略目标要求，考虑到公司目前规模偏小、资金供应压力大等客观现实，公司总体收入水平定位于市场中游水平。

2.2 薪酬设计原则

2.2.1 竞争性原则：整体收入水平位居市场行情中游水平，具有一定的外部竞争力。

2.2.2 公平性原则：制定薪资区分标准，并形成规范制度，避免人为因素主导薪资区分。

2.2.3 激励性原则：依据岗位性质合理调整薪酬结构，加大变动收入比例，提高薪酬制度的激励效应。

2.2.4 业绩导向原则：员工收入水平要全面跟业绩挂钩，高低水平凭业绩说话，严格执行"按贡献分配"。

2.2.5 动态性原则：公司整体薪酬结构以及薪酬水平要根据企业经营效益、薪资市场行情、宏观经济因素变化等因素适时调整，能动地适应企业发展和企业人力资源开发的需要。

2.3 薪酬结构

整体薪酬结构分为基本薪酬、绩效薪酬、津贴补助、福利四个类别。

三、本文件的修订与批准

3. 本规定的修订由经理负责，经企业主批准后生效执行。

任务训练

任务训练一：编写员工招聘书

以你的企业所需某一岗位为例,编写工作说明书、面试评分表和员工招聘书。

（一）编写工作说明书

工作说明书			
工作说明书编写人：		编写时间： 年 月 日	

职位名称：
 工作代码：
 	
 职责和任务
 1.
  ➢
  ➢
  ➢
 2.
  ➢
  ➢
  ➢
 3.
  ➢
  ➢
  ➢
 4.
  ➢
  ➢
  ➢
 5.
  ➢
  ➢
  ➢
 ……
 	
 知识和能力的要求
 	
 人格特征要求			

(二)编写面试评价表

应聘者姓名	
面试时间	
评价指标	得分
人际关系能力(15分)	
沟通技巧(15分)	
团队合作(15分)	
承受压力/挫折的能力(15分)	
重信誉(15分)	
相关工作经验(10分)	
学历(10分)	
举止仪表(5分)	
合计	
评价:	
录用决策	录用□ 备用□ 不录用□

(三)编写招聘计划书

招聘职位	
招聘人数	
招聘对象	
招聘标准	
招聘时间	
招聘地点	
招聘渠道选择	
招聘信息发布	
简历筛选	
面试	
招聘预算	

任务训练二:建立企业管理制度

制定你的企业绩效管理制度和薪酬管理制度。

(一)绩效管理制度

<table>
<tr><td colspan="1" align="center">**绩效管理制度(一)**</td></tr>
<tr><td>
一、基本规定

二、管理规定

三、本文件的修订与批准

四、本文件的附件
- 附件一:《工作业绩计划/考核表》
- 附件二:《绩效面谈记录表》
- 附件三:《绩效改进计划》
</td></tr>
</table>

绩效管理制度(二)

- 附件一:工作业绩计划/考核表

绩效管理制度（三）

附件二：绩效面谈记录表

绩效管理制度（四）

附件三：绩效改进计划

(二) 薪酬管理制度

薪酬管理制度

一、基本规定

二、管理规定

三、本文件的修订与批准

参考文献

[1] 高兴:《大学毕业生综合素质测评》,北京:北京出版社,2007年。

[2] 国际劳工组织北京局,《创办你的企业(创业意识培训册)》,北京:中国劳动出版社,2003年。

[3] 国际劳工组织北京局,《创办你的企业(创业计划书)》,北京:中国劳动出版社,2003年。

[4] 〔美〕加里·德斯勒著,刘昕译:《人力资源管理(第12版)》,北京:中国人民大学出版社,2012年。

[5] 江晓兴,李文燕:《员工管理手册》,北京:民主与建设出版社,2014年。

[6] 〔美〕洛克著,钟谷兰等译:《把握你的职业发展方向(第5版)》,北京:中国轻工业出版社,2006年。

[7] 陆介雄:《经济法》,北京:法律出版社,2009年。

[8] 吕景胜:《经济法实务》,北京:中国人民大学出版社,2009年。

[9] 毛庆根:《职业素养与职业发展》,北京:科学出版社,2011年。

[10] 潘泰萍:《工作分析:基本原理、方法与实践》,上海:复旦大学出版社,2011年。

[11] 人力资源和社会保障部培训就业司,中国就业培训技术指导中心,《就业·创业指导》,北京:中国劳动社会保障出版社,2005年。

[12] 人力资源和社会保障部职业能力建设司,《创办你的企业(大学生版)》,北京:中国劳动社会保障出版社,2010年。

[13] 孙宗虎,庄俊岩:《人员测评实务手册》,北京:人民邮电出版社,2012年。

[14] 王丽娟:《员工招聘与配置(第2版)》,上海:复旦大学出版社,2012年。

[15] 张佳:《创办公司与"模拟公司"互动化实习》,北京:清华大学出版社,2009年。

[16] 赵延忱:《大学生创业教材》,北京:北京大学出版社,2010年。

[17] 钟礼松:《经济法》,北京:中国邮电大学出版社,2010年。

[18] Eward Blackwell, How to Prepare a Business Plan,北京:机械工业出版社,2009年。

[19] 百度百科,《中华人民共和国公司法》,http://baike.baidu.com/view/97338.htm

[20] 百度百科,《中华人民共和国个人独资企业法》,http://baike.baidu.com/view/277498.htm

[21] 百度百科,《中华人民共和国企业所得税法》,http://baike.baidu.com/view/848468.htm

[22] 百度百科,《中华人民共和国合伙企业法》,http://baike.baidu.com/view/96987.htm

[23] 百度百科,《中华人民共和国增值税暂行条例》,http://baike.baidu.com/view/34304.htm

[24] 百度百科,《中华人民共和国劳动法》,http://baike.baidu.com/view/7300.htm

[25] 百度百科,《中华人民共和国劳动合同法》,http://baike.baidu.com/subview/1021776/5045262.htm

[26] 百度百科,《中华人民共和国社会保险法》,http://baike.baidu.com/view/4601001.htm

[27] 北京市工商行政管理局网站, http://www.hd315.gov.cn/

[28] 国家税务总局网站, http://www.chinatax.gov.cn/

[29] 中华人民共和国中央人民政府网站,"关于做好2013年全国普通高等学校毕业生就业工作的通知(国办发〔2013〕35号)", http://www.gov.cn/zwgk/2013-05/16/content_2404378.htm

教师反馈及教辅申请表

北京大学出版社本着"教材优先、学术为本"的出版宗旨,竭诚为广大高等院校师生服务。为更有针对性地提供服务,请您认真填写以下表格并经系主任签字盖章后寄回,我们将按照您填写的联系方式免费向您提供相应教辅资料,以及在本书内容更新后及时与您联系邮寄样书等事宜。

书名		书号	978-7-301-	作者	
您的姓名				职称职务	
校/院/系					
您所讲授的课程名称					
每学期学生人数	_____人_____年级			学时	
您准备何时用此书授课					
您的联系地址					
邮政编码			联系电话（必填）		
E-mail（必填）			QQ		
您对本书的建议：			系主任签字 盖章		

我们的联系方式：

北京大学出版社经济与管理图书事业部
北京市海淀区成府路 205 号，100871
联系人：徐冰
电话： 010-62767312 / 62757146
传真： 010-62556201
电子邮件：em_pup@126.com   em@pup.cn
Q Q： 5520 63295
新浪微博：@北京大学出版社经管图书
网址： http://www.pup.cn